Depois do colonialismo mental: repensar e reorganizar o Brasil

Coordenação editorial
Cauê Seignemartin Ameni, Hugo Albuquerque & Manuela Beloni
Preparação
Cauê Seignemartin Ameni
Revisão
Milena Varallo
Diagramação
Manuela Beloni
Capa
Fabrício Lima
Foto de capa
Sebastião Salgado

Dados Internacionais de Catalogação na Publicação (CIP) de acordo com ISBD

U57d Unger, Roberto Mangabeira

Depois do Colonialismo Mental: repensar e reorganizar o Brasil / Roberto Mangabeira Unger. - São Paulo : Autonomia Literária, 2018.
320 p. ; 16cm x 23cm.

Inclui índice.
ISBN: 978-85-69536-24-6

1. Filosofia. 2. Brasil. I. Título.

2018-756 CDD 199.81
CDU 1(81)

Elaborado por Vagner Rodolfo da Silva - CRB-8/9410

Índice para catálogo sistemático
1. Filosofia : Brasil 199.81
2. Filosofia : Brasil 1(81)

Editora Autonomia Literária
Rua Conselheiro Ramalho, 945
São Paulo – SP CEP: 01325-001
www.autonomialiteraria.com.br

ROBERTO MANGABEIRA UNGER

Depois do colonialismo mental: repensar e reorganizar o Brasil

1ªEdição
2018

Autonomia Literária

Sumário

PREFÁCIO
por Caetano Veloso

O pensamento de Roberto Mangabeira me fascinou, isso já nos anos 1980, porque vi nele um modo insólito de expressar-se o Brasil e a esquerda. A partir de um artigo seu que li na imprensa, em que ele, então brizolista como eu, analisava a diferença entre a política ligada ao trabalho organizado, nascida do sindicalismo desenvolvido nas regiões mais ricas do país, e a mirada mais ampla, desafiadora, na direção das maiorias desorganizadas do povo brasileiro, procurei primeiro acompanhar seus textos, onde os encontrasse, e logo tentar chamar a atenção de outros leitores para eles. Eu o mencionava nas entrevistas que dava. Por mais de ano vi tais menções serem cortadas de suas transcrições impressas. A originalidade do conteúdo do que Mangabeira dizia mostrou ter mais força sobre mim do que as razões esboçadas pelos que o rejeitavam. Neste livro que reúne artigos por ele publicados ao longo dos últimos anos, pessoas interessadas em questões políticas, nas possibilidades do Brasil – ou mesmo nos problemas básicos da humanidade – encontrarão desafios mentais fecundos.

O Brasil e a esquerda. Mangabeira me pareceu encarar esses dois temas de uma maneira desvencilhada das fórmulas mistificadoras que minhas responsabilidades lógicas e morais me exigiam que rechaçasse. Numa das primeiras vezes em que conversei com Mangabeira, ele me contou que o Brasil cresceu a seus olhos, como alvo de interesse e paixão, a partir da participação, ao lado de seu avô Otávio, que foi governador da Bahia, nos festejos do 2 de Julho. Eu próprio aprendi a amar o Brasil como ideia, isto é, como história e projeto, quando, talvez mesmo antes de Mangabeira nascer, percebi com que seriedade meu pai supervisionava nossa divertida tarefa de cortar papel crepon verde e amarelo para enfeitar as sacadas do nosso sobrado para o desfile da Cabocla. O 2 de Julho, data da Independência na Bahia (nesse dia, em 1823, as lutas que se seguiram à proclamação do 7 de setembro de 22 tiveram fim em Pirajá, na região de

Salvador, com a vitória dos independentistas), sempre foi festejado na capital baiana com a procissão, aberta por bandas escolares, das imagens de um casal de indígenas. Na mariana Santo Amaro, cidade onde nasci e cresci, esse era o dia "da Cabocla": apenas a imagem feminina de uma nativa representava a libertação do jugo da colônia. As bandeirolas e guirlandas verde-e-amarelas, assim como os Caboclos e a Cabocla, podem ser vistos ainda hoje, a cada ano, nas duas cidades. A vitalidade a que se refere Mangabeira talvez tenha nascido da visão disso. Não lhe passarão, no entanto, despercebidos, os popularíssimos balizadores de atitude ostensivamente gay dos desfiles soteropolitanos atuais – assim como não lhe escapam as mensagens e possíveis consequências do crescente número de evangélicos na população brasileira. As propostas – quase receitas – de organização da economia, de solução da estrutura política, de entendimento do papel da justiça que se encontram neste livro vêm, em boa parte, da colisão da mente exigentemente racional do autor com a exuberância da festa de 2 de Julho, que ele reencontra em sucessivas épocas e instâncias diferentes.

A esquerda, a que sempre me senti ligado, tornou-se um problema para mim desde que meu pai, na minha infância, como que me recrutou para ela, sem deixar de apresentar a crítica e insinuar a desconfiança que os regimes de culto à personalidade e partido único sempre fizeram por merecer. Como tantos que foram jovens nos anos 1960, busquei e busco o que então chamávamos de "nova esquerda". Quando li, num livro de ensaios de Mangabeira, a clara recusa da ideia marxista de uma fatal sucessão de sistemas fechados como interpretação da História e como modo exclusivo de se projetar o futuro, senti o entusiasmo de quem encontra uma inteligência corajosa o bastante para enfrentar as verdadeiras dificuldades da vida humana. Líderes bravos e honestos dos nossos movimentos socialistas revolucionários entraram em depressão quando Khrushchev abriu a caixa preta do stalinismo. A dissolução da União Soviética e a queda do Muro de Berlim, décadas depois, pareceram trazer a inevitabilidade do modelo de capitalismo liberal que conhecemos. Amo a vida: não quero vê-la desacreditada. Mas nada é menos merecedor de ser chamado de vida do que o congelamento de arranjos dados. Quando filósofos pós-tudo exibem retrato de Stalin na sala – ou quando Lina Bardi, adorada figura do meu tempo de juventude, confessa-se stalinista inabalável mesmo em 1990 –

sinto uma pequena excitação, quase alegria, diante da teimosia que, um tanto cômica, se apresenta como um traço de vitalidade em meio a uma sensatez glacial. Mas são os aspectos terríveis das experiências de ditadura do proletariado que se impõem sobre mim. Pois bem: Mangabeira me surge quando eu já me dizia liberal, mesmo em tom misto de desaforo e interrogação. Em contato com seus escritos, vejo renascer a atitude anti-conservadora na força do compromisso com o engrandecimento da vida de todos os homens. Não da solução artificiosa que uma revolução traria pela imposição de uma igualdade medíocre. Mas pela obstinação no movimento em direção à divinização possível da existência humana. O esforço que ele faz para diferenciar seu projeto de uma mera humanização dos esquemas injustos traz de volta o pragmatismo numa versão desacorrentada, o reconhecimento da dimensão religiosa (o que liberta os projetos de justiça social de seus parentescos com a estrutura das religiões organizadas – e o faz com mais segurança do que os esgares anti-religiosos jamais conseguiram) e o ensinamento de que devemos produzir para ter esperança em vez de depender de uma esperança mágica para tornamo-nos capazes de produzir – todos esses aspectos de sua trilha explicam a percepção do liberalismo junto ao socialismo e à democracia como gritos igualmente deflagradores da revolução que temos de reaprender a viver.

Uma vez respondi à pergunta de uma revista com as seguintes palavras: "O Brasil vai dar certo porque eu quero". Houve muitos que viram aí arrogância ou mero slogan voluntarista. Quando li Mangabeira pensei que o que vale no que eu então declarei surgia ali como que explicado. Grande parte das pessoas que conheço pessoalmente ou apenas através de manifestações na imprensa também fala em voluntarismo e arrogância quando se refere a Mangabeira. Já eu não vejo em sua ambição sistemática uma nova prisão como poderiam ter sido para mim o marxismo, o liberalismo, a psicanálise ou uma religião dogmática. Numa aparição no programa televisivo Esquenta, protagonizado por e voltado para gente do povo desorganizado do Brasil, Mangabeira recebeu dos participantes (sambistas, funkeiros, youtubers populares) uma acolhida positiva e direta, sem dificuldades com suas ideias ou seu sotaque americano: o grande compositor Arlindo Cruz resumiu com entusiasmo: "Gostei desse professor". É assim que quero me referir a ele aqui neste prefácio: como um cantor popular que percebe instintivamente a beleza do encontro daquilo que ele chama de nossa vitalidade com sua capacidade sistemática. Que tenhamos amadurecido o suficiente para acolher – em vez de rejeitar por preguiça – o que ele tem reunido de pensamento para nos sugerir atos, programas e modos.

Outono, 2018

Caetano Veloso é um dos principais expoentes da música brasileira. Com uma carreira que ultrapassa cinco décadas, liderou o movimento tropicalista e construiu uma obra musical marcada pela renovação e pelo vanguardismo.

1

REPENSAR O BRASIL

Pontos De Partida

Vitalidade, esperança e grandeza

Para construir-se, o Brasil tem de entender-se. As ideias por si sós não mudam o mundo. Sem ideias, porém, não podemos mudá-lo. As que mais importam são aquelas que ligam o entendimento do existente à imaginação do possível – do possível adjacente, aquele que podemos alcançar a partir da situação em que nos encontramos, com os meios que já temos ou que podemos providenciar.

As ideias dominantes no país não fazem justiça ao Brasil. Mistificam mais do que revelam. Racionalizam em vez de explicar. Não aprofundam o entendimento do existente porque não avançam na imaginação do possível. Uma das razões pelas quais não compreendemos o Brasil e não imaginamos o que ele pode vir a ser é que a desorientação vem de onde nos habituamos a buscar luz. As ideias a respeito da sociedade e da história que prevalecem nos países que nos servem de referência – os países ricos do Atlântico Norte – mistificam o entendimento do existente ao suprimir a imaginação do possível. São deficientes na qualidade mais importante do pensamento social e histórico, que é a compreensão de como se fazem e se reconstroem as estruturas institucionais e ideológicas que dão rumo às sociedades.Vivemos, em todo o mundo, interlúdio reacionário durante longo período revolucionário na história da humanidade. Em vez de cumprir seu papel de antidestino, que associa a vontade de entender à ambição de transformar, o pensamento hegemônico toma o lado da fatalidade. Naturaliza os constrangimentos.

No Brasil é pior, porque estamos vergados sob o jugo do colonialismo mental. Nossas ideias, como nossas instituições, em geral, não são nossas, são importadas. Importamos as correntes com que nos manietamos, as ilusões que emprestam às estruturas estabelecidas no país a auréola de autoridade e necessidade que não merecem. Importamos desorientação.

Neste livro, não reajo contra esse estado de coisas no plano abstrato da filosofia e da teoria social. Lido com as realidades e com as oportunidades do Brasil. Essas realidades e oportunidades servem, aqui, para provocar rebeldia intelectual e animar a resistência ao colonialismo mental.

O Brasil provoca porque seu traço mais importante é a vitalidade: desmedida, assombrosa, anárquica e quase cega. Entre as marcas da vida, estão a espontaneidade, a surpresa e a transcendência: a ultrapassagem das determinações estruturais.

Quero pensar o Brasil da maneira como penso tudo, mas nem sempre posso: sistematicamente. Escreveu Friedrich Schlegel que há duas coisas fatais para o espírito: ter sistema e não ter. Neste livro, o impulso sistemático resulta de meu temperamento intelectual. A complicação antissistemática vem de meu tema, o Brasil. O Brasil mói os sistemas não só porque nele o sincretismo parece ser sempre ao mesmo tempo problema e solução, mas também porque ele transborda de vida.

A vitalidade não é apenas fato; é também base para a definição de um ideal e de um entendimento de nossos interesses mais básicos, duradouros e compartilhados. A valorização da vitalidade está ligada ao que há de mais forte no movimento revolucionário dos últimos duzentos e cinquenta anos anos, seja em seu aspecto político – representado pela democracia, pelo liberalismo e pelo socialismo –, seja em sua feição pessoal – expressada pelo romantismo, sobretudo pela cultura romântica popular que continua a sacudir todas as nações. É a aposta na grandeza dos homens e das mulheres comuns e na elevação de suas vidas a nível mais alto de intensidade, capacitação e abrangência. Não busca apenas, como pretenderam os desencantados do período histórico recente, a humanização da sociedade pela diminuição das desigualdades e das opressões. Visa a ampliação de nossa quota nos atributos divinos: não a onipotência e a onisciência, mas a transcendência: ser maiores e ter mais alcance e potencial do que o que se contém nos mundos sociais e conceituais em que vivemos.

Este livro representa esforço para compreender o que o Brasil é à luz da visão do que ele pode vir a ser. Apresenta proposta de futuro nacional formado por interpretação do presente nacional e interpretação do presente inspirada por imaginação de um futuro possível. O futuro que me interessa aqui não é aquele remoto e ideal; é o possível adjacente – caminho definido ao mesmo tempo pela escolha da direção e pela identificação de primeiros passos para trilhá-lo.

Reduzido ao que nele é central, o eixo desta proposta é dar braços, asas e olhos à vitalidade brasileira por meio de três grandes projetos entrelaçados: a qualificação e democratização do aparato produtivo do país rumo a uma forma inclusiva da economia do conhecimento, a construção de maneira de ensinar e de aprender no Brasil que aproveite nossos pendores em vez de guerrear contra eles e a construção de uma democracia de alta energia que dispense as crises como condição de mudança.

A transformação que proponho tem de ocorrer tanto no plano das instituições econômicas e políticas e das práticas de educação como no campo dos sentimentos e das ideias. O pensamento que desenvolvo é estrutural: versa a organização e a reorganização do Brasil. Passa pela formulação de estratégia nacional de desenvolvimento específica para a situação em que nos encontramos no momento em que se publica este livro.

As estruturas de que trato, porém, não são apenas institucionais. São também as ideológicas ou imaginativas: as que têm a ver com conceitos, atitudes e aspirações. E o entendimento do Brasil que procuro não é somente a compreensão da maneira pela qual o país se organiza e se pode e se deve reorganizar. É também a interpretação de um sonho: o sonho ou os sonhos brasileiros e os temores, ocultos ou revelados, que acometem os que sonham.

A vitalidade brasileira e os obstáculos para torná-la fecunda

A mensagem básica deste livro é simples e radical. O Brasil precisa de outra estratégia nacional de desenvolvimento. Essa estratégia exige a reconstrução de nossas instituições econômicas e políticas e de nosso ensino. É o requisito básico para permitir aos brasileiros transformar vitalidade em ação fecunda.

Hoje, a vitalidade brasileira se exprime, entre outras maneiras, nas ações e nas emoções de multidão de emergentes – alguns formando a segunda e mestiça classe média; outros ainda pobres – e no desejo da maioria popular de segui-los. Em meados do século 20, a revolução brasileira estava em o Estado ajudar a construir minoria trabalhadora organizada, sediada na indústria, para mudar o Brasil. Agora está em liderar as inovações institucionais que permitiriam a maioria seguir o exemplo da vanguarda de emergentes.

Para isso, não basta democratizar a economia brasileira do lado da demanda por meio da popularização do consumo e do aumento da renda popular. É preciso democratizá-la do lado da oferta.

Entre democratizar do lado da demanda e democratizar do lado da oferta, há grande diferença. O primeiro se pode fazer redirecionando recursos. Para conseguir o segundo, é preciso mudar instituições e consciências. E a democratização do mercado só prossegue por meio de aprofundamento da democracia, visando a construção da democracia de alta energia que não necessita de crise para tornar a mudança possível. A democratização do mercado e o aprofundamento da democracia têm como contrapartida a capacitação dos brasileiros, sobretudo pela transformação da maneira de aprender e de ensinar. Só assim daremos asas, braços e olhos à vitalidade brasileira.

Toda nossa política e as correntes de pensamento dominantes no mundo e no Brasil conspiram contra as inovações necessárias. Base social para elas existe: a oportunidade para desdobrar a convergência de interesses do trabalho e da produção que se contraponha aos rentismos e corporativismos que continuam a sugar o Brasil. E que não se deixe esgotar na popularização do acesso a bens de consumo em massa.

Os obstáculos mais importantes são a insuficiência dos agentes políticos e partidários disponíveis, a falta das ideias necessárias e a predominância de emoções e atitudes que continuam a barrar nosso melhor caminho. Os textos aqui reunidos tratam principalmente das ideias que faltam. Para desenvolvê-las, temos de enfrentar e vencer o colonialismo mental.

Comparação com os Estados Unidos

A comparação com os Estados Unidos elucida a tarefa. Não há país mais parecido com o Brasil. Os dois, de tamanho quase igual, foram fundados na mesma base de povoamento europeu e escravidão africana. São pluralistas e religiosos. Contêm mundos dentro de si. São os mais desiguais de seus respectivos tipos: o Estados Unidos, o mais desigual dos mais ricos; o

Brasil, o mais desigual das economias continentais emergentes. Em meio a tremendas opressões e exclusões e a divisões de classe que anulam aspirações de ascensão social, a maior parte dos brasileiros e dos americanos parece ainda crer que tudo é possível.

Entre as muitas diferenças entre esses dois países, há uma especialmente importante para a doutrina deste livro. Os americanos costumam deixar-se seduzir pela idolatria de suas instituições. Ao longo da história americana, entregaram-se frequentemente à pretensão de haver os Estados Unidos descoberto, no ato de sua fundação, a fórmula institucional definitiva de uma sociedade livre. Essa fórmula tem de ser apenas ajustada, de tempos a tempos, sob a pressão das crises. Ao resto da humanidade, cabe aproximar-se, como puder, da fórmula salvadora, para não continuar afundada no despotismo e na pobreza. No culto da constituição, a idolatria institucional chega ao auge. Repete-se também, contudo, no trato das instituições econômicas. Com imenso dano para a sociedade americana, eximem-se as instituições de ficar sujeitas ao experimentalismo tão forte na cultura e na prática da nação.

No Brasil, sofremos inveteradamente de pecado inverso, igualmente grave. Nossas instituições não são nossas. São quase todas copiadas. Tal como roupa emprestada, nos caem mal: não nos permitem dar instrumentos à energia desmedida dos brasileiros. Nossa cultura popular é marcada pela afirmação vigorosa de uma identidade brasileira. Nossas elites do poder, do dinheiro e do conhecimento, porém, não acreditam em nossa originalidade coletiva – ou na delas.

O partido da mensagem e o partido da onda: dois descaminhos

Dois partidos de opinião predominaram na história brasileira: o partido da onda e o partido da mensagem. O partido da onda quase sempre governou o Brasil. Sua proposta foi sempre surfar na onda: a correlação de forças no mundo da época aceitando o nicho que nossa situação e nossas vantagens comparativas estabelecidas nos reservavam.

O partido da mensagem foi o partido dos intransigentes – liberais ou socialistas. Raramente governou o país. Inconformava-se com o atraso duradouro. Queria fazer do Brasil país semelhante aos países que admirava.

E via na importação das instituições e das práticas deles a melhor maneira de nos tornarmos mais parecidos com eles. A tragédia do partido da mensagem foi, paradoxalmente, não ter mensagem: cópia não é mensagem.

O partido da mensagem sonhou grande, porém, sem imaginação ou clarividência. O partido da onda sempre pensou pequeno: compraz-se em confundir conformismo com realismo e rejeita, como romântica e perigosa, a ideia da grandeza. O Brasil, argumento neste livro, tem de pôr fim a ambos estes partidos.

O pensamento pode funcionar como antídoto à rendição. Entre nós, em geral, não funciona: as ideias dominantes na alta cultura brasileira – sejam as neomarxistas ou as que imitam a prática americana das ciências sociais – tratam como voluntarismo ilusório e perigoso as tentativas de inovar nas instituições brasileiras que não sejam meras imitações de um dos países que nos acostumamos a tomar por referências. É marca do colonialismo mental contra o qual me insurjo nestes textos. Brasil maior, povoada de gente maior, é Brasil que se livrou do colonialismo mental.

O colonialismo mental: natureza, consequências e superação

Aponto para um futuro em que o Brasil se livre do colonialismo mental. Sabemos que colonialismo mental não é destino: seu peso, embora nunca anulado, variou muito em diferentes épocas de nossa história e departamentos diversos de nossa vida nacional.

Colonialismo mental é a disposição de interpretar nossa experiência e nossos futuros possíveis pelos olhos de ideias trazidas de outros países – os países de referência. Traço decisivo do colonialismo mental é a ruptura entre a experiência coletiva e sua representação ou explicação. A experiência é vivida. A representação e a explicação são importadas.

A alternativa ao colonialismo mental não é a dependência de ideias meramente locais como se não houvesse ou devesse existir pensamento universal, poderoso e indispensável na interpretação de realidades locais. É que as ideias que fundam e orientam a interpretação da experiência nacional, importadas dos países de referência, apresentam-se como tudo ou nada, um instrumento que podemos usar, mas nunca reconstruir à luz do que nossa experiência nos revelou. Com isso, quebra-se a relação recíproca entre experiência e reflexão. No máximo, troca-se um prisma emprestado por outro. Não se desenvolvem e se reconstroem as ideias a respeito da sociedade e de seus futuros possíveis.

O resultado da ruptura entre experiência e reflexão é a obscuridade do país a si mesmo. Dessa obscuridade, resultam inibição e apequenamento. Na medida em que o país ou seus quadros dirigentes se rendem ao colonialismo mental, deixam de estar na posse de si mesmos.

O colonialismo mental é um dos muitos males a que está sujeita sociedade muito desigual que ocupa e aceita posição periférica no mundo, inclusive e sobretudo no mundo das ideias. O mal toma muitas formas. É fácil deixar de reconhecer que são aspectos do mesmo fenômeno.

Um desses aspectos é a falta de relação íntima entre a alta cultura a respeito da sociedade e de suas instituições, expressa em abstrações e doutrinas, e a cultura popular. É como se a alta cultura fosse o ideário de uma elite de conquista, vinda de outra parte do mundo – horda nômade, que invadiu e dominou o país. Só que o que veio de outra parte do mundo – dos países de referência – são as ideias, não as pessoas. Estas se conduzem no plano das ideias e para fora – nas suas relações com os países de referência – como conquistados, não conquistadores.

A consequência é negar à alta cultura a inspiração que o vínculo com a cultura popular lhe daria. E negar à cultura popular o acesso às abstrações que lhe permitiram entender-se e criticar-se. Não é apenas na história da arte e da religião – as duas áreas em que foi mais estudado – que se dá esse distanciamento recíproco entre a alta cultura e cultura popular; é também em tudo que tem a ver com política e economia.

As ideias a respeito da estrutura da sociedade, de sua possível transformação e dos imperativos e alternativas institucionais são fixadas, sob o reino do colonialismo mental, por correntes de pensamento dominantes nos países orientadores. A cultura popular fica desligada de qualquer ideário ou projeto voltado para a reconstrução da sociedade e de suas instituições. E na medida em que se torna objeto das preocupações da alta cultura, sobretudo da cultura academia, vira folclore.

No olhar da cultura acadêmica para a cultura popular e para a maneira de ser e de sentir na sociedade brasileira campeia certo determinismo culturalista, ora triste e cético, ora eufórico e festivo, a respeito das supostas particularidades da cultura brasileira. Esse culturalismo mobiliza as concepções e os métodos da única disciplina sempre a postos para tal operação intelectual: a antropologia.

A despeito da aparência de uma contradição de fundo e de método entre o culturalismo e as ciências sociais positivas, aquele e estas convivem pacificamente numa espécie de sociedade em comandita em que estas são sócias ostensivas e aquele é sócio oculto do colonialismo mental. A base dessa sociedade é o desinteresse compartilhado pelas sócias ostensivas e pelo sócio oculto em qualquer questionamento da estrutura institucional do país e qualquer visão de sua progressiva transformação em outra ordem nacional.

Disso resulta mais um traço revelador do colonialismo mental: o contraste que ele costuma estabelecer entre a originalidade coletiva que ele permite em tudo que tenha a ver com os ritos e as rotinas das relações entre pessoas e a vedação de originalidade coletiva na construção e no entendimento das estruturas e das instituições. No entendimento tanto quanto na construção a respeito das instituições e estruturas, ter ideias contrárias às ideias dominantes nos países de referência seria o primeiro passo para reconstruí-las.

No império do colonialismo mental, todos podem cantar desde que cantem acorrentados. A liga mais forte nas correntes é a menos tangível: as ideias que negam ou desmerecem quaisquer alternativas e nos mandam aguardar nossa vez num caminho estreito que outras nações já trilharam. O colonialismo mental é expressão de desesperança e apologia de submissão.

Para superar o colonialismo mental, é importante compreender suas causas. A crítica a ele costuma oscilar entre dois equívocos perniciosos: o fatalismo e o moralismo. O fatalismo o atribui às origens do Brasil e à fraqueza de afirmação nacional que resultou da formação do país. O moralismo o vê como falta de convicção e coragem na defesa da causa nacional: regime de Vichy permanente. O fatalismo e o moralismo têm em comum sua esterilidade programática: não apontam caminhos para a superação do colonialismo mental. Não seriam tão perigosos se não contivessem, cada um deles, elemento distorcido ou incompleto de verdade.

Nenhuma das duas abordagens consegue explicar o curso do colonialismo mental no Brasil. A tese moralista não explica sua persistência: o colonialismo mental assombra a história do Brasil. A tese fatalista não explica sua variabilidade: houve épocas em que sua influência aumentou ou diminuiu. No momento da publicação deste livro, o colonialismo mental se encontra em hora de fastígio. Há, porém, indícios de rebelião.

Proponho três explicações. A primeira diz respeito a características de nossa experiência nacional que nos deixaram desde cedo vulneráveis ao colonialismo mental: vulneráveis, porém, não condenados. As outras duas explicações tratam dos fatores que aumentaram ou diminuíram o colonialismo mental em diferentes períodos de nossa história. Servem de orientação para nos livrar dele.

A explicação de nossa vulnerabilidade está ligada a traços conhecidos de nossa trajetória nacional. Três destes traços merecem relevo. O primeiro é a primazia da produção primária e predatória. Quanto menos complexa a produção, e menos assistida pela inteligência, menos exige o desenvolvimento de formas superiores de cooperação. O sonho da riqueza fácil, graças à prodigalidade e aos tesouros da natureza, substituiu a construção penosa do capital social. E a escravatura e seu legado facilitaram o aviltamento radical do trabalho: nada foi, ou continua a ser, tão barato no Brasil quanto a força de trabalho de um negro. Enfraqueceu a coesão nacional. Orientou o Brasil para ser um acampamento em vez de ser uma nação – acampamento de saqueadores e de suas vítimas.

O segundo é a escassez de rupturas de força e de guerras na construção do Brasil. Foi na guerra e nos sacrifícios que ela impõe que nações antigas ou modernas afirmaram sua personalidade e aprenderam a pagar o custo da independência.

O último traço é a força de um conjunto de interpretações do Brasil que a cada hora ameaça tornar-se uma profecia que se cumpre por si mesma. É o Brasil da cooptação, da entrega, da cordialidade, do sincretismo, dos meios-termos, do lusco-fusco, dos panos quentes. Essa interpretação encontra guarida na tenacidade na sociedade tradicional brasileira de uma fórmula de interação entre as pessoas que chamarei de sentimentalização das trocas desiguais. É violenta e até absurda na redução da variedade de sensibilidades e atitudes vividas no Brasil.

Não se reconcilia com a representação de si mesma que fazem as classes sociais que jogaram, ou jogam, um papel central no país como a classe média tradicional ou os emergentes de hoje ou como correntes na política e na religião, como os intransigentes de direita e de esquerda e os evangélicos, ou regiões inteiras do país, como o sertão nordestino, o Brasil Central, o Rio Grande do Sul e o Acre. Na medida, contudo, em que faz parte da leitura oficial do Brasil pelos que se propõem a interpretá-lo, ganha vida própria. E, ao ganhar vida própria, naturaliza a ideia de um país que não afirma sua identidade e seu caminho em contraste com outros caminhos e com outras identidades no mundo. A diluição das fronteiras, de todos os tipos, na organização da experiência coletiva vira o primeiro passo para a rendição ao colonialismo mental.

Falta explicar a variabilidade do colonialismo mental. A primeira explicação de sua inconstância diz respeito à presença ou à ausência de projetos de desenvolvimento nacional. A influência do colonialismo mental não impediu que tenhamos vivido períodos em que os quadros dirigentes, instruídos por ideias programáticas, pretenderam desenvolver o país por meios que desafiaram o colonialismo mental. Foi o que aconteceu, ainda na época da independência e da regência, sob a influência de José Bonifácio e de seus aliados, nos planos de desenvolvimento que acompanharam os primeiros governos da República e no desenvolvimentismo dos anos 1950 e do início da década seguinte. E é o que pode acontecer de novo se abraçarmos a tarefa de reorganizar o desenvolvimento do Brasil com base na qualificação e na democratização das oportunidades produtivas e educacionais, não apenas na massificação do consumo, financiada pela produção e exportação de *commodities*.

A segunda explicação da variabilidade da influência do colonialismo mental tem a ver com a base intelectual e acadêmica da resistência à mentalidade da rendição. Os momentos de construção dessa base nem sempre coincidiram com períodos de afirmação de estratégia nacional de desenvolvimento. Foi o que ocorreu, por exemplo, na década de 20, quando se fundaram as primeiras universidades brasileiras e se deu ao modernismo literário e artístico sentido de afirmação nacional, num período em o governo central renunciava a qualquer estratégia rebelde de desenvolvimento nacional. Bastaram, porém, a agitação no plano das ideias e o início da construção tardia de universidades para que os inimigos do colonialismo mental se animassem.

A resistência só não foi mais longe pela fragilidade do ensino básico. Afundado no enciclopedismo e no dogmatismo, negou aos jovens os instrumentos para divergir, de forma consequente, das correntes de pensamento que prevaleciam nos países de que nos acostumamos a importar nossas noções das possibilidades da história. E obrigou a divergência a ser aventura individual, triunfo da inconformidade e da ambição intelectual do autodidata.

O colonialismo mental não é apenas ônus, é também tragédia. Seu sentido trágico se revela na experiência do indivíduo quando a rebeldia solitária no plano das ideias não se viabiliza e não basta.

Durante muitos anos, assisti em Harvard e no MIT à repetição de um desastre existencial, cheia de significado para o Brasil. Um estudante brasileiro de classe média, com talento e ambição, era admitido ao doutorado em economia. Chegava com a intenção de escrever uma tese que se opusesse ao pensamento econômico dominante e ajudasse a apontar outro rumo para a teoria econômica – rumo que oferecesse alternativa ao que a economia tinha virado na mão dos teóricos marginalistas do final do século 19. Na cabeça desse jovem, a oposição intelectual a essas ideias estava associada à busca de outro caminho para o Brasil e para as economias contemporâneas.

Os professores eram céticos, mas não se opunham. Apenas não podiam ajudar. Como ajudar se eles mesmos eram reféns da tradição intelectual que o jovem brasileiro se propunha a combater? Toda vez acontecia o mesmo: o jovem não conseguia executar seu plano. Nada na sua formação o havia preparado para a tarefa da reconstrução de ideias. Não tinha sequer o domínio das diferentes correntes históricas do pensamento econômico, muito menos o preparo em filosofia, teoria social e história que o habilitasse para a obra a que se propunha. Seu êxito em provas que mediam conhecimento estreito e convencional e facilidade com a matemática rudimentar venerada pelos economistas significava quase nada no campo de ação em que pretendia se mover.

Esse jovem acabaria por renunciar a seu projeto inicial. Escreveria tese que representaria o oposto de seu plano: a aplicação do instrumental analítico predominante a algum aspecto da realidade brasileira da época, por exemplo, a hiperinflação. Não havia inovação nem mesmo dentro dos limites dos métodos e das ideias hegemônicas na disciplina. De pretenso rebelde intelectual, o jovem passava, a contragosto, a funcionário obediente.

Vivia experiência de malogro que, mais do que meramente intelectual, tocava no fundo de sua concepção. Jean-Jacques Rousseau escreveu em *Émile*: "Não puderam ser homens. Então decidiram ser ricos." Já que não poderiam tornar-se os pensadores que haviam querido ser, pelo menos não continuariam a ser apenas os talentosos de classe média num país em que ser de classe média é ser dependente e precário. Do Banco Central ou do Tesouro, em que ingressariam certificados pelos diplomas estrangeiros, passariam para a banca privada. Sussurravam para si mesmos, como Charles-Maurice de Talleyrand-Périgord, a caminho de sua consagração episcopal: "une immense fortune, une fortune immense".

Escreveriam os planos econômicos, de antidesenvolvimento, destinados a reconciliar a ortodoxia que se haviam oferecido para desmontar com as anomalias do Brasil. Seriam celebrados como figuras geniais, eles que foram sepultado vivos. Tal é o colonialismo mental, trocado na dura moeda de sua realidade humana.

Organização deste livro

Este livro reúne textos que propõem rumo para o Brasil. Quase todos foram escritos entre 1998 e 2016. A maior parte foi concebida e publicada como artigo para compor coluna semanal que mantive no jornal *Folha de S.Paulo*, de 1998 a 2007. Deixei de escrever a coluna quando assumi, como seu primeiro ocupante, a pasta ministerial de Ações de Longo Prazo, depois designada Assuntos Estratégicos, no Governo Lula. Escrevi outros textos durante os dois anos em que ocupei aquele cargo e depois que o deixei, em junho de 2009, embora não mais como colunista da *Folha de S. Paulo*. De janeiro a agosto de 2015, voltei a ocupar o mesmo cargo no governo Dilma Rousseff. Em todo este período, até agora, junho de 2018, continuei a escrever no mesmo propósito.

Reunidos e organizados, estes textos propõem interpretação do Brasil a serviço de proposta para mudá-lo. Pensei e escrevi cada um como fragmento de visão ao mesmo tempo interpretativa e programática. O assunto nunca foi um acontecimento da época em que o texto foi escrito, ainda que eu tenha aproveitado acontecimentos da época como provocações para desenvolver ou repensar a concepção de nosso caminho que eu lutava – e luto – para construir.

A alternativa brasileira que defendo contradiz as ideias que hoje orientam o discurso e a ação de todas as forças políticas e correntes de opinião que dominam o debate brasileiro contemporâneo. Implicam ruptura que se não tem de ser radical no método de sua efetivação, é radical no alcance de seus propósitos e de suas consequências.

Este livro oferece, portanto, entendimento do Brasil e até mesmo método de pensamento. A intenção interpretativa está encarnada em textos sumários que se propõem a decifrar muitos aspectos diferentes da experiência brasileira. Sempre prevalece a preocupação prática, a ambição de transformar.

A preocupação prática serve à ambição teórica em vez de ameaçá-la. Para a concepção de pensamento que orienta estes escritos, não se compreende uma sociedade sem vislumbrar também suas oportunidades de transformação. Não é apenas que o pensamento programático precisa apoiar-se num entendimento das forças reais de uma sociedade. É também que ninguém decifra as estruturas existentes sem compreender suas possibilidades de mudança.

Dividem-se os escritos coligidos aqui em sete partes. Na primeira parte, "O caminho do Brasil", abordo a natureza geral da alternativa de que precisa o país. Essa alternativa tem por objetivo o engrandecimento do Brasil e dos brasileiros. Tem por método a transformação institucional cumulativa da economia de mercado e da democracia representativa.

Na segunda, "Emergentes e batalhadores", trato das forças sociais que podem sustentar essa alternativa. Não é apenas evocação de novos agentes sociais e de mudanças conhecidas, porém pouco compreendidas, na estrutura de classes do Brasil. É, ao mesmo tempo, discussão de transformações obscuras no imaginário dos brasileiros.

Na terceira parte – "Política e poder" –, discuto, provocado por eventos e inflexões na história recente do país, a relação da alternativa que defendo com a luta pelo poder do Estado. Esta é a parte da coletânea em que optei por fazer a seleção mais rigorosa, incluindo apenas os textos que melhor elucidam o descompasso entre o rumo que proponho e as opções políticas e partidárias oferecidas ao país. Faço-o marcado pelos reveses e pelas revelações de minha experiência pessoal de engajamento.

Na quarta parte, "O modelo de desenvolvimento e sua reconstrução", discuto os elementos que compõem o primeiro dos três eixos de minha proposta: estratégia de desenvolvimento econômico que toma por fundamento a reconstrução institucional da economia. Democratizar o mercado significa mudar a maneira como se organiza o mercado, não apenas regulá-lo ou atenuar, por meio de tributação progressiva e de políticas sociais compensatórias, as desigualdades geradas no mercado. Não podemos mais nos contentar em democratizar a demanda; nossa tarefa agora é democratizar a oferta: o acesso aos recursos e às oportunidades da produção. A democratização da oferta, ao contrário da democratização da demanda, exige reorganização institucional.

Na quinta parte – "A capacitação dos brasileiros" –, analiso a prática de educação e de política social que a alternativa desejável e factível requer. Há de ser política social e educação que permita a cada brasileiro viver vida maior. E que engaje a sociedade civil junto com o Estado nessa construção. Não é compatível com a maneira de aprender e de ensinar que tem prevalecido no país. Um dos temas persistentes nos escritos dessa parte do livro é o vínculo que pode e deve existir entre o objetivo da capacitação e o ideal de solidariedade: o dinheiro das transferências sociais não basta como cimento social. A coesão tem de contar com outras bases. Providenciá-las faz parte da vocação da política social, reorientada em seus propósitos e renovada em seus métodos.

Na sexta parte, "A reinvenção da democracia brasileira", levo a tarefa e o método da transformação institucional para a política e o Estado. Proponho conjunto de iniciativas para organizar democracia de alta energia: democracia que permita ao país se reinventar sem que a crise tenha de ser a condição da mudança. A contrapartida ao aprofundamento da democracia é a construção do Estado. Hoje não existe, no Brasil, e pouco existe no mundo, Estado capaz de associar-se com a sociedade civil na abertura do rumo que aqui preconizo.

Na sétima parte, "Ideias, atitudes, emoções", volto-me para o aspecto menos tangível, porém, talvez mais importante, da empreitada: as concepções e os sentimentos por que se teria de guiar e em que se haveria de inspirar a alternativa defendida. Não prospera a mudança institucional, e se fragmentaria e temporariamente efetuada não alcança seus objetivos maiores, se não houver também transformação no imaginário e na experiência. Algumas dessas mudanças têm a ver com as ideias dominantes em nossa alta cultura acadêmica. Outras, com as fórmulas emocionais e as estratégias de conduta, antigas ou novas, que proliferam na sociedade brasileira.

Nada nessa parte da obra implica supor que alternativa desenhada neste livro dependa da aceitação de determinado conceito do bem e da humanidade. Por outro lado, a argumentação não se reconcilia com a premissa, característica do pensamento liberal clássico, de que o regime institucional possa e deva ser neutro com respeito a visões do bem e da natureza humana. Defende nova dialética de conceitos, ideais e orientações de existência no Brasil. Essa maneira de vivenciar as possibilidades do país e da própria vida humana revelará o sentido maior das transformações institucionais propostas. Ao nos libertar de alguns tropismos que nos amesquinham, ajudará a formar mundo em que a ideia do engrandecimento dos homens e das mulheres comuns faça sentido.

Basta esta descrição de partes do livro para sugerir que o que aqui se apresenta, sob a forma enganosa de uma coletânea de breves artigos de jornal, é maneira de pensar o país e de construir para ele outro futuro. Quiseram estes escritos compor fragmentos de um sistema de ideias. O Brasil, porém, interrompeu o fechamento do sistema, na forma das provocações a que estes textos responderam. Essa contraposição de impulso sistemático e de casualidade antissistemática acata a advertência de Schlegel. Já que é igualmente fatal ter e não ter sistema, tratemos de tê-lo e não tê-lo ao mesmo tempo.

O pensamento como antidestino: o imperativo da visão estrutural

Escrevi esses textos a respeito do Brasil e de suas alternativas inspirado por projeto teórico cuja formulação tem sido a preocupação de muitos anos de trabalho. O leitor compreenderá melhor o sentido destes escritos ao apreciar a perspectiva de pensamento que os informa.

Esta iniciativa teórica tem dois lados. Um lado é explicativo e factual: tem a ver com a maneira de entender a sociedade e a história e a natureza da transformação estrutural. O outro lado é programático e normativo: diz respeito à proposta de diferentes maneiras de organizar as sociedades contemporâneas. Tais propostas divergem, tanto na concepção dos fins como na definição dos meios, das ideias características da política contemporânea, inclusive da política que se define como de esquerda, no mundo e no Brasil.

O cerne da abordagem explicativa é o esforço de colocar no centro do pensamento social o entendimento das estruturas ou dos contextos, institucionais e ideológicos, que em cada circunstância histórica dão forma e rumo às rotinas práticas e discursivas de uma sociedade. Alguns acertos institucionais e algumas premissas ideológicas são comumente tomados como dados até que crise e conflito propiciem sua transformação. Deixados incólumes, comandam a vida da sociedade.

O alvo maior da teoria social, política, econômica e jurídica (distinções que refletem os acidentes da história do pensamento e as conveniências do sistema universitário) é o entendimento desses acertos institucionais e das representações ideológicas de que são inseparáveis. O alvo maior de qualquer prática transformadora é a mudança dessas estruturas: mudança que embora descontínua forma futuro. Uma política que se limite a humanizar tais estruturas, por exemplo, por meio de transferências sociais que atenuam desigualdades de renda e, portanto, privações individuais, não substitui tais mudanças mais ambiciosas.

Um pretexto para não empreendê-las é a suposição de que mudanças estruturais teriam de ser revolucionárias ou totalizantes. Os regimes instituições e ideológicos, como o "capitalismo", constituem, de acordo com esse ponto de vista, sistemas indivisíveis. Portanto, a política, se não for revolucionária, só pode ser reformista, no sentido de modificar as consequências das estruturas para certos grupos em vez de substituí-las. Como as transformações revolucionárias são inacessíveis ou perigosas, sobra o reformismo, assim entendido, como o destino dos desiludidos da revolução.

O pensamento social a cuja construção me dedico rejeita todas essas proposições. Os regimes institucionais e ideológicos que moldam as sociedades ganham cores de naturalidade. Resistem à mudança. Não representam, contudo, sistemas indivisíveis. Mudam, quando mudam, em pedaços e em etapas. A substituição repentina e abrangente de todos seus elementos é caso extremo e, no mais das vezes, apenas fantasia. A forma exemplar da política transformadora é a reforma radical, a mudança de parte da estrutura. O encadeamento de tais mudanças e sua persistência no tempo, animados por interesses e aspirações convergentes, são a verdadeira revolução, aquela que não se desfaz em ilusão. Este livro propõe conjunto de reformas radicais no Brasil.

As estruturas alvejadas pelo reformismo radical podem ser constituídas de maneira que iniba ou que facilite sua revisão. Podem travestir-se de naturais ou necessárias ou, pelo contrário, apresentar-se a nós como os artefatos humanos que de fato são. Na medida em que negam aos que transitam dentro delas meios para questioná-las, podem parecer imutáveis.

Dito de outra maneira: varia na história dos regimes institucionais e ideológicas a distância entre dois tipos de atos. Há os atos corriqueiros que empreendemos dentro de arcabouço institucional e ideológico, que deixamos de questionar ou de reconstruir. E há os atos excepcionais e transformadores pelos quais mudamos, de tempo em tempo, provocados por conflitos e crises, partes do arcabouço. Quanto menor a distância entre essas duas classes de atos, quanto mais fácil a passagem da reprodução à transformação das estruturas, menor fica o risco de confundi-las com fenômenos da natureza. Maior fica nossa liberdade para participar de um mundo social sem nos render a ele.

Essa variação na qualidade da existência de um regime, não apenas em seu conteúdo, ganha significado especial em nossa situação contemporânea. Como os liberais e socialistas do século 19, temos razões para afirmar a primazia da imaginação estrutural no pensamento e do reformismo radical na prática. Ao contrário deles, porém, não mais conseguimos confiar em fórmulas institucionais exclusivas e definitivas. Como cultivar a imaginação estrutural sem sucumbir ao dogmatismo estrutural? Por meio de instituições e práticas que tenham entre seus atributos o de facilitar sua própria revisão. Ajudam-nos a demarcar o caminho, caminhando.

A contrapartida a essa abordagem das estruturas é concepção dos interesses, inclusive dos interesses de classe. Os homens lutam por seus interesses, observou singelamente David Hume, mas o que são seus interesses é questão de opinião. Contrariamente ao que pensa o marxismo, as classes, ou seus membros, carecem de interesses fixos. Dissolve-se a aparência de objetividade desses interesses à medida que se acirra o conflito a respeito da ordem existente e de suas transformações.

Quanto mais longe for o conflito, menor fica nosso poder de separar a pergunta – quais são meus interesses como membro de determinada classe? – da indagação – quais são as alternativas à ordem existente e quais seriam, em cada uma dessas alternativas, meus vínculos, meus interesses e minha própria identidade? Qual é, por exemplo, o interesse dos emergentes (ou da segunda e ainda precária classe média, ou da massa de trabalhadores pobres que lhe quer seguir o caminho?). Depende do rumo das mudanças que se vislumbram como factíveis na sociedade brasileira. Esta obra é, portanto, também tentativa de interpretar alguns dos grupos mais importantes na sociedade: o que querem agora e o que podem vir a querer à medida que a imaginação das alternativas fecundar o entendimento dos interesses.

Por trás destas proposições há visão da tarefa que a história do pensamento social nos impõe. A convicção revolucionária da vertente da teoria social europeia que teve na obra de Marx e na sua crítica à economia política inglesa seu ponto culminante é que os regimes institucionais e ideológicos são nossas criações, ainda que pareçam a nossos olhos parte da natureza. Por sermos seus criadores, podemos, como escreveu Giambattista Vico, compreender essas estruturas com o conhecimento íntimo e ativo que o criador pode ter de sua obra. Nunca foi esta a única vertente da teoria social clássica, como demonstra, entre outras correntes de pensamento, o naturalismo de Émile Durkheim e de seus muitos seguidores.

Radicalizada, como não foi na história dessa tradição teórica, a ideia coloca a política no centro da experiência social: a política não apenas no sentido estreito como luta pelo poder do Estado, mas também e, sobretudo, no sentido amplo como conflito a respeito dos termos de nosso acesso uns aos outros: da maneira de cooperar com eles ou de usá-los ou de reconciliar nossa necessidade deles com o medo que eles nos inspiram. Os regimes institucionais e ideológicos são, de acordo com esse ponto de vista, o resíduo da interrupção temporária e da contenção relativa de tais conflitos. Representam a política congelada, mas sempre pronta a voltar à fase líquida.

A noção das estruturas institucionais e ideológicas da sociedade como construções políticas, no sentido amplo, ficou, nessa vertente maior da teoria social clássica, comprometida por aquilo que em minha obra de pensamento social vim a chamar de ilusões da falsa necessidade. De acordo com uma dessas ilusões – a ilusão do elenco fechado –, há na história um conjunto pré-definido de regimes – as opções para a organização da sociedade – como são na doutrina de Marx os modos de produção. As classes e os outros grupos sociais têm interesses objetivos, determinados pelo papel que desempenham em cada regime e, portanto, na divisão social do trabalho. Segunda outra ilusão – a ilusão da indivisibilidade – cada um desses regimes constitui sistema indivisível. A ação política, portanto, sempre toma em última instância uma de duas formas: o manejo reformista de um regime ou a substituição revolucionária (ainda que pacífica) de um regime por outro. Ainda outra dessas ilusões – a ilusão das leis da história – crê em leis de transformação que regem a sequência dos sistemas indivisíveis. Não há, portanto, espaço para a imaginação programática. A história e suas leis providenciam o verdadeiro programa a que a ação humana consciente ou inconscientemente se subordina.

As ciências sociais que se desenvolveram ao largo do último século e meio rejeitaram essas ilusões da necessidade falsa apenas na medida em que descartaram também a concepção central que tais ilusões haviam esvaziado: a primazia da estrutura institucional e ideológica da sociedade. A história humana é a história descontínua dessas estruturas. Entender como se constituem e como mudam é a tarefa maior do pensamento social. Propor alternativas a elas, sobretudo na penumbra do possível adjacente – o novo que se pode alcançar a partir do existente – é o esforço da imaginação programática. Essas verdades, porém, ficaram sepultadas na abordagem contemporânea da sociedade e da história junto com as ilusões que empobreciam seu conteúdo na tradição clássica da teoria social.

Não se pode pensar o Brasil – ou qualquer outra sociedade contemporânea – adequadamente com as ideias e os métodos que hoje predominam nas ciências sociais. Rompeu-se nessas disciplinas o vínculo vital para todas as áreas do conhecimento entre a compreensão do existente e a imaginação do possível próximo. Rompido tal vínculo, o conhecimento degenera em mistificação: a racionalização retrospectiva dos fenômenos. É o que, no vocabulário da história da filosofia, se costuma chamar o hegelianismo de direita. Hegelianismo de direita é a filosofia secreta das ciências sociais contemporâneas. Cada uma dessas ciências pratica essa filosofia à sua maneira.

Já as disciplinas normativas, como a filosofia política e a teoria jurídica, entregam-se ao esforço de humanizar, em bases pseudofilosóficas, a humanização dos regimes estabelecidos. Um dos métodos de humanização é a redistribuição compensatória operada pelo Estado: o objetivo das filosofias de justiça distributiva. Outro método humanizador é a idealização do direito como conjunto de princípios e de políticas públicas.

A tarefa é retomar a ideia central das estruturas como construções, como política congelada, e libertá-los das ilusões de necessidade falsa que barraram seu avanço. Não se pode executar essa tarefa apenas no plano do pensamento social geral. Só se pode executá-la intervindo em cada uma das disciplinas sociais para reorientá-la por meio de novas agendas e de novos métodos. Não é prerrogativa de pensadores isolados, é obra coletiva. Dessas disciplinas, duas têm importância especial para o entendimento das instituições e das alternativas institucionais: direito e economia. São as disciplinas gêmeas da imaginação institucional.

Essa é metade da perspectiva teórica da qual escrevi esses textos – a que explica para poder propor. É a metade menos aparente, ainda que igualmente decisiva, porque mais distante das preocupações programáticas que aqui ocupam o centro de minha atenção. A outra metade da perspectiva, mais próxima aos escritos, é a concepção normativa que me inspira: a visão de vida maior para o Brasil, para os brasileiros e para a humanidade toda. Este livro (ao contrário de outros que escrevi) não é a teoria desse ponto de vista nos seus dois lados: o explicativo e o propositivo. Não o explica ou justifica a não ser exemplificando seus resultados na explicação do Brasil e na proposta de rumo para o país.

O ideal do engrandecimento e a prática da inovação institucional

Explicito a visão normativa que orienta minhas propostas para o Brasil. Faço-o em dois passos: primeiro, ao resumir a concepção de valor que anima estes escritos; em seguida, ao descrever meu posicionamento com respeito ao debate ideológico contemporâneo.

O mundo arde há mais de dois séculos em conflagração revolucionária. Descaminhos e calamidades não faltaram. Vivemos interlúdio contrarrevolucionário nessa longa época de revolução, conduzida sob os rótulos da democracia, do liberalismo, do socialismo e do romantismo. Tomo nestes escritos, como em toda minha obra, o partido dos revolucionários, embora convencido de que tanto os fins como os meios precisam ser reinterpretados.

O fim pelo qual se acendeu o incêndio no mundo é a nossa ascensão – a ascensão dos homens e das mulheres comuns, a vida maior, com mais intensidade, abrangência e capacitação. Vida maior é a vida que nos resgata de apequenamento porque amplia nossa participação em alguns dos atributos que muitos veem em Deus. Desses atributos, o mais importante é o poder de transcender nossas circunstâncias. Os contextos institucionais e conceituais de nossa atividade nos formam. Somos, porém, maiores do que eles: maiores como coletivo – a humanidade – e maiores como indivíduos. Eles nunca esgotam nosso potencial de experiência, de descoberta, de construção.

O objetivo da igualdade é subsidiária a este fim maior. A igualdade, entrincheirada e extrema, apequena, humilha e cerceia. Não se procura, porém, igualdade rígida de circunstâncias e de resultados senão como compensação para a perda de um bem maior. O bem maior é a vida, vivida por inteiro, sem temor ou opressão e com instrumentos para acordar e agir, vivida de tal modo que só precisemos morrer uma vez.

O meio é a reconstrução das instituições e das ideias associadas a elas. As formas institucionais existentes do pluralismo econômico, político e econômico – do mercado, da democracia e da sociedade civil independente – representam variantes de universo mais amplo de possibilidades institucionais. É nas outras partes desse universo que temos de caminhar. Nossos interesses e ideais estão sempre pregados na cruz das instituições e das práticas que os representam na realidade.

Não têm razão os que tratam o desenho institucional como responsabilidade distinta da definição de princípios, critérios, ideais e interesses e acessória a ele, como costumam fazer, por exemplo, os que proponentes contemporâneos de teorias de justiça distributiva. É por sua tradução em maneira de organizar as relações sociais que definimos nossos objetivos.

Para empreender a tarefa da reimaginação e da reconstrução das instituições é preciso enfrentar a maneira de manejar os problemas emergentes, ou os choques inesperados, que podemos chamar a linha de menor resistência. A linha de menor resistência é o conjunto de respostas a tais choques e problemas que menos perturba os interesses e as ideias dominantes e, portanto, menos ameaça a estrutura estabelecida.

Essa concepção do fim e dos meios distancia-se das premissas aceitas pelos que hoje no mundo se têm na conta de progressistas, seja em nome do liberalismo social, da social-democracia ou do socialismo. A marca característica de seu pensamento é a combinação do compromisso igualitário com o conservadorismo ou o ceticismo institucional. Dão primazia a alguma espécie do ideal de igualdade. Justapõem, entretanto, a esse igualitarismo teórico, a aceitação das formas institucionais existentes do mercado e da democracia. O significado prático dessa combinação de fé na igualdade e descrença nas alternativas institucionais está na prioridade dada à redistribuição retrospectiva da renda por meio de tributação progressiva e de gasto social. É meio relativamente ineficaz para servir a objetivo menor.

Se a concepção que inspira estes escritos diverge da que orienta a prática e a doutrina dos progressistas contemporâneos, aproxima-se de ideias comuns entre os liberais e socialistas do século 19. Para eles, o objetivo nunca foi apenas atenuar desigualdades. Quiseram ver a humanidade ascender a um plano mais alto de existência. O que os distinguia uns dos outros – os socialistas dos liberais, por exemplo – eram suas propostas institucionais. Cada corrente tinha sua fórmula institucional dogmática.

Não lhes podemos compartilhar a confiança nas fórmulas institucionais definitivas nem podemos aceitar a visão do engrandecimento das pessoas que ainda carregam as marcas de noção aristocrática de grandeza e de autonomia. A concepção mais rica e menos individualista da grandeza tem, para nós, de associar-se ao esforço de assumir a tarefa da reconstrução as instituições sem nos render ao dogmatismo institucional dos nossos predecessores do século 19.

A ditadura da falta de alternativas

Quem tomar posição como esta há de insurgir-se contra a ditadura das não alternativas que agora governa o mundo. A marca dessa ditadura é a estreiteza das opções institucionais disponíveis em cada sociedade e no mundo todo para a organização de diferentes partes da vida social: seja a política, a economia ou a sociedade civil fora do Estado e do mercado. O vocabulário pretensioso da política, herdado de gerações anteriores, esconde a pobreza das opções vivas.

No Atlântico Norte rico, reunindo os países dos quais importamos instituições e ideais, o horizonte da política se reduziu em grande parte ao esforço para reconciliar a flexibilidade econômica dos americanos com a proteção social dos europeus. Só se vislumbra e se tolera um mínimo de ajuste institucional. O que comumente se considera mais avançado é uma família de projetos políticos e econômicos que recebeu rótulos como a "terceira via" ou o "modelo nórdico". Dissolve as garantias que a social-democracia tradicional concedia a trabalhadores estáveis. Limita o ônus tributário e regulatório. Abre espaço para a participação de empresas privadas no fornecimento de serviços públicos. Em troca de todas essas concessões liberalizantes, fortalece direitos e proteções universais: não pressupõem a posse de qualquer emprego específico.

Não passa de um ajuste do compromisso estabelecido em meados do século passado: o contrato social que na Europa se chamou social-democracia e nos Estados Unidos teve no *New Deal* de Franklin Roosevelt sua expressão característica. Estende a lógica da onda anterior de liberalização e procura reconcilia-la com forma de proteção contra a insegurança econômica que não paralise a combinação de fatores de produção. Não se trata de reinventar o mercado em nova forma institucional; trata-se de deixá-lo livre, como ele é, para fazer seu trabalho ao mesmo tempo que se desenvolvem maneiras de proteger sem engessar.

Nada nesta social-democracia flexibilizada ultrapassa o limite básico do compromisso estabelecido no século anterior: sua abdicação de qualquer tentativa de reorganizar a produção ou o poder, a economia de mercado ou a democracia representativa. Em minhas obras programáticas, tenho argumentado que nenhum dos problemas fundamentais das sociedades contemporâneas pode ser equacionado sem reverter essa abdicação e reabrir os termos do compromisso social-democrata.

Não encontraremos bússola seguindo o caminho de qualquer umas das grandes economias continentais emergentes. Nelas nada se contrapõe à social-democracia flexibilidade a não ser a justaposição bruta do neoliberalismo com o capitalismo de Estado, frequentemente autoritário. São países que contam com os recursos materiais e espirituais para se imaginarem como outros mundos e para enfrentar a ditadura das não alternativas. Como nós, porém, continuam vergados sob o jugo do colonialismo mental.

Se não temos, no Brasil e mundo afora, um único exemplo a seguir, temos, contudo, material com que trabalhar. O material mais importante é o vasto manancial de pequenos experimentos que existem, nas sombras, desconhecidos ou desentendidos, entre nós e em toda a parte no mundo contemporâneo. Para aproveitar estes pequenos experimentos, temos de vê-los com outros olhos.

Sob esta perspectiva, a perspectiva da qual escrevi estes textos, é preciso rejeitar o modelo de debate ideológico que predominou nas últimas gerações: o Estado contra o mercado. É modelo hidráulico: mais Estado, menos mercado; mais mercado, menos Estado; equilíbrio entre o Estado e o mercado. A premissa do modelo hidráulico é que a economia de mercado, como a democracia representativa e a sociedade civil independente, são o que são. Mercado é mercado. Propriedade é propriedade. Contrato é contrato. Não são; não há forma singular, natural e necessária da economia do mercado. Portanto, não há única modalidade dos instrumentos fundamentais de descentralização econômica, definidos no direito privado.

Para romper os limites do debate ideológico estabelecido, é preciso substituir o modelo estabelecido de debate ideológico por um conflito entre as formas institucionais alternativas da democracia, do mercado e da sociedade civil independente. É o que procuro fazer neste livro, não em termos abstratos e universais, mas na forma de discussão das realidades e das oportunidades do Brasil.

Alternativa nacional e heresia universalizante

Qual é, nesta proposta de alternativa brasileira, a relação entre o nacional e o universal? Esta proposta para o Brasil não é a defesa de uma idiossincrasia nacional. Não propõe originalidade institucional como fim em si mesma. Argumenta em favor da variante brasileira de alternativas pertinentes a amplo espectro de sociedade contemporâneas, tanto mais ricas como mais pobres. Se enfrentarmos nossos problemas, ao desfiar o colonialismo mental, inauguraremos inovações institucionais que ajudarão outros países, dentro e fora da América do Sul, a abrir caminho. Na argumentação deste livro, a afirmação de iniciativas rebeldes está a serviço de aspirações que têm a ver com a humanidade, não apenas com o Brasil.

Hoje os progressistas, sobretudo nos países em desenvolvimento, costumam querer usar heresias locais para combater e substituir ortodoxia universal. À ortodoxia política e econômica aplicaram-se, em décadas recentes, rótulos como neoliberalismo e Consenso de Washington. As heresias locais seriam compostas de elementos desta ortodoxia combinadas com desvios e novidades adaptados às circunstâncias de cada país. Há duas objeções a essa visão da construção de alternativas institucionais. Uma é prática. A outra toca no fundo da questão. São dois lados do mesmo problema.

Heresias locais não derrotam ortodoxia universal. Só heresias universalizantes o podem fazer. Assim foram, por exemplo, o liberalismo e o socialismo no século 19. A doutrina proposta neste livro trata de alternativas brasileiras como exemplos de heresia universalizante.

A razão mais funda para este vínculo entre o imperativo de originalidade institucional e a vocação exemplar está nas circunstâncias da ditadura da falta de alternativas no mundo. O elenco de opções institucionais disponíveis para o ordenamento de partes diferentes da vida social é agora tão estreito que o fortalecimento do poder de criar novas alternativas passa por inovações semelhantes – na democratização do mercado, no aprofundamento da democracia e na construção de uma sociedade social que se organiza e se levanta fora do mercado e do Estado. O resultado de tais inovações é o fortalecimento do poder para construir novas divergências que não sejam apenas a projeção das diferenças que cada sociedade herdou de seu passado: a regência dos vivos pelos mortos. Vejo no Brasil condições propícias para desempenhar este papel vanguardista: sua vitalidade, sua unidade, seu sincretismo anárquico e generoso. Vejo, também, porém, a muralha imposta pelo colonialismo mental, contra o qual se dirigem estes escritos.

Para não dourar a pílula do modelo econômica: a crítica à ideia da Suécia tropical

As propostas deste livro se contrapõem a concepção predominante em todas as grandes correntes da política brasileira. É a ideia de que, em um desses textos, chamo de Suécia tropical.

Há muitos partidos no Brasil, quase todos frágeis, criados acidentalmente e mantidos, em sua maioria, para servir às ambições dos políticos profissionais, já que a filiação ao partido político é, no Brasil, condição para disputar eleição. A proliferação de partidos torna ainda mais impressionante a hegemonia da ideia da Suécia tropical. Não é apenas discurso; orienta e limita drasticamente a prática da política brasileira.

De acordo com esta ideia, não temos de buscar no Brasil grandes inovações na maneira de organizar o mercado e a democracia. Precisamos aceitar e reproduzir variante do conjunto de acertos institucionais e de políticas públicas que está estabelecido nos estados livres e ricos do Atlântico Norte. É o modelo que sobreviveu aos desacertos, às aventuras e às calamidades do século passado. Representa hoje a forma atualizada e superior do compromisso institucional e ideológico a que os países avançados chegaram em meados daquele século. Demonstrou sua superioridade por sua sobrevivência nas nações que mais deram certo.

Entre esses países, os mais admirados – não apenas no Brasil, mas também grande parte do mundo – são as social-democracias escandinavas. Seu exemplo é tido como especialmente atraente, dadas as tremendas desigualdades e exclusões que persistem entre nós. O tema central do discurso político vira o social. Daí que quase todos na política brasileira se apresentam como social-democratas ou social-liberais.

As transferências sociais, organizadas pelo Estado, são a forma mais vistosa de cuidar do social. Sua contrapartida é o compromisso com a tributação progressiva da renda e da riqueza (como num imposto sobre grandes fortunas), homenageada no discurso, porém pouco efetuada na prática. Tem primazia, nesta visão do social, a redistribuição compensatória e retrospectiva da renda por meio da tributação progressiva e do gasto social redistribuidor – retrospectiva porque destinada a atenuar desigualdades geradas no mercado.

Elemento dessa concepção é que economia de mercado tem natureza definida, com pouco lugar para variação. É próprio de uma economia de mercado gerar grandes desigualdades, assim como é próprio do Estado social atenuá-las sem comprometer a lógica e a arquitetura do mercado: as motivações para empreender, investir e trabalhar e as regras que organizam o pluralismo e a concorrência econômica.

Há que se reconciliar, portanto, o compromisso social com a integridade das políticas e das instituições econômicas que asseguram o crescimento e o emprego. Reconciliar o social com o mercado, sem cultivar ilusões e entrar em desvios, é a grande tarefa da política.

Rejeito aqui esses truísmos, que vestem a roupagem enganosa da obviedade. O cerne da divergência está na tese de que nossos interesses e ideais exigem a reorganização institucional do mercado e da democracia. A diminuição da igualdade não deve ser o principal objetivo; é acessória ao esforço para propiciar às pessoas comuns vida maior. Mas na medida em que a diminuição da desigualdade faz parte legítima e indispensável de caminho que emancipe os brasileiros, o meio principal para alcançá-la não é a redistribuição retrospectiva e compensatória da renda ou sequer da riqueza.

É a democratização da economia de mercado: a mudança de seu conteúdo institucional para que ampliem as oportunidades para produzir, trabalhar e aprender, para que mais gente tenha acesso às formas avançadas da produção e para que o trabalho livre seja livre de fato. Não se avança na democratização do mercado sem aprofundar a democracia. Aprofundar a democracia significa criar democracia de alta energia, capaz de dominar e mudar as estruturas, sem exigir crise como condição da mudança. A redistribuição retrospectiva tem seu papel. É, porém, meramente acessório.

A crítica à Suécia tropical começa na comparação desse conceito fantasioso com a Suécia real. A Suécia contemporânea é o produto de várias décadas de luta por acesso à oportunidades econômicas, educacionais e políticas. O desfecho dessas lutas foi um acerto entre o Estado e as famílias plutocráticas do país. Cederam poder, inclusive poder econômico nacional, porém mantiveram riqueza e relativo controle sobre suas próprias empresas. Uma nação camponesa e pobre que foi, entretanto, em sua parte da Europa, um pequeno império, transformou-se numa sociedade relativamente inovadora e igualitária, capaz de aproximar-se da vanguarda em alguns ramos de produção industrial. Os programas sociais e a tributação progressiva apenas complementaram mudanças estruturais e conflituosas. O "modelo nórdico" estabelece variante do compromisso social-democrata mais exitoso do que outras variantes porque foi, desde o início, mais universalizante. Praticou reformas destinadas a reconciliar proteção social com flexibilidade econômica sem empunhar ambições transformadoras mais arrojadas.

A forma da coesão social estabelecida nesta modelo escandinavo – transferências de dinheiro orquestradas pelo Estado contra o pano de fundo de homogeneidade étnica e cultural – já não serve. Dissolve-se aquela homogeneidade na nova Europa. Despido desta ajuda, o dinheiro se revela cimento social insuficiente. Mas não é só por esta razão que a renovação escandinava da social-democracia resulta não estar à altura da tarefa do momento. É por que nenhum dos problemas básicos das sociedades contemporâneas pode ser equacionado ou sequer abordado dentro dos limites do arcabouço institucional existente.

Os adeptos da noção da Suécia tropical no Brasil propõem o epílogo na narrativa da Suécia real sem o enredo que levou a ela. Transposto para uma das sociedades mais desiguais na história, é plano que não pode dar certo. É, porém, quase o único plano proposto para o país, já que a ideia da Suécia tropical, incorporando a pseudo-ortodoxia econômica, constitui há muito tempo, a matriz do discurso dominante no Brasil. Discurso, não prática, porque não pode ser praticado em nossa circunstância, mesmo quando não serve apenas para despistar.

Sob determinado aspecto, porém, o projeto da Suécia tropical representa passo para frente. Enterra a querela, que acompanha toda a história do Brasil, entre o que antes descrevi como o partido da mensagem e o partido da onda. Considerada apenas sua retórica, é exemplo característico da pregação do partido da mensagem. Define como fim aproximar-se dos padrões de vida dos países que tradicionalmente admiramos. Toma como meio a reprodução no Brasil das instituições e das práticas desses países. Que esse exercício resulta de um mal-entendido (como no contraste entre a Suécia fictícia e a Suécia real ou entre o que imaginamos ser o exemplo americano e as forças que fato construíram os Estados Unidos) em nada diverge dos hábitos do partido da mensagem. Suas propostas sempre dependeram de tais mal-entendidos.

Vista em sua função real, porém, o conceito da Suécia tropical serve para fazer aquilo que o outro partido, o que costumar mandar no Brasil, o partido da onda, sempre fez no poder: evitar confrontos com os interesses dominantes dentro do país, menosprezar como irrealista a tentativa de construir para a economia brasileiras novas vantagens comparativas e melhorar de posto no regime mundial existente mais do que trabalhar com outros países pela reconstrução deste regime.

O propósito da Suécia tropical é humanizar, não sacudir ou transformar. Por isso mesmo, presta-se a acompanhar estratégia de crescimento baseada na popularização do consumo e no aproveitamento dos recursos agropecuários e minerais do país. Ao contrário da democratização da oferta ou da construção de novo paradigma de produção industrial, essa estratégia não exige inovar em nossas instituições econômicas e políticas. Não requer a definição de projeto que atenda os interesses dos emergentes e batalhadores e dos que querem seguir-lhes o caminho.

Não faz sentido tachar a alternativa que aqui defendo como extremismo de esquerda. Em primeiro lugar, não o é porque propõe reinventar a economia de mercado em vez de suprimi-la. Em segundo lugar, não o é porque a democratização do mercado, tal como desenhada aqui, tem como contrapartida o aprofundamento da democracia, a começar pelas instituições da democracia representativa. Em terceiro lugar, e muito especialmente não o é, porque o método de sua promoção, como ideário e como prática, é o método de um experimentalismo fragmentário e cumulativo. Rejeita como ilusória a possibilidade de substituir um regime, pré-definido e indivisível, o "capitalismo," por outro, o "socialismo". Não sendo extremismo de esquerda, no sentido do debate ideológico de antigamente, representa, entretanto, ruptura radical com as ideias que continuam a moldar aquele debate no Brasil e no mundo.

Os agentes políticos da Suécia tropical: PSDB e PT

Na política brasileira de nossos dias, dois partidos vieram a identificar-se, mais do que os outros, a seus próprios olhos bem como aos olhos da nação política, com a doutrina da Suécia tropical. São o PSDB (Partido da Social Democracia Brasileira) e o PT (Partido dos Trabalhadores). Sua identificação com essa doutrina faz parte do que tornaria os dois partidos arautos da "modernidade" no Brasil. Significa, para alguns, o abandono dos achaques ideológicos do passado e o abraço dos termos em que a política seria de fato hoje conduzida em nossos tradicionais países de referência. Os adeptos dessa visão sustentaram por muito tempo que a convergência e a colaboração entre esses dois partidos supostamente mais avançados era o que precisávamos para nos livrar de práticas e de preconceitos mais primitivos a que todos os outros partidos estariam entregues.

Na organização da política brasileira, nas décadas finais do século 20 e nas décadas iniciais do século 21, essa pretensão coincidiu com o esforço para organizar a política nacional a partir de São Paulo, o estado em que estes dois partidos tiveram – e ainda têm – suas principais bases. Era uma visão que bebia em larga tradição de crítica política e cultural no Brasil e que tinha como articuladores figuras liderantes da intelectualidade paulista. A sociedade e a cultura de São Paulo seria espécie de meio caminho entre o encontro com a modernidade espelhada nos países-exemplo do Atlântico Norte e o Brasil atrasado e periférico em volta. A descrição da sociedade brasileira, como ainda afundada no clientelismo e no favor – a confusão de troca, prepotência e lealdade – fortalecia a ideia de que tínhamos no Brasil uma vanguarda que havia rompido na cultura e na política com a fórmula até então predominante na vida brasileira: a sentimentalização das trocas desiguais. A execução dessa ruptura estaria, de acordo com esse ponto de vista, raramente explicitada, porém comumente pressuposto, concentrada territorialmente em São Paulo e no Sul e politicamente nos dois partidos avançados: os simpatizantes da Suécia tropical.

Conduzo, neste livro, polêmica implacável contra todas essas premissas. O Brasil tem vanguardas nos emergentes e nos batalhadores bem como nos experimentos que ocorrem em várias regiões do país, inclusive no Nordeste e na Amazônia. São Paulo e o Sul não têm qualquer prerrogativa nesse processo. Novos paradigmas de produção e de cultura surgem hoje simultaneamente em muitas partes do Brasil. Esse vanguardismo espontâneo encontra barreiras impostas pela falta tanto de alternativas institucionais como de alternativas doutrinárias.

O PSDB e o PT não são os fiadores políticos de nosso avanço. São, pelo contrário, na linguagem (excessivamente) incendiária de um destes textos, duas cabeças da mesma serpente. A serpente tem o chiado próprio da linguagem da Suécia tropical, porém injeta em suas vítimas o veneno da rejeição de alternativas institucionais. A serpente agrada aos que se deixaram seduzir pelo colonialismo mental.

Lições da história dos Estados Unidos: aprender com o que fizeram, desconfiar do que dizem

Para entender o que falta na ideia da Suécia tropical, convém voltar à comparação que antes propus com os Estados Unidos – o país com que mais nos parecemos. A construção daquele país nas décadas iniciais de sua vida independente baseou-se em dois movimentos: um vindo de cima para baixo, outro de baixo para cima.

De cima para baixo foi a abertura do país por iniciativas que juntaram políticos, empresários e toda a sorte de aventureiros grandes e pequenos. A expansão para o oeste, a abertura primeiro de hidrovias e depois de ferrovias, a distribuição de terras aos novos colonos agrícolas, o uso da dívida pública para financiar o novo Estado e organizar seu regime monetário, o estímulo às inovações tecnológicas, o uso seletivo, porém muitas vezes extremo, do protecionismo tarifário para acobertar a formação de novas vocações produtivas, complementadas pelas iniciativas dos governos estaduais, sobretudo na promoção do ensino público – tudo isso ajudava a definir plano de mobilização dos recursos físicos, financeiros e humanos do país. Desobedecia preconceitos ideológicos, só cristalizados mais tarde, a respeito das barreiras entre o público e privado. O ideólogo desse projeto de construção nacional foi o caribenho branco, Alexander Hamilton, do qual todos os presidentes dos Estados Unidos até Abraham Lincoln se consideraram discípulos.

Muito mais tarde, em meio à Primeira e, sobretudo, à Segunda Guerra Mundial, o país, premido pela emergência do conflito, demonstraria a mesma capacidade de descartar, ainda que temporariamente, os figurinos ideológicos e institucionais. No quadro da economia de guerra, a produção foi conduzida por coordenação flexível e negociada entre o Estado e as grandes empresas, enquanto a tributação progressiva da renda superava, na alíquota superior, noventa por centro. O que valia, tanto na condução da guerra como na produção para a guerra, era a capacidade de cooperar, numa sociedade de classes – a mais desigual dos países do Atlântico Norte – quase como se as divisões de classe não existiam. Se a ficção de ser uma sociedade sem classes prejudicava o país porque o inibia de progredir na democratização das oportunidades e de capacitações, beneficiava-o porque facilitava o trabalho conjunto por cima das barreiras de classe, ainda que não de raça.

O movimento de cima para baixo teve como complemento movimento de baixo para cima: democratização da economia de mercado em setores específicos. Sem essa complementação, o projeto de Hamilton não teria passado de estatismo desenvolvimentista, como muitos que marcaram em outros países, à história do século seguinte. Não teria conseguido equipar o dinamismo do país.

Só a guerra civil e gerações sucessivas de luta conseguiram enfrentar o legado da escravidão africana, que marcou, de maneiras diferentes, as histórias dos Estados Unidos e do Brasil. Dois setores da economia e da sociedade foram objeto de conflitos e inovações que ajudaram a definir o rumo do país: agricultura e finanças.

Na agricultura, os americanos rejeitaram a dinâmica da concentração agrária, que tanto marxistas como conservadores consideravam inerente ao "capitalismo". Não se limitaram a distribuir terra. Organizaram o que no vocabulário contemporâneo se chama coordenação estratégica descentralizada para organizar o extensionismo agrícola e a comercialização dos produtos. Na etapa seguinte, desenvolveu-se a prática dos estoques reguladores e dos seguros agrícolas, que permitiu conter as consequências da sobreposição de risco econômico e físico, ameaça permanente à agricultura familiar. A agricultura passou a depender da ciência, cultivada em universidades estabelecidas por instigação dos governos estaduais e da sociedade rural.

A contrapartida a parceria entre o produtor rural e o poder público foi um regime de concorrência cooperativa entre os produtores. Faziam mutirão de trabalho e de recursos. Ganhavam economias de escala enquanto competiam uns contra os outros. O resultado foi o desenvolvimento da agricultura mais eficiente que havia existido no mundo até aquele momento.

Nas finanças, houve conflito a respeito dos bancos nacionais. O embate culminou, na presidência de Andrew Jackson, com a dissolução do banco nacional e a proibição por mais de século de qualquer instituição financeira que atuasse em mais de um estado da federação. A consequência foi a construção do sistema financeiro mais descentralizado, mais a serviço da produção do que do consumo, de que se teve conhecimento até aquela época.

Quando os americanos da primeira metade do século 19 promoveram essas inovações institucionais na agricultura e nas finanças, não estavam regulando a economia de mercado. Também não estavam atenuando, por meio de políticas retrospectivas de redistribuição, desigualdades de renda geradas pelo regime econômico estabelecido. Estavam reconstruindo o conteúdo institucional e jurídico da economia de mercado nesses dois setores. Atuavam sem a ajuda de qualquer doutrina que explicitasse seu potencial maior dessas iniciativas, a democratização da economia. O resultado era, nos termos que antes expus, mais democratização da oferta do que democratização da demanda. Não teria surtido efeito fecundo e duradouro se não se tivesse exprimido em inovações institucionais, sobretudo inovações na maneira de organizar o mercado.

O encontro da mobilização desenvolvimentista com essa descentralização institucionalizada de oportunidades foi decisivo para a trajetória do país. Aproveitou seus recursos mais importantes: o engenho e o dinamismo de sua gente.

Como a fórmula não foi articulada em doutrina clara e hegemônica, foi facilmente suprimida e esquecida pelos interesses e pelas forças concentradoras de oportunidades que seriam predominantes na formação subsequente dos Estados Unidos. O poder da inovação institucional seria lembrado, em épocas posteriores, menos como método para democratizar oportunidades do que como imperativo para fazer frente a uma emergência nacional, como ocorreu no episódio da economia de guerra.

As duas grandes tradições de reforma que vieram a marcar a história americana refletem este esquecimento: a tradição de defender pequenos produtores e proprietários contra os grandes e a tradição de aceitar a centralidade dos graúdos, porém regulá-los, como na prática dos dois Roosevelts. A defesa dos pequenos, despida de inovações institucionais como aquelas que descentralizaram a agricultura e as finanças e a regulação dos grandes, sem que se entendesse a regulação como primeiro passo da reorganização, não bastaram para manter o impulso democratizante do início da primeira metade do século 19.

O que os americanos fizeram naquela época – no método e no espírito daquelas inovações mais do que em seu conteúdo circunstancial – é o que teríamos de fazer em todos os departamentos de nossa vida nacional. E, para generalizar essa prática, teríamos, ao contrário dos americanos de então, de entendê-las como expressões fragmentárias de concepção abrangente. Nos Estados Unidos, a mensagem contradiria ideias que vieram a ser dominantes na história daquele país. No Brasil, se oporia à fantasia da Suécia tropical.

Fatalismo e voluntarismo: reforma radical e base na sociedade brasileira

A preocupação que norteia esses textos é a formulação de alternativa clara ao ideário dominante no país. A alternativa à doutrina da Suécia tropical é um conjunto de inovações institucionais, ligadas a mudanças de ideias e de atitudes. Reúno essas inovações emancipadoras em três séries sob rótulos distintos: o produtivismo includente, a capacitação dos brasileiros e o aprofundamento da democracia.

Juntas, não constituem sistema, muito menos regime indivisível. Indicam, ao mesmo tempo, um rumo e os primeiros passos para trilhá-lo. Suas diferentes partes se reforçam reciprocamente e deitam raízes em ideias comuns. Para pensá-los, é preciso cultivar o tipo de pensamento a respeito da sociedade e da história que aqui evoquei: pensamento focado no entendimento das estruturas institucionais, ideológicas e da mudança institucional.

Essa proposta de rumo nacional exemplificaria o voluntarismo que seus críticos o acusam de ser se não contasse com base social, em parte já existente e, em parte, a construir, que descrevo na parte seguinte desta introdução. Como sempre, a transformação das instituições e das consciências precisa de um gancho na realidade social existente: na maneira pela qual as classes e os outros grupos entendeu seus interesses e suas aspirações. Ao mesmo tempo, porém, qualquer empreitada transformadora ajuda a construir sua própria base. Assim ocorreu, por exemplo, com o projeto do desenvolvimentismo industrial e da substituição de importações no século passado: criou seus próprios aliados e apoiadores no empresariado industrial e no operariado organizado.

Contar com tal potencial de apoio na sociedade não basta, porém, se faltar caminho político que traduza as propostas nas realidades da luta pelo poder do Estado. E não supera outros obstáculos – até mais difíceis de superar do que a suposta falta de contato com os interesses e as forças reais da sociedade: o poder de ideias e de atitudes que estreitam o espaço para empreitadas como a que defendo neste livro.

Ao leitor pode parecer paradoxal que as propostas apresentadas como incompletas e falíveis – passos numa direção mais do que elementos de um sistema – sirvam ao mesmo tempo como expressões de ambição transformadora radical. É, contudo, justamente isso o que sustento: a associação do alcance estrutural com o método experimentalista e a rejeição da falsa escolha entre o reformismo inconsequente e a revolução impossível.

Uma proposta de rumo para o Brasil

A ruína do modelo de desenvolvimento no Brasil: genealogia sumária da situação atual

No período dos governos de Lula e Dilma Rousseff, o Brasil seguiu um modelo de desenvolvimento, cujas raízes já estavam no período imediatamente anterior, de Fernando Henrique Cardoso, apesar da aparente diferença de doutrina. Esse modelo de desenvolvimento teve duas bases.

Sua primeira base foi a ampliação do acesso da maioria pobre ou remediada do país ao consumo. Elevação do salário real, programas de transferência, democratização crédito ao consumo (não à produção) e, de forma não deliberada, porém consentida, apreciação do câmbio elevaram a renda popular. Democratizaram a economia do lado da demanda. O aumento da demanda puxou o investimento.

A segunda base dessa estratégia de desenvolvimento foi a produção e exportação de *commodities*, de produtos naturais pouco transformados. A agricultura, a pecuária e a mineração pagaram as contas do consumo urbano. Nada impede que ciência e tecnologia transformem essas atividades a tal ponto que a matéria-prima natural sirva apenas de ponto de partida para o exercício transformador da inteligência. Entretanto, apesar do extraordinário êxito da Embrapa na realização de descobertas que abriram nossa fronteira agrícola, a maior parte dos cereais colhidos, das carnes abatidas e dos minérios lavrados pouco sofreu, a partir da colheita, do abate ou da lavra, o trabalho da inteligência. O país se desindustrializou.

Nosso maior mercado passou a ser a China. A ela enviávamos, com algumas exceções (como aviões de porte regional), o que tirávamos da terra. Dela recebíamos de volta os produtos da inteligência e da mão de obra industrial.

Foi menos uma orientação deliberada do que a disposição para seguir o caminho mais fácil, a linha de menor resistência. Democratizar a demanda e o consumo era muito mais fácil do que democratizar a oferta e a produção, já que democratização da oferta, ao contrário da democratização da demanda, exige mudar estruturas, inovar em instituições.

Diziam os defensores de certa ortodoxia que nada havia de errado em aproveitar os recursos naturais e as vantagens comparativas do país. E lembravam que os fatos havia desmentindo a tese da degeneração permanente dos termos de troca entre produtos primários e produtos industrializados, influente durante o período da industrialização baseada em substituição de importações. Nesse consolo havia, porém, um equívoco.

O problema não estava no predomínio de um setor sobre outro. Estava na relação de qualquer atividade produtiva, inclusive agricultura ou mineração, com a inteligência. A aposta na riqueza fácil da terra, com pouca intervenção da inteligência, é o que havia de mais tradicional na formação econômica do Brasil. Sempre havia acabado em lágrimas porque, em outra parte do mundo, a produção baseada em ciência e tecnologia havia sempre triunfado sobre os cálculos que preferiam a riqueza fácil.

Essa estratégia prosperou enquanto os preços das *commodities* continuavam nas alturas. Dada a natureza cíclica desses preços, a queda era só questão de tempo. Quando os preços desabaram, o governo tentou dar sobrevida ao modelo perempto recorrendo ao gasto público, sobretudo na forma de estímulos fiscais, muito deles casuísticos, para manter o crescimento. Era apenas mais um exemplo de traço característico da economia política prática em nossa época.

Quando as forças de esquerda e de centro-esquerda e os economistas que as serviam perderam a fé no marxismo e na produção guiada pelo Estado, refugiaram-se no keynesianismo vulgar – a base teórica residual do desenvolvimento puxado pela democratização da demanda. As iniciativas de estímulos deram alívio efêmero. Ao desorganizar as finanças públicas e comprometer a capacidade de investimento do Estado, acabaram, porém, por agravar a ruína. E algumas das manobras fiscais praticadas sob a inspiração do keynesianismo vulgar deram pretexto para o impedimento da presidente.

Com isso, tomaram o poder grupos políticos que tinham por único ideário as concepções que haviam prevalecido nos governos das últimas duas décadas do século 20. Este ideário reconhecia um problema real: o estrangulamento fiscal do Estado imposto pela estrutura legal e constitucional de gastos obrigatórios e vinculados. Não associava, entretanto, o conserto da situação fiscal a qualquer estratégia de desenvolvimento a não ser adotar as iniciativas supostamente capazes de melhorar o ambiente geral de negócios e de ganhar a confiança dos mercados financeiros.

A doutrina da confiança financeira, porém, não havia funcionado em qualquer lugar, dada a relação oblíqua e episódica entre os mercados de capitais e a economia real. E faltava à intenção de melhorar o ambiente geral de negócios consequência programática clara. No Brasil, como em todas as economias contemporâneas, os instrumentos para melhorar a produtividade do trabalho e convergir ao nível de desenvolvimento das economias mais avançadas ou faltam ou estão distribuídos de forma radicalmente desigual entre partes do sistema produtivo.

Depois de anos de queda ou estagnação, o nível de atividade econômica estava destinado a melhorar. Sem resolver o problema subjacente da produtividade, entretanto, o crescimento continuaria condenado a ser medíocre, embora o país fervilhasse de energia humana frustrada. Era apenas a expressão econômica de um constrangimento mais abrangente: o Brasil carecia, como continua a carecer, de economia, política e educação capazes de dar braços, asas e olhos à vitalidade brasileira.

A ruína de nosso rumo de desenvolvimento aconteceu contra o pano de fundo de um regime político que combinava o liberalismo protodemocrático da constituição dos Estados Unidos com a imitação do que havia de pior nas constituições europeias do século 20. O liberalismo protodemocrático associava o princípio liberal da fragmentação do poder com o princípio conservador da desaceleração da política, pela multiplicação de inibições ao aproveitamento do potencial transformador da política. O presidente eleito era forte para favorecer ou castigar interesses, mas era fraco para liderar a transformação de estruturas. Como cura, grande parte da elite do poder e da academia recomendava, sob o disfarce de um arremedo de parlamentarismo, evitar o susto periódico da eleição presidencial e a concentração do poder em oligarquias partidárias acertadas, em sua maioria, com os interesses econômicos dominantes no país. Por outro lado, a parte da tradição constitucional europeia que havíamos escolhido imitar era a incorporação ao texto constitucional de toda a espécie de promessas de direitos, desacompanhadas de mecanismos políticos e jurídicos capazes de assegurar sua efetivação. O resultado dessas opções era negar ao país instituições políticas aptas para conduzir ou facilitar mudanças de rumo como aquelas de que o país carece agora. Virtude e visão teriam de fazer, temporariamente, as vezes de instituições.

O Brasil se havia tornado palco de experimentos educacionais notáveis, porém isolados, inclusive em algumas de suas áreas mais remotas. Mas a vasta preponderância do sistema de ensino, em todos os níveis, continuava viciada no enciclopedismo raso, na memorização estéril e na reverência obtusa ao conhecimento herdado e às ideias dominantes em cada campo, apresentadas em versão infantil para o consumo dos jovens. Era como se objetivo da escola fosse transformar jovens brasileiros do século 21 em jovens franceses do século 19. Não conseguia sequer cumpri-lo: a maior parte dos alunos terminava o ensino fundamental, e até o médio, incapazes de manejar textos ou números.

Essa maneira de aprender e de ensinar perpetuava, e ainda perpetua, o colonialismo mental. Mesmo os que frequentavam as escolas consideradas melhores e provinham das famílias mais cultas costumavam estar despreparados para a inovação intelectual. Quando chegavam aos graus mais avançados do ensino ou continuavam os estudos no estrangeiro, terminavam quase sempre como agentes das correntes de pensamento prestigiosas nos países de referência. Mesmo quando determinados a desafiar ideias e métodos dominantes nas disciplinas sociais mais influentes, como economia política, não conseguiam praticar a rebeldia intelectual, menos por serem enquadrados pelos mentores do que por serem debilitados pelo despreparo. A pobreza de espírito era tão importante quanto o poder dos interesses para explicar o que acontecia e deixava de acontecer no país.

Ideia geral da alternativa: dar instrumentos à vitalidade frustrada do país

A ideia central do projeto de país desdobrado nos escritos reunidos neste livro é o de equipar o atributo mais importante do Brasil com instrumentos econômicos, educacionais e políticos para empoderar os brasileiros. Formulo a proposta em três grandes eixos. Com respeito aos instrumentos econômicos e políticos, concentro minha atenção nas inovações institucionais mais importantes para dar braços e asas à vitalidade brasileira. Com respeito aos instrumentos de educação, foco na mudança na maneira de ensinar e de aprender e a reorganização institucional, sobretudo do federalismo brasileiro, necessária para viabilizá-la.

O primeiro eixo é a construção de um novo modelo de desenvolvimento econômico baseado na qualificação da produção e da oferta, não apenas na elevação da demanda agregada e da renda popular. De um lado, o ponto decisivo é o vínculo a estabelecer entre aumento de produtividade e democratização de oportunidades e capacitações. De outro lado, é a construção de novas vantagens comparativas da economia brasileira a partir de nossas vantagens comparativas estabelecidas. A tarefa genérica é aumentar a quota da inteligência em todas as atividades produtivas, inclusive naquelas que lidam com a terra e a natureza. A tarefa específica é associar qualificação da produção e aumento da produtividade com democratização de oportunidades e capacitações numa época em que a industrialização convencional (às vezes chamada fordista) deixou de ser meio confiável para convergir com o nível de desenvolvimento dos países mais ricos.

Ao mesmo tempo, em todo o mundo, a prática produtiva mais avançada, característica da economia do conhecimento, prospera, mesmo nas economias mais desenvolvidas, apenas em vanguardas produtivas isoladas que excluem a maior parte da força de trabalho. Como avançar rumo a uma forma inclusiva da economia do desenvolvimento que aprofunde a economia do conhecimento e dissemine suas práticas para grande parte do sistema produtivo? E como fazê-lo nas condições de um país em desenvolvimento onde todos os pressupostos da economia do conhecimento faltam? Chamo este primeiro eixo da proposta de produtivismo includente.

O segundo eixo é a educação que capacite. As alternativas econômicas e políticas que proponho requerem formação em grande escala de trabalhadores e cidadãos com capacitações mais altas do que aquelas exigidas por nossas instituições e práticas econômicas e políticas atuais. Mas não é apenas como meios para alcançar objetivos econômicos e políticos que as alternativas na educação são necessárias. É para servir ao propósito central de toda esta proposta, que é pôr os brasileiros de pé, engrandecê-los. É para honrar o atributo essencial de nossa humanidade, que é o de ser maior do que sua circunstância. Tanto para os objetivos mais específicos como para o mais fundamental, temos de romper com o paradigma pedagógico que tem prevalecido entre nós. Para fazer essa ruptura vingar, não basta formar a vanguarda pedagógica que possa assumir como seu este projeto; precisamos também, nesse como em todos os setores da política social, reordenar o federalismo brasileiro.

O terceiro eixo é a construção de democracia de alta energia, pautada pelo esquentamento da política – a elevação do grau de participação organizada dos cidadãos na vida pública, pela aceleração da política, pela superação rápida de impasses entre os poderes do Estado e pelo favorecimento do experimentalismo na política –, e a oportunidade dada a estados e municípios para divergir do caminho tomado pelo poder central. Em seu território, devem poder exemplificar caminhos alternativos para o país todo. O aprofundamento da democracia tem por contrapartida a construção do Estado por meio de três agendas – de profissionalismo, eficiência e experimentalismo – associadas a três séculos diferentes. E tem por ponto de partida reconstruir a relação entre política e dinheiro no Brasil.

O produtivismo includente, a educação capacitadora e a democracia de alta energia são projetos complementares. A organização do empoderamento, para dar braços, asas e olhos à vitalidade brasileira, anima todos três. A ruína do nacional-consumismo e o descrédito da política e dos partidos lhe servem de provocação e oportunidade. Os elementos dessa alternativa nacional não formam sistema; definem rumos. Para empoderar os brasileiros, precisamos avançar em cada uma dessas três frentes, na sequência que as circunstâncias permitirem e no ritmo que elas ditarem.

O refinanciamento do Estado como condição da alternativa necessária: realismo fiscal e valor estratégico da poupança pública e privada

Preliminar do produtivismo includente é assegurar as condições fiscais e financeiras para a alternativa que proponho. É assunto que envolve dois temas distintos, porém, entrelaçados. O primeiro tema é a reorganização das finanças públicas e, o segundo, é a organização da poupança privada e sua relação com a economia real e o sistema produtivo.

Governo e país precisam de escudo financeiro para trilhar caminho de desenvolvimento que não tenha de ser aquele ditado pelos mercados de capitais, estrangeiros ou mesmos domésticos, e que permita afirmar a primazia dos interesses do trabalho e da produção sobre os interesses do rentismo financeiro. Keynes e seus seguidores mostraram que a poupança – privada e mesmo pública – é mais consequência do que causa do crescimento econômico. De acordo com essa tese, seria desnecessário e até perigoso nos preocupar com a elevação da poupança pública e privada.

Mas essa tese, correta no curto prazo, deixa de fazer justiça aos requisitos financeiros e fiscais para seguir estratégia rebelde de desenvolvimento, desatender às preferências e exigências dos mercados de capitais e priorizar iniciativas de longo prazo. Rebeldia, como soberania nacional, tem preço. Desconsidera, também, com respeito à poupança pública, a importância, para a estratégia de desenvolvimento que este livro propõe, da capacidade de investimento do Estado e, portanto, da recuperação das finanças públicas.

O imperativo de sacrificar as vantagens de políticas contracíclicas, concebidas no espírito do keynesianismo vulgar, aos imperativos draconianos de rebeldia nacional e ação estratégica do Estado, cria semelhança superficial entre o que proponho, nesta parte da argumentação programática, e o discurso anti-keynesiano da "austeridade" que no Brasil serviu de inspiração aos que recentemente quiseram centrar o debate da economia política no desenho e na prioridade do "ajuste fiscal". As ideias expostas aqui divergem, porém, daquele ideário no objetivo que as orientam e na maneira como se integram em projeto maior de desenvolvimento.

Ajuste fiscal não é estratégia de desenvolvimento. Como provisão do escudo da rebeldia, é apenas uma preliminar estratégica. Não é para ganhar confiança financeira que precisamos deste escudo. É pela razão inversa: para que o governo e o país não dependam da confiança financeira e não tenham de ficar de joelhos diante do mercado de capitais. E não deve ser concebida ou executada como preliminar contábil a estratégia de desenvolvimento não especificada. Exige sacrifício nacional. Só se legitima e, portanto, só se viabiliza na dimensão requerida, se vier no bojo de projeto de desenvolvimento que democratize amplamente oportunidades e capacitações.

Mais de noventa por cento do orçamento federal no momento em que se publica este livro é gasto obrigatório. E parte importante do gasto obrigatório está amarrado na camisa de força das receitas vinculadas. Se o esforço de recuperação do potencial de investimento público se restringir ao gasto discricionário, ou não alcançará nem de longe o nível necessário, paralisará o Estado em vez de assegurar condições para sua atuação estratégica.

A capacitação financeira do Estado para desempenhar o papel que o projeto de desenvolvimento proposto neste livro lhe atribui exige a manutenção de nível de receita pública alto para os padrões de país de renda média. E requer reordenamento da tributação com base nos três princípios a inferir da experiência fiscal contemporânea, pouco compreendido no mundo.

O primeiro princípio é que em matéria de redistribuição da renda e da riqueza o que mais importa não é a redistribuição retrospectiva que determina o que se pode chamar a distribuição secundária da renda e da riqueza. É o acesso institucionalizado às oportunidades econômicas e educativas que decide a distribuição primária das vantagens, oportunidades e capacitação. A tarefa principal da arrecadação é financiar o Estado, não redistribuir renda e riqueza. E o gasto público financiado pela tributação se destina, sobretudo, a assegurar alto nível de investimento em gente, em infraestrutura produtiva, e no desbravamento, em associação com os agentes econômicos, da fronteira da produção e da produtividade.

O efeito redistribuidor é importante, porém derivado do efeito principal. As forças de esquerda e de centro-esquerda contemporânea costumam jogar tudo na redistribuição corretiva da renda e da riqueza, porque lhe faltam a visão e as iniciativas institucionais necessárias para honrar o primeiro princípio. A consequência prática desse primeiro princípio é enquadrar tudo o que diga respeito a tributação e gasto públicos no contexto mais amplo de estratégia de desenvolvimentos e jamais tratá-lo como tema autônomo.

A redistribuição corretiva da renda e da riqueza tem papel legítimo, ainda que secundário. O segundo princípio enuncia que nesse papel o que mais importa, a curto prazo, não é o perfil progressivo da tributação. É o nível agregado da receita e como se gasta. Entre os países do Atlântico Norte, os Estados Unidos é aquele que tem no papel o regime tributário mais progressivo porque dá importância relativamente maior ao imposto sobre a renda pessoal. Entretanto, é de longe o mais desigual deles. Os países relativamente mais igualitários dão ênfase à tributação indireta e reconhecidamente regressiva do consumo, por meio de um imposto abrangente sobre o valor agregado.

A explicação desse aparente paradoxo é simples. O que mais conta a curto prazo, em matéria de efeito redistribuidor, é quanto o Estado arrecada e como o gasta. As social-democracias europeias arrecadam ao menos dez pontos percentuais do PIB mais do que os Estados Unidos. E investem grande parte do que arrecadam em gente. Não o fazem focando os mais carentes, como costumam recomendar equivocadamente os economistas. Fazem-no por meio de direitos e transferências universais – para toda a população. Por serem universais, contam com apoio generalizado na população e resistem a quedas econômicas e tumultos políticos. A manutenção de alto nível de investimento em gente, respaldado por apoio amplo da população, foi a mais valiosa conquista da social-democracia europeia no período que começou com o fim da Segunda Guerra Mundial. Tão valiosa que serviu de pretexto para não enfrentar os problemas estruturais, incapazes de serem resolvidos dentro dos limites da social-democracia ou do social-liberalismo institucionalmente conservador.

A tributação por meio do IVA ou de seus equivalentes funcionais permite aumentar a arrecadação porque minimiza o trauma que ela gera para os arranjos econômicos e os incentivos para poupar, investir e trabalhar. O que se perde de progressividade no lado da arrecadação, ganha-se em dobro no nível e no perfil do gasto. Os social-democratas europeus não reconhecem a primazia da inovação estrutural sobre a redistribuição corretiva ou, se reconhecem, não sabem ou não querem atuar de acordo. Os progressistas americanos nem sequer reconhecem a primazia, na redistribuição progressiva, do nível e da estrutura do gasto público sobre o perfil progressivo do sistema tributário. Homenageiam a tributação progressiva, cuja pobreza de efeitos práticos só os desinformados negam, como maneira para mostrar de que lado estão. Preferem a piedade progressista ao efeito transformador. Suas contrapartes brasileiras lhes seguem este mau exemplo.

O terceiro princípio, descendo a hierarquia dessas ideias orientadoras, diz respeito ao desenho da tributação progressiva, que tem papel útil, porém subsidiário, no conjunto de arrecadação e de gasto público, como arrecadação e gasto público tem papel útil, porém secundário, em relação ao efeito maior da inovação institucional sobre a distribuição de vantagens relativas dentro da sociedade. O alvo mais importante da tributação progressiva é a hierarquia dos padrões de vida. Seu outro alvo – o acúmulo do poder econômico – é mais difícil de ser alcançado por meio de impostos. A maneira mais eficaz e menos perturbadora de fazê-lo é por meio da tributação agressiva das heranças, inclusive quando antecipadas por doações.

A forma mais direta de alcançar a hierarquia dos padrões de vida é a tributação em escala alta progressiva do consumo individualizado: isto é, da diferença entre a renda total do indivíduo, incluindo seus ganhos de capital, e sua poupança investida se tiver. Essa diferença é o que ele gasta em seu padrão de vida e, portanto, o que ele subtrai do patrimônio da sociedade. Na escala inferior dessa hierarquia, ele receberia do Estado, em vez de pagar, o equivalente à renda mínima universal. Nos graus intermediários, ele passaria a pagar. E na escala de superior, de alto padrão de vida, a alíquota, superaria os cem por cento: para cada real que ele gastasse, pagaria vários ao Estado. Se os progressistas fossem não apenas sinceros, mas também lúcidos em sua profissão de fé na redistribuição corretiva, prefeririam esse instrumento tributário. Em comparação, o imposto sobre a renda pessoal é veículo tosco e relativamente ineficaz.

Se uma parte desta preliminar financeira ao projeto nacional de desenvolvimento proposto aqui é a reorganização das finanças públicas e o refinanciamento do Estado, para lhe prover o escudo financeiro da rebeldia, a outra parte é reorientar a relação entre as finanças privadas e a economia real. De um lado, é preciso, contra o ensinamento keynesianiano e pela razão estratégica que invoquei, manter a pressão altista sobre a poupança privada, por uma combinação de incentivos financeiros e tributários e por regras de poupança previdenciária obrigatória. Por outro lado, convém multiplicar instrumentos que mobilizem a poupança para o investimento na economia real, sobretudo na criação de ativos novos de maneira nova. A elevação voluntária e forçosa da poupança privada torna-se perigosa apenas quando deixa de ter por complemento tal mobilização e resulta em entesouramento estéril.

É mais um terreno para a inovação institucional. Em todas as economias de mercado contemporâneas, o sistema produtivo se autofinancia em larga escala com base nos lucros retidos e reinvestidos das empresas privadas. Para o que serve todo aquele dinheiro reunido nos bancos e nas bolsas? Teoricamente, é para financiar a agenda produtiva da sociedade. Na realidade, a maior parte deste capital financeiro tem relação apenas indireta ou episódica com a economia real. É indiferente a ela em bons tempos e destrutiva em tempos ruins. Em vezes de ser bom servo, vira mau senhor.

O pensamento econômico convencional supõe que, quando há problema financeiro, deve ser por causa de defeito localizado nos mercados financeiros (como concorrência imperfeita ou assimetria na informação) ou falha na resposta regulatória a tal defeito. Não admite o que é verdade: que as formas institucionais da economia diferem no grau em que estreitam ou afrouxam a relação entre o mercado de capitais e a economia real. Essa não é apenas tese a respeito de futuros possíveis, é também tese a respeito de passados divergentes. Já citei neste livro o exemplo dado pelos americanos quando, nas décadas anteriores à Guerra Civil, construíram o sistema mais descentralizado de crédito à disposição do produtor que havia existido no mundo até aquele momento.

Para nós, é importante desenvolver arranjos institucionais que nos permitam mobilizar a poupança privada para a produção. Significa, de um lado, construir um arcabouço jurídico favorável ao "venture capital" privado – parte minúscula da atividade financeira mesmo nas economias como a de Israel e a do Estados Unidos, onde ela mais se desenvolveu. E usar a iniciativa do Estado para estabelecer fundos, geridos profissionalmente e submetidos à concorrência de mercado, que coloquem parte do vasto capital da previdência pública em portfólios diversificados de investimento de risco em empreendimentos emergentes e inovadores.

Não se deve confundir origem em iniciativa do Estado com negação da lógica do mercado e da concorrência. Ao contrário, o Estado pode atuar para radicalizar a lógica do mercado e a disciplina da concorrência. Nesse caso, atuaria com o objetivo de canalizar a poupança privada para o investimento, sobretudo nos empreendimentos inovadores.

Acesso a capital, porém, significa pouco se não vier junto com acesso à tecnologia, prática e conhecimentos avançados. Excepcionalmente, do ponto de vista do que acontece no mundo, o Estado brasileiro já dispõe de organizações capazes de atuar para prover cada um desses elementos. Falta o mais difícil: coordená-los a serviço de uma estratégia abrangente de desenvolvimento nacional.

Produtivismo includente: reindustrialização e economia do conhecimento

O cerne do parque industrial instaurado no Sudeste do Brasil em meados do século passado é o que se costuma chamar o fordismo: a produção em grande escala de bens e serviços padronizados, mão de obra semiespecializada e relações de trabalhos hierárquicas e especializadas, no estilo "comando e controle". Alcançou padrões de excelência fabril, mas se manteve relativamente retrógrado no seu cerne organizativo e tecnológico. À medida que o século 20 avançava, conseguiu manter sua competitividade mundial à base de restrição de retorno ao fator trabalho. A indústria brasileira ficou espremida numa pinça entre economias de produtividade alta e economias de trabalho barato. E a situação se agravou quando centenas de milhões de trabalhadores chineses e indianos entraram no mercado de trabalho mundial e estes países – sobretudo a China – conseguiram, em partes de sua economia, juntar produtividade alta e trabalho barato.

Muitas indústrias de base pertenceram, ou ainda pertencem, ao Estado. Multinacionais estrangeiras ocuparam posições estratégicas nos pontos intermediárias da cadeia produtiva. Aqui apenas reproduziam os bens de consumo desenvolvidos e vendidos em outras partes do mundo. Pouco inovavam.

Por outro lado, a economia brasileira sempre foi caracterizada, sobretudo em serviços, mas também na manufatura protofordista ou semiartesanal, pelo predomínio de pequenos e médios empreendimentos. A avassaladora maioria deles ficou presa em retaguarda de tecnologias e, sobretudo, de práticas, além de ter pouco ou nenhum acesso aos investimentos de risco. A nós sempre nos faltou uma figura que desempenha um papel estratégico nas principais economias do mundo: a da empresa média de vanguarda.

A situação do Brasil dentro da economia mundial se complicou ainda mais com o surgimento no mundo do novo paradigma produtivo, às vezes chamado de pós-fordista, mas, com maior propriedade designado de economia do conhecimento. É comum confundi-la com a manufatura avançada e, mais especificamente, com a indústria fabricadora de alta tecnologia e com os serviços associados a ela. Ao contrário da produção industrial padronizada, porém, essa prática produtiva não está limitada a qualquer setor da economia. Em princípio, ela pode transformar qualquer setor da produção: a agricultura científica ou de precisão e os serviços ricos em conhecimento, além da manufatura avançada.

Nas grandes economias do mundo, essa nova maneira de produzir já aparece em todos os setores da produção, a tal ponto que a distinção entre setores fica esmaecida. Em cada setor, porém, e mesmo nos países mais ricos e entre as populações mais estruturadas educacionalmente, a economia do conhecimento surge como franja de avanço. Exclui a maior parte das empresas de todas as escalas e, sobretudo, a maioria dos trabalhadores. Esse é um vanguardismo insular: em nenhum lugar existe ainda uma economia amplamente disseminada, aberta a grande parte da força de trabalho.

As grandes empresas globais que dominam a forma mais conhecida da economia do conhecimento encontram maneiras de dividir o processo produtivo em dois. Tudo o que podem transformar em rotina e *commodities* terceirizam para empresas e trabalhadores localizados, onde há trabalho barato e obediente nos moldes do fordismo industrial tardio. Restringem o experimentalismo produtivo que distingue a economia do conhecimento a círculo pequeno de técnicos e gestores.

As características da economia do conhecimento continuam camufladas e constrangidas na medida em que a nova prática produtiva fica confinada a vanguardas rarefeitas e excludentes, sob o controle de elite empresarial e tecnológica. Na evolução das práticas produtivas, aprofundamento e disseminação são inseparáveis: ao adaptar-se às circunstâncias de partes diferentes do sistema produtivo, uma prática de produção revela e desenvolve seu potencial e demonstra a diferença nela entre traços circunstanciais e características profundas. Na situação atual, em que só existe a forma confinada do novo vanguardismo produtivo, temos de inferir, a partir de sua realidade ainda limitada, o horizonte maior da economia do conhecimento.

Vista no plano da divisão técnica do trabalho e da engenharia de produção, seus traços mais salientes são reconciliar a descentralização de iniciativa com a manutenção de coerência e rumo no processo produtivo, bem como associar a despadronização de bens e serviços com a produção em grande escala. Interpretada nos seus pressupostos e nas suas promessas, suas características maiores são de três ordens.

O primeiro traço é a possibilidade de atenuar ou reverter o que tem sido, em toda a história da economia, a regularidade mais constante e universal da atividade econômica e a única que merece ser chamada de lei: o retorno marginal decrescente aos insumos fatores de produção. Na economia do conhecimento, há o potencial de retornos marginais crescentes. Como na ciência, quanto mais se descobre, mais fácil se torna fazer a descoberta seguinte. A razão profunda para a superação a lei dos retornos decrescentes é a tendência, sob a economia do conhecimento, de tornar a inovação perpétua em vez de ser apenas episódica. Os retornos não decrescem porque a inovação não para.

A segunda marca, que ajuda a explicar a primeira, é a aproximação íntima e interna entre o esforço da produção e o avanço da ciência, entre a maneira de cooperar e o trabalho de imaginar. A produção deixa de ser apenas apoiada na ciência, encarnada em tecnologia. Passa a ser materialização do experimentalismo científico. E a tecnologia vira o canal entre nossos experimentos com a mobilização das forças da natureza a nosso favor e nossos experimentos com as práticas de cooperação. As melhores empresas assemelham-se às melhores escolas.

Dessa segunda marca da economia do conhecimento, resulta a possibilidade de transformar a relação entre o trabalhador e a máquina. Tudo o que aprendemos a repetir pudemos expressar em fórmulas ou algoritmos, que por sua vez encarnamos em máquinas. O sentido da máquina, no desdobramento da economia do conhecimento, é cumprir para nós as rotinas – o repetível, de modo que possamos dedicar nosso recurso supremo – o tempo – ao que ainda não virou rotineiro. É o oposto do que ocorre sob o fordismo industrial e seus precursores, quando o trabalhador atuava como se fosse uma de suas máquinas, imitando-lhe os movimentos rotineiros. Dificilmente ocorrerá essa mudança enquanto o trabalho assalariado e economicamente dependente continuar a ser forma predominante do trabalho livre. Ocorrerá quando o trabalho assalariado ceder lugar às formas superiores do trabalho livre: o autoemprego voluntário e a cooperação. São as variantes que os liberais e socialistas do século 19 sempre viram como expressões do trabalho livre, já que o trabalho assalariado retém feições da servidão. Essa mudança do regime predominante do trabalho livre, por sua vez, exige inovação nos regimes de propriedade para que a descentralização de iniciativa se possa reconciliar com a agregação de recursos em grande escala. Serão formas fragmentárias ou temporárias de propriedade que permitirão a muitos tipos de detentores de direitos – como trabalhadores e comunidades ou governos locais, além de investidores – deter participações sobrepostas, porém distintas, na natureza e nos efeitos, dos mesmos recursos produtivos.

O terceiro atributo da economia do conhecimento é requerer e construir outra cultura moral da produção. O fordismo industrial e seus equivalentes proporcionam ao trabalhador margem estreita de iniciativa. Sob aquele regime produtivo, as relações de trabalho fundam-se em confiança generalizada, apesar de baixa, entre os participantes no processo produtivo. Aproveitar o potencial da economia do conhecimento requer ampliar a margem de autonomia e elevar o grau de confiança recíproca entre os participantes no processo produtivo. Concorrência e cooperação, em vez de serem atribuídos a relações econômicas distintas, associam-se nas mesmas áreas de atuação.

A quarentena a que se submete a economia do conhecimento nas vanguardas excludentes em que prospera inibe o aproveitamento de seu potencial. E tem importância decisiva para crescimento e igualdade. As economias mais ricas experimentam nas últimas décadas desaceleração de crescimento econômico e de aumento da produtividade. A causa mais plausível da relativa estagnação econômica é o confinamento da prática mais produtiva a vanguardas relativamente isoladas e sua negação à maior parte da força de trabalho.

Essas vanguardas vendem seus produtos e serviços – como os ligados à tecnologia da informação – amplamente a empresas e consumidores. O emprego dessas tecnologias, em ondas, ajuda a explicar surtos no aumento da produtividade, como o que ocorreu nos Estados Unidos entre 1994 e 2005. Não resulta, porém, em elevação de produtividade ou, portanto, em crescimento econômico continuado.

O cunho excludente do vanguardismo produtivo contemporâneo também ajuda a agravar a desigualdade. A segmentação hierárquica da economia aparece agora em cada setor, cavando abismo entre a franja dos empreendimentos avançadas e todo o resto: não apenas o fordismo industrial em declínio, mas também e, sobretudo, o imenso mundo dos pequenos empreendimentos, quase todos retrógrados. Nessa vasta periferia continua retida a maioria dos trabalhadores. Desses desníveis estruturais, resultam desigualdades de tal monta que os instrumentos tradicionais para atenuá-las – a redistribuição por meio da tributação progressiva e o gasto social bem como o esforço para apoiar as pequenas empresas – pouco consegue atenuá-las.

Como se situa o Brasil diante deste quadro? Até agora, a economia do conhecimento conseguiu pouca entrada entre nós. Há notáveis iniciativas de formação, como o Centro de Manufatura Avançada em Salvador e outras escolas técnicas do Senai. E há movimentação em torno de algumas universidades para estimular o surgimento de empreendimentos na ponta tecnológica e produtiva. De maneira geral, porém, nossa realidade é a de um fordismo industrial tardio e de uma massa de pequenos empreendimentos em todos os setores descapitalizados e, sobretudo, restritos a tecnologias e práticas que os condenam a baixa produtividade. O grande agronegócio relativamente avançado, a pecuária e a indústria de carne e a mineração mantiveram a economia em crescimentos nos anos dourados das *commodities*. Ainda hoje, são o principal sustentáculo da economia brasileira. A dependência crescente de *commodities*, por sua vez, provocou apreciação do câmbio, fechando um círculo vicioso que nos condena à estagnação e nos deixa distantes da fronteira da produção no mundo.

Não se trata agora de favorecer a indústria sobre a agricultura numa época em que a vanguarda produtiva aparece em qualquer setor da produção, ainda quando condenada a permanecer, em cada setor que frequenta, franja anômala e excludente. Trata-se de iniciar o longo caminho, sem precedente claro no mundo, nem mesmo nos Estados Unidos ou na China, rumo a forma inclusiva da economia do conhecimento, organizada para a inovação perpétua. Trilhar esse caminho exige inovações institucionais e educativas arrojadas.

Estamos, como estão todos os grandes países em desenvolvimento, diante de um dilema. De um lado, a industrialização fordista já não basta para assegurar convergência com as economias mais avançadas. Deixou de representar a linha de frente da produção. Cada vez mais ocupa papel subalterno em cadeias produtivas organizadas, de fora ou de cima, por empresas que estão naquela fronteira. As cadeias constituídas por empresas de vanguarda no topo e por produção fordista na base vencem as cadeias baseadas apenas no fordismo tardio: produzem melhor e mais barato. E, entre os agentes produtivos do fordismo tardio, ocorre concorrência perversa para ver quem no mundo trabalha por salário mais baixo e sob uma carga tributária menor. Não surpreende que a desindustrialização precoce se torne fenômeno corriqueiro.

De outro lado, porém, a tarefa de construir forma inclusiva da economia de conhecimento parece tarefa inexequível. Se nem os países mais ricos, com as populações mais educadas, conseguiram alcançá-lo, como esperar que países em desenvolvimento, onde escasseiam capacitações de construção institucional e de educação de qualidade, o façam.

Há como superar este suposto dilema. Não há futuro na reindustrialização convencional, a não ser como parte subordinada e etapa transitória de estratégia voltada para o aprofundamento e disseminação da prática produtiva mais avançada. O futuro está em viabilizar o que parece à primeira vista inalcançável ao desdobrá-lo em partes e momentos.

Em matéria de indústria e de política industrial, há duas obras a executar no Brasil de hoje. A primeira, nos centros industriais do país, é organizar a conversão progressiva do fordismo industrial em manufatura avançada. A segunda – ainda mais exigente e importante – é organizar fora desses centros industriais travessia direta do pré-fordismo ao pós-fordismo industrial, sem que o país todo tenha de penar no purgatório de um fordismo tardio. Não deve ter de virar a São Paulo de meados do século 20 para só depois virar outra coisa.

A travessia precisa ocorrer em todos os setores da produção, não apenas na indústria. E o alvo é transformação para a qual não existe modelo constituído no mundo e, portanto, infensa às perversões do colonialismo mental.

Num primeiro momento, a tarefa prioritária é coordenar o acesso aos meios da qualificação produtiva – capital, tecnologia, práticas e mercados, mudar regras que inibem o investimento em empreendimentos emergentes (angel ou venture capital e start-ups) e prover o tipo de educação técnica, focada em capacitações genéricas e flexíveis, que tal qualificação requer. Do ensino geral e técnico trato mais tarde neste livro. O Estado brasileiro já dispõe de organizações que lidam com cada daqueles meios. O que não há é estrutura ou prática para coordená-las, para identificar o que funciona e para difundir as lições dos experimentos exitosos.

Há áreas da produção que, quer por nossas vantagens comparativas estabelecidas, quer por sua própria natureza, prestam-se a ser mananciais de vanguardismo produtivo e tecnológico. São elas os complexos industriais do agronegócio, da energia (inclusive da bioenergia), da saúde e da defesa. Muito mais importante, porém, do que favorecer setores (só o futuro determina os setores portadores do futuro) é organizar um arcabouço de práticas e instituições: ser agnóstico com relação a setores, porém ativista e audacioso na formulação de métodos e processos.

Naquelas áreas da produção que são protagonistas naturais do vanguardismo, cabe atenção especial para a empresa média de vanguarda e os sistemas regulatório, tributário e de direito empresarial que governam sua atuação. Para além das fronteiras daquelas áreas, há a obra mais abrangente e difícil de soerguer a vasta periferia das pequenas médias empresas atrasadas, a maior parte delas familiares: o agente econômico mais importante na economia brasileira como em todas as economias do mundo.

Essa obra começa na coordenação dos acessos e na difusão dos exemplos bem-sucedidos, inclusive a democratização radical da atividade bancária elementar: cada um deve poder emprestar seu próprio dinheiro, com restrições regulatórias mínimas. Para vingar, porém, logo tem de caminhar para a construção de arcabouço institucional e jurídico, destinado a organizar as relações entre governos e empreendimentos bem como as relações entre empresas. O que resulta da construção dessa ordem não é apenas maneira de regular o mercado, muito menos de diminuir, por meio de redistribuição retrospectiva, desigualdades geradas nele. Reorganiza o acesso descentralizado aos recursos e às oportunidades de produção.

No eixo vertical, das relações entre governos e empresas, há dois modelos disponíveis no mundo: o modelo norte-americano de um Estado que regula as empresas a distância e o modelo do nordeste asiático, de formulação de política industrial e comercial unitária, imposta de cima para baixo pelo aparato burocrático. A difusão das práticas do experimentalismo produtivo exige instituições que compartilhem o espírito destas práticas. Desse objetivo resulta a conveniência de formas de parceria ou coordenação estratégica entre governos e empresas que sejam pluralistas, descentralizadas e participativas e que se conduzam de maneira experimental, no espírito do empirismo e da ciência. Em vez de haver uma única política industrial e comercial, imposta ou mesmo negociada, surgiriam diferentes políticas industriais e comerciais. As circunstâncias determinam por onde começar. A experiência ensina o que funciona.

O objetivo principal é a difusão mais ampla possível da economia do conhecimento, entendida como conjunto de práticas mais do que como uso de determinadas tecnologias. Os destinatários prioritários são as médias e pequenas empresas que demonstrem potencial para ascender na escala da produtividade, abordadas em levas sucessivas. O método predominante não é o subsídio, sobretudo não o crédito subsidiado, que resulta em dualismo no mercado de crédito. É a ampliação do acesso aos recursos e às oportunidades da produção. E o agente mais importante são entidades intermediárias entre o Estado e as empresas, com gestão profissional e independência para experimentar.

Organizações como o Senai e o Sebrai, com suas raízes na estrutura corporativista da Era Vargas e nas inovações administrativas de período subsequente, oferecem pontos de partidas para tal desenho. A próxima etapa é quebrar o hábito de manter para cada área uma entidade única ou em cada entidade uma orientação única. Pluralismo e experimentalismo são inseparáveis. E pluralismo, de entidades e de orientações, permite reforçar profissionalismo de gestão e concorrência de mercado na maneira pela qual tais entidades lidam com as empresas. Podem, inclusive, assumir funções venture capital, vender seus serviços ou desenvolver relações contratuais com provedores privados de tais serviços. Lógica de mercado e inovação no ordenamento institucional e jurídico do mercado não se contradizem, complementam-se.

No eixo horizontal, de relação entre empresas, o princípio que deve orientar o desenho institucional é o de permitir e organizar a concorrência cooperativa. Um dos traços da economia do conhecimento é a combinação de compartilhamento – de recursos, ideias e pessoas – com concorrência nos mesmos campos de atividade econômica. Significa rejeitar o contraste rígido entre competir e cooperar e sua atribuição a compartimentos distintos de atividade econômica. Empresas diferentes podem fazer mutirão de insumos tangíveis ou intangíveis do processo produtivo, alcançando economias de escala, enquanto competem umas contra as outras. Foi o que aconteceu, por exemplo, na organização da agricultura de escala familiar nos Estados Unidos na primeira metade do século 19. É o que pode e precisa acontecer de novo, em outra forma, sob as condições da economia do conhecimento.

Se a coordenação de apoios e a disseminação dos experimentos exitosos representa a primeira etapa de uma política para caminhar rumo à economia do conhecimento nas condições de um país como o nosso, e o desenho institucional que acabo de esboçar a segunda etapa, a terceira etapa é inovar mais radicalmente nos instrumentos jurídicos fundamentais de uma economia de mercado: os regimes de propriedade e de direito contratual. São eles que organizam em última instância o acesso aos recursos e às oportunidades da produção.

O pacto social-democrata estabelecido no Atlântico Norte em meados do século passado, e imitado em muitas outras partes do mundo, gerou um novo direito público. Deixou, entretanto, o direito privado quase intocado. A tarefa de organizar, ainda mais nas condições de uma economia em desenvolvimento, forma inclusiva do novo vanguardismo produtivo, exige transpor essa barreira.

A economia de mercado não se deve restringir a um único vocabulário jurídico, a uma única maneira de organizar a descentralização da iniciativa econômica. O que serve para alguns propósitos não serve para outros. O direito tradicional e unitário de propriedade – invenção do século 19 – tem a vantagem de permitir ao empreendedor tomar uma iniciativa em que outros não acreditam. Mas em muitas outras áreas de iniciativa inovadora será preciso organizar a coexistência de diferentes tipos de direitos nos mesmos meios de produção: daí a importância de formas derivadas, fragmentárias, condicionais ou temporárias de propriedade.

O contrato explícito, destinado ao cumprimento singular e instantâneo, presta para relações entre agentes econômicos que se cruzam por um momento. Mas não serve para organizar as relações continuadas no contexto da concorrência cooperativa. Daí resulta a razão para construir o direito dos contratos relacionais e incompletos.

O mercado não existe como estrutura unívoca, que se afirma como único contínuo. Mais importante do que perguntar "mais mercado ou menos mercado?", como faz o debate ideológico tradicional, é perguntar "qual mercado?". Para dar base institucional a uma economia do conhecimento que se aprofunda e se dissemina, é preciso reinventar o mercado, não de uma só vez, senão repetidamente. E, para consegui-lo, precisamos nos livrar do colonialismo mental também nessa questão.

Produtivismo includente:
informalidade, precarização e inovação

Para qualificar e democratizar a produção, é preciso também fortalecer o trabalho em sua relação com o capital. O aviltamento do salário e o "desempoderamento" dos trabalhadores inibem a inovação de tecnologias, práticas e instituições. Presos, como muitos países de renda média, entre economias de trabalho barato e economias de alta produtividade, nosso interesse é escapar dessa beco pelo lado alto, da escalada de produtividade, não pelo lado baixo, de barateamento, desqualificação e restrição de direitos e poderes da força de trabalho.

Um dos riscos da tentativa de escapar pelo alto é o de aumentar a produtividade apenas à custa de diminuir o emprego. A forma extrema desse temor hoje é o medo da robótica e da inteligência artificial como causas de desemprego em massa. Confiança na possibilidade de resolver, a longo prazo, esse aparente dilema é compatível com ortodoxia econômica. No decorrer do tempo, não há quantidade fixa de trabalho, a ser dividida entre pessoas e máquinas. Quando as máquinas devoram alguns empregos, geram a oportunidade de criar muitos outros, sobretudo empregos que fazem o que as máquinas não podem fazer: o que não é suscetível de redução a uma fórmula.

Essa dinâmica não ocorre espontaneamente: ela precisa ser organizada. Envolve, entre outros elementos, conquista de novas capacitações por grande número de trabalhadores e mudança na relação entre o que fazem as pessoas as máquinas. requer também aumento do poder aquisitivo nas mãos da maioria trabalhadora para poder remunerar os serviços qualificados, que as máquinas assistem, mas não substituem. A mudança na relação entre o trabalhador e a máquina não se consuma sem mudança no estatuto jurídico do trabalho livre.

Esse é o horizonte, mas não é o ponto de partida em qualquer sociedade contemporânea, sobretudo, não em país como o Brasil. A ruína do modelo nacional-consumista e a tentativa de tornar as empresas mundialmente competitivas sem generalizar o novo vanguardismo produtivo criam o risco de pretender compensar baixa produtividade com trabalho barato e desqualificado. A tarefa é evitar esse equívoco de maneira que nos coloque no rumo da democratização e da qualificação produtivas.

Nossa situação, em matéria de relação entre o trabalho e o capital, é a variante brasileira na situação corrente no mundo. Cerca de metade dos trabalhadores brasileiros continuam na economia informal em trabalhos sem proteção legal ou em pequenos empreendimentos que atuam nas sombras da ilegalidade. Na economia formal, número crescente de trabalhadores está em situação de emprego precarizado, sobretudo temporário ou terceirizado. Os precarizados e os informais constituem juntos à maioria dos trabalhadores brasileiros. Informalidade e precarização estão associadas à desqualificação. Servem como causas e efeitos de barreiras que impedem o acesso às oportunidades econômicas e educativas indispensáveis à qualificação produtiva

Na economia formal, onde ainda vinga a maior parte do regime corporativista herdado do período Vargas, com sindicalização automática, a organização sindical tem maior vigor e produz maiores benefícios para os associados no emprego público ou nos setores intensivos em capital da economia privada. Nesses setores intensivos em capital, o custo do trabalho é uma parte limitada e muitas vezes decrescente do custo total da produção. Empresários e trabalhadores têm interesses comuns em detrimento dos interesses na maioria informal, precarizada ou pouco organizada nos setores pobres em capital da economia privada.

Diante dessa realidade, apresentam-se duas agendas para organizar as relações entre o capital e o trabalho no Brasil. A primeira é a neoliberal, quase sempre apresentada sob o véu do discurso social-democrata ou social-liberal institucionalmente conservador. A segunda é a do corporativismo sindical.

A agenda neoliberal prega a substituição do regime corporativista no direito do trabalho por sindicalismo opcional e voluntário, a livre negociação entre as partes e erosão dos direitos do trabalho em nome da flexibilidade: maior liberdade do empregador para demitir trabalhadores, para contratá-los por tempo limitado e para terceirizar partes da produção. Suas justificativas são de duas ordens: as econômicas, para baixar os custos da rigidez nas relações de trabalho e (com muito menos força) as de justiça, para não coonestar o dualismo de fato no mercado de trabalho – a divisão entre trabalhadores estáveis, com muitos direitos, e trabalhadores precários, com quase nenhum direito. Mas essa proposta costuma não se fazer acompanhar entre nós pelo contrapeso que a acompanha sob o regime da "segurança flexível", adotado ao menos parcialmente em algumas das social-democracias europeias contemporâneas: o fortalecimento de benefícios e direitos universais, não condicionados à posse de qualquer emprego específico.

O resultado da agenda neoliberal, sobretudo quando desfalcada desse contrapeso, é enfraquecer todos os trabalhadores na relação com o capital e gerar pressão baixista aos salários em detrimento da dinâmica de inovação e qualificação produtivas. O regime sindical voluntário contratualista reflete e reforça, na parte organizada da economia, a segmentação hierárquica da ordem econômica existente. Como mostra a experiência de todos os países onde vigora este regime, resulta no declínio crescente da sindicalização, que acaba por prosperar apenas entre empregados do Estado. Ao enfraquecer a solidariedade entre partes da força de trabalho, também tende a estreitar o foco do movimento sindical, privilegiando as reivindicações econômicas de curto prazo em prejuízo da atenção a inovações institucionais na economia ou no Estado. Por outro lado, a flexibilidade no mercado de trabalho, quando desvinculada de iniciativas que assegurem resguardos universais contra a insegurança econômica, vira eufemismo para descrever e permitir o avanço da precarização nas relações de trabalho.

A agenda do corporativismo sindical defende o sistema atual. Luta para preservar o que resta da unicidade sindical – a sindicalização supostamente automática de todos os trabalhadores numa estrutura paraestatal. Denuncia, como evasão fraudulenta do direito do trabalho, todas as formas contratuais de trabalho que não sejam o assalariado de tempo integral. Nega a possibilidade de inovar no regime sindical em vez de escolher entre o corporativismo herdado e sua substituição pelo regime contratualista. Não reconhece que a diversificação das formas de emprego tem raízes na transformação irreversível dos paradigmas de produção. E defende postura que serve apenas os interesses da minoria efetivamente organizada e relativamente estável, sediada nos setores intensivos em capital da economia privada e, sobretudo, no Estado e no emprego público.

A base econômica do direito do trabalho tradicional e da representação clássica do trabalho, seja pelo regime corporativista, seja pelo sistema contratualista, era o fordismo industrial e seus equivalentes em outros setores da economia e no Estado – o fordismo administrativo: a reunião de empregados estáveis em unidades produtivas ou administrativas grandes, sob a égide de empresas unificadas de grande escala. Essa prática foi precedida por séculos em que a produção e o trabalho eram organizados na forma de conjuntos de relações contratuais descentralizadas como o *putting-out system* descrito por Marx nos capítulos iniciais de *O Capital*. A terceirização, em uma variante ou outra, não era apenas a periferia do processo produtivo, era seu cerne.

Agora ressurge, em escala mundial, novo *putting-out system* ou terceirizações. Essa realidade não pode ser abolida por decreto, como supõe a agenda do corporativismo sindical. Não se deve permitir, porém, que leve a precarização universal do trabalho. Precisa ser domada por um novo direito e pela política.

A alternativa de curto prazo, consistente com os objetivos e premissas do produtivismo inclusivo, tem três partes. A primeira parte diz respeito aos efetivamente sindicalizados, sobretudo no emprego público e nos setores intensivos em capital de economia privada; a segunda parte aos que permanecem na economia informal, tipicamente em empreendimentos rudimentares ou biscates; e a terceira parte aos precarizados na economia formal. Essa última é a mais importante, tanto porque lida com a parte da população economicamente ativa que mais cresce como porque sinaliza mais claramente do que as outros duas o caminho a percorrer no futuro. Futuro a ser marcado por uma forma inclusiva da economia do conhecimento. Logo se verá que as primeiras duas partes dessa proposta estão antecipadas por práticas e reformas que, ainda que de maneira desorganizada e confusa, já se adotaram no Brasil.

O regime corporativista no direito do trabalho e na organização sindical se pauta por dois princípios básicos: a sindicalização universal e automática, independente de opção e assegurada pela unicidade sindical, e a incorporação subordinada do movimento sindical ao Estado, mediada pelo Ministério do Trabalho ou seu equivalente em outra estrutura de governo e reforçada pelo financiamento público organizado tradicionalmente, no Brasil, na forma de imposto sindical. O regime contratualista se caracteriza pela sindicalização opcional ou voluntária, por analogia à constituição de uma associação privada ou à celebração de um contrato privado, e a completa independência da estrutura sindical com relação ao Estado.

A melhor solução é desenvolver regime híbrido que aproveite do regime contratualista o princípio da completa independência (portanto, sindicato deixa de ser aparato paraestatal) e do regime corporativista o princípio da sindicalização abrangente e automática. Diferentes tendências, ligadas ou não a partidos políticos, competem para ocupar posições na estrutura sindical do país assim como os partidos concorrem a lugar na estrutura de um Estado democrático, seja ele unitário ou federativo. Resgata-se, dessa forma, o viés inclusivo do regime corporativista e seu pendor para resistir a um economicismo estreito e curtoprazista na formulação das reivindicações dos trabalhadores ao mesmo tempo que se supera o que era venenoso naquele regime: a transformação dos movimentos sindicais em instrumento de mobilização coletiva controlada, sob a tutela de quem ocupe o poder central.

A Constituição de 1988 e a construção, fora da estrutura oficial, das centrais sindicais em décadas recentes ajudaram a abrir esse caminho. É caminho que não tem equivalente no mundo. O colonialismo mental nos inibiu de explicitar a doutrina dessa inovação institucional. E a falta de doutrina dificultou seu aprofundamento. É o que ocorre em todos os departamentos de nossa experiência nacional. Os experimentos proliferam, surdos e truncados, mas não se traduzem na concepção de um rumo.

Para resgatar os que continuam relegados à ilegalidade e, portanto, desprotegidos, o essencial é iniciar a parte do projeto de qualificação produtiva que trata do surgimento dos pequenos empreendimentos retrógrados, junto com a mudança na natureza do ensino técnico que descrevo adiante. Iniciada esta transformação, as medidas de simplificação tributária e regulatória, já experimentadas no Brasil, surtirão o efeito de incorporar os informais na economia formal. Sem aquela mudança, essas medidas e outras análogas destinadas a completar-lhes os efeitos continuarão a ser insuficientes para produzir o resultado pretendido.

Mas a parte crucial das ações capazes de reorientar as relações entre o capital e o trabalho no quadro do produtivismo includente é a terceira: a que trata dos problemas da precarização. Temos de construir ao lado do direito tradicional do trabalho – o direito que se organizou em torno do fordismo industrial – um segundo corpo de regras destinadas a proteger, organizar e representar os precarizados da economia formal.

Esse segundo direito do trabalho começa em duas diretrizes. A primeira organiza escala móvel. Quanto mais os precarizados estiverem organizados e representados, com a ajuda das tecnologias contemporâneas de comunicação, menor a necessidade de protegê-los diretamente, por meio da estipulação dos termos do contrato de emprego temporário ou terceirizado; quanto menos organizados e representados, mais protegidos. A segunda diretriz afirma o ponto central da proteção: a neutralidade de preços. O trabalho feito em condições anômalas de emprego deve ser remunerado pelo menos igual ao que se paga por trabalho análogo praticado num emprego regular. A neutralidade de preços evita que a flexibilização requerida pelas práticas de produção associadas à economia do conhecimento sirva de pretexto para aviltar os salários e fragilizar os trabalhadores.

A melhor maneira de entender estes três conjuntos de iniciativas destinados a mudar as relações entre o capital e o trabalho é interpretá-los como primeira etapa de um caminho cujo destino aponta para mudanças mais fundas na organização da economia. Estão encadeadas. Embora não sejam suscetíveis de implementação imediata, indicam o rumo que as ações de hoje devem e podem tomar.

A primeira dessas mudanças tem a ver com a relação entre o trabalhador e a máquina. A máquina é para fazer o que ainda não aprendemos a repetir e, portanto, a expressar em fórmulas ou algoritmos. Mesmo na época da inteligência artificial, o trabalho humano deve correr cada vez mais para frente da máquina ao se dedicar àquilo que não é, ainda rotineiro. O trabalhador, em vez de fazer uma mímica da máquina, vira a antimáquina. E a combinação da máquina com a antimáquina é muito mais poderosa do que a operação separada das duas.

Entretanto, não se efetivará o potencial das práticas e tecnologias da economia do conhecimento para revolucionar a relação entre o trabalhador e máquina enquanto o assalariado, baseado na dependência econômica, continuar a ser a forma principal do trabalho livre. Há três variantes básicas de trabalho livre: assalariado, autoemprego e cooperação. Era convicção comum tanto dos liberais como dos socialistas até meados do século 19 que o assalariado, imposto por necessidade econômica, era uma forma defeituosa e transitória do trabalho livre. Mantinha traços da servidão. E essa convicção doutrinária tinha ressonância na vida prática de muitos países da época. Quando, por exemplo, Tocqueville visitou os Estados Unidos da década de 1830, apenas um em cada cinco homens brancos trabalhava para outro homem branco. Foi só na segunda metade do século 19, no rescaldo da industrialização fordista, que a predominância do trabalho por salário ganhou cores de naturalidade.

Nas condições criadas pela economia do conhecimento e pelo esforço para disseminá-la por toda a economia em vez de deixar que ela continue a ser apanágio de elites técnicas e empresariais, a ideia da ascendência do autoemprego e da cooperação como expressões do trabalho livre ganha relevância renovada. E o que parecia utópico passa a ser suscetível de efetivação. É só pela junção do autoemprego genuíno – não o autoemprego involuntário que serve como disfarce da precarização – com a cooperação que seria possível reconciliar as formas superiores do trabalho livre com os imperativos de agregação de recursos e de economias de escala. Essa é a segunda mudança definidora de um rumo de futuro na emancipação do trabalho.

Não pode progredir, contudo, sem que se associe a uma terceira mudança, alheia ao pensamento mesmo dos pensadores mais radicais do século 19 e contrária ao dogmatismo institucional irrefletido que domina o pensamento econômico e político contemporâneo. Essa mudança é a proliferação e a convivência, na mesma economia de mercado, de maneiras diferentes de organizar a descentralização das iniciativas econômicas: portanto, de regimes de propriedade e de direito contratual. Exige desagregação dos componentes do direito unificado de propriedade que permita a convivência de diferentes tipos de participações nos meios de produção, detidas por titulares de natureza também distinta. Sem ela não há como reconciliar a primazia do autoemprego e da cooperação com a produção em grande escala.

Muitos microexperimentos no mundo – tanto em países em ascensão como a China, como em alguns dos países mais ricos da Europa – prefiguram esse rumo. O que não há em qualquer país é modelo constituído que mereça ser imitado. Não há como trilhar caminho sem construir o ideário de um rumo e, portanto, sem romper com o colonialismo mental.

Produtivismo includente: política regional e projeto nacional

Projeto nacional de desenvolvimento que não tenha raízes na realidade regional do Brasil não pode prosperar. Dizer que o Brasil diverge radicalmente em suas regiões – apesar de extraordinária unidade de consciência nacional – é truísmo. Entretanto, o truísmo nunca deixou marca forte na maneira pela qual discutimos nossas alternativas nacionais, nem mesmo naqueles momentos em que, afrouxado o ônus do colonialismo mental, nos abrimos para a formulação de tais alternativas. O debate da política regional foi quase sempre encarado entre nós como complementação secundária dos grandes eixos de uma estratégia nacional de desenvolvimento.

Nada mais falso. A agenda que convém ao Brasil precisa ser pensada e construída a partir das circunstâncias de cada parte do país e do engajamento delas nesse pensamento e nessa construção. Esse não é apenas o imperativo de eficácia e informação técnicas; é também e, sobretudo, requisito para dar expressão ao espírito que orienta toda esta proposta. É o espírito de empoderamento democratizante e experimentalista, necessário para dar prioridade à construção de alternativas institucionais sem nos render ao dogmatismo institucional: a fé em fórmula institucional pré-determinada como aquelas que iludiram os liberais e os socialistas do século 19.

A concepção de política regional em todo o mundo costuma ser um baluarte de atraso e obscurantismo. Há, mundo afora, muitas iniciativas em matéria de política regional que nos dão indícios de um caminho melhor. Mas aqui, como em tantos outros campos de política pública, não há país cujo modelo de política regional seja merecedor de imitação.

Nossa prática de política regional se inspirou no exemplo canônico de malogro: a política de promoção do Sul italiano, escolhendo a região mais pobre do país. No Brasil, foi o Nordeste, supostamente o principal e quase exclusivo beneficiário da política regional e na realidade sua maior vítima. Adota como principal método o de prover compensações, por meio de subsídios, estímulos e transferências, para o atraso relativo. E a despeito do objetivo declarado de pôr a região beneficiada de pé concentra todo o poder de formular a política de desenvolvimento da região no governo central, como fonte das compensações para o atraso relativo da região mais pobre. Até hoje falta ao Nordeste uma única instituição com que definir a política nordestina. Todas as instituições que cuidam do desenvolvimento do Nordeste são federais: Sudene, Dnocs, Codevasf, Banco do Nordeste. Ao Nordeste, permite-se apenas participar como coadjuvante. Parte importante da alternativa proposta neste livro é novo paradigma de política regional.

Todas as regiões precisam de política regional; São Paulo não precisa menos do que o Nordeste. E essa política deve ser definida no plano microrregional, não no macrorregional. O foco no território tem significado pouco reconhecido: exige a integração no espaço, que é o espaço de uma sociedade real e de uma economia real, de políticas setoriais que costumam ser concebidas e desdobradas separadamente. Integração não é justaposição. Para ser integrado aquilo que se projetou setorialmente tem, muitas vezes, de ser reinventado. E essa reinvenção não se esgota num momento, é um processo a continuar e a gerir.

O objetivo da política regional não deve ser o de distribuir compensações para o atraso relativo. Deve ser o de ajudar a região a desenvolver novas vantagens comparativas a partir de suas vantagens existentes. O método principal para fazê-lo é o mesmo que caracteriza outros aspectos do produtivismo includente em sua etapa inicial: a ampliação de acessos aos recursos e às oportunidades da produção e a disseminação das lições dos experimentos exitosos. Os primeiros destinatários devem ser encontrados entre agentes já atuantes na região: por exemplo, os pequenos e médios empreendedores à busca de ascensão na qualificação produtiva ou os professores do ensino básico à procura de avanço profissional e de alternativa pedagógica mais eficaz.

A lógica dessa política qualificadora raramente recomenda começar pelos grupos mais carentes e menos organizados na população. Sugere começar pelos capazes de aproveitar a qualificação. Para os mais carentes, muitas vezes vivendo em famílias desestruturadas, sem emprego regular e com formação frágil, há etapa anterior a percorrer: vir em socorro da mãe solteira que muitas vezes se vê obrigada a combinar biscates com a luta para zelar pelos filhos, assumir algumas das tarefas dessa família e pôr essa mãe no caminho do autorresgate.

O objetivo maior desse segundo elemento no novo modelo da política regional é equipar um dinamismo já existente no Brasil profundo, porém desfalcado de meios para transformar essa vitalidade desequipada em ação fecunda.

As regiões não devem ser beneficiárias ou vítimas de diretrizes emanadas de Brasília. Seus governos, governadores e prefeitos não devem ser reduzidos à condição de pedintes, obrigados a visitar a capital federal para despachar com ministros e funcionários federais à busca de recursos para seus estados. Devem ter participação decisiva na formulação da política de sua região. Para isso, precisam contar coletivamente com fundos regionais ou constitucionais e com instituições coordenadoras sob controle da região, não do governo central. A base indispensável ao funcionamento dessas práticas é o federalismo cooperativo horizontal e vertical: horizontal na associação entre estados e entre municípios, vertical na relação entre os três níveis da federação.

O tratamento das competências comuns na Constituição Federal abre caminho para o federalismo cooperativo, ainda que por uma porta estreita. Há que trilhar esse caminho pela organização dos consórcios estaduais e federais e dos fóruns de governadores que dão vida a tais práticas.

Mais importante ainda do que os instrumentos jurídicos desse novo modelo de política regional é a afirmação prática das personalidades distintas cada região expressa no limite em políticas e até em instituições próprias. Ao abordar mais adiante neste livro o aprofundamento da democracia, sublinharei a importância de combinar iniciativas fortes do governo central com a construção, dentro da federação, de contra-modelos do futuro nacional.

O objetivo menor e estritamente econômico da política regional é organizar no Brasil uma dialética de vanguardismos. O objetivo maior é ajudar a nação a construir e organizar sua diversidade: as diferentes maneiras de ser brasileiro.

Educação que capacite: como educar o Brasil sem desnaturá-lo

Não há produtivismo inclusivo ou democracia de alta energia sem educação capacitadora. Mas não é só como requisito desses dois eixos da alternativa proposta neste livro que a nova maneira de aprender e ensinar é necessário. É como condição para dar consequência prática ao espírito que anima todas as partes desta proposta, que é o do empoderamento das pessoas comuns, da elevação de suas vidas a plano mais alto de intensidade, qualificação e abrangência.

A forma tradicional de ensino no Brasil – o enciclopedismo raso e dogmático – é incompatível com produtivismo inclusivo e com democracia de alta energia. Contradiz o objetivo maior do engrandecimento. Ao longo de nossa história como país independente, a escola tem protagonizado violenta negação dos pendores comuns dos brasileiros: para o sincretismo, o improviso, as descontinuidades que podem virar descobertas, a anarquia com vocação criadora, porém desequipada e, portanto, condenada comumente a permanecer estéril. É como se, livres, desde meados do século 19, das guerras que assombram a vida das grandes nações, tivéssemos decidido guerrear contra nós mesmos.

Esses pendores brasileiros guardam afinidade com as práticas do experimentalismo produtivo e democrático. Por todas as razões, convém decantá-los e equipá-los em vez de tentar suprimi-los como tradicionalmente faz nosso ensino. O resultado da supressão é preparar os jovens para a subjugação e a repetição na economia e na política: portanto, conspirar contra o futuro. A tarefa, pelo contrário, é transformar espontaneísmo inculto em flexibilidade preparada. Estaremos, com isso, em posição melhor do que povos que associaram na educação o rigor com o conformismo, e formam, por isso, gente talhada para o fordismo, mas não para a economia do conhecimento, muito menos para o experimentalismo institucional de uma democracia de alta energia.

Quatro traços distinguem o paradigma pedagógico – a maneira de ensinar e de aprender – de que precisamos. Aplicam-se, com as adaptações necessárias, tanto ao ensino básico geral como ao ensino técnico.

A primeira característica é priorizar capacitações de análise e de síntese sobre a memorização de conteúdos. O objetivo não é fazer da mente do aluno o espelho da enciclopédia. Paradoxalmente, nos sistemas de ensino que primam, como o nosso, por valorizar decoreba, a habilidade para memorizar costuma ser fraca. Na economia e na democracia do futuro, a capacidade para mobilizar e transformar o conhecimento valerá tudo. Já a ladainha enciclopedista do conhecimento morto, quase nada.

Não se adquirem capacitações analíticas e sintéticas, porém, em vazio de conteúdos. O que importa não é a abrangência do enciclopedismo superficial. É o aprofundamento seletivo: o segundo traço do novo modelo de ensino. Daí resulta a preferência por aprofundamento seletivo: o ensino organizado em torno de temas e projetos.

Tal foco, por sua vez, facilita a terceira marca do paradigma pedagógico melhor: que no seu contexto social prefira a cooperação entre alunos, entre professores e entre escolas à mistura de individualismo e autoritarismo que tradicionalmente caracteriza nossas salas de aula. O trabalho em equipe, que serve de base para a ciência avançada, deve ser antecipado em todos os graus de ensino. Nesta circunstância fica mais fácil envolver os jovens também em ensinar uns aos outros, guiados pelos professores. E ministrar cursos e projetos compartilhados à distância por várias escolas.

O quarto atributo da maneira de ensinar e aprender é o mais controvertido. É, contudo, indispensável aos objetivos desta mudança. O ensino deve ser dialético: cada matéria deve ser ministrada de pelos menos dois pontos de vista contrastantes. O abandono do enciclopedismo em favor do aprofundamento seletivo o permite. E a libertação intelectual do aluno – de qualquer idade – o exige.

As ortodoxias da cultura universitária em todo o mundo têm como um de seus princípios de construção naturalizar a relação entre método e matéria. Por exemplo, teoria econômica não é o estudo da economia. É o estudo de um método introduzido pelos teóricos marginalistas no final do século. E o pensamento histórico é central na macrobiologia da evolução, porém, periférico na física, apesar de a cosmologia do século 20 haver esclarecido o cunho histórico do universo e, por conseguinte, de todas as partes da natureza.

Os currículos nacionais mundo afora incutem versão infantil destas ortodoxias. Com isso, induzem os jovens a confundir as ideias dominantes com a natureza das coisas. Encaminha os alunos às etapas superiores do ensino emasculados. Objetivo da orientação dialética do ensino – o estudo de tudo a partir de pontos de vista contrastantes – é imunizá-los cedo contra o servilismo intelectual. O objetivo mais ambicioso é construir ensino básico que seja mais profundo, ainda que muito mais simples, do que o ensino universitário existente.

Na educação tradicional, ensino geral e ensino técnico se contrapõem: aquele dedicado ao domínio, até à memorização, do conhecimento canônico, está à aprendizagem de máquinas específicas e de profissões convencionais; aquele para formar elites; este para treinar trabalhadores. O paradigma pedagógico que acabo de esboçar dilui o contraste entre os dois. Coloca-os num fluxo contínuo de abordagens análogas.

A concepção tradicional de ensino técnico inspirou-se no antigo ensino vocacional alemão. Ensinava as habilidades requeridas por especializações profissionais e técnicas como as de torneio mecânico, encanador ou eletricista. E introduzia o aluno especializado ao manejo das máquinas rígidas que caracterizavam a época do fordismo industrial, como os tipos clássicos de tornos destinados a cortar metais. Quando bem ministrado, como na tradição alemã que combinava ensino na escola técnica, sob a orientação de mestres tecnólogos, com aprendizagem na fábrica, conseguiu manter acesa a chama da destreza artesanal, que marcava a produção pré-fordista, ameaçada de extinção pelos procedimentos rotineiros do fordismo.

É, porém, incapaz de atender às exigências da economia do conhecimento. Esta exige ensino técnico focada em capacitações genéricas, ou metacapacitações, tanto conceituais como práticas. São essas as habilidades requeridas para manejar máquinas numericamente controladas como um robô ou uma impressora 3D e para aproveitar a margem de iniciativa independente, e, portanto, de confiabilidade, requerida pelas práticas de produção densas em conhecimento. Educação técnica dessa natureza guarda relação com ensino geral que prioriza capacitações analíticas. Repudia o enciclopedismo dogmático em favor do aprofundamento seletivo.

Assim como ensino geral e ensino técnico passam a ser, sob essa orientação, variantes de uma mesma maneira de ensinar e de aprender, assim também esse modelo de ensino se aplica à aprendizagem em todas as etapas da vida do indivíduo, não apenas na juventude. Poucos direitos serão mais úteis para o indivíduo e a sociedade do que o direito a continuar aprendendo no curso da vida adulta, de acordo com as preferências e circunstâncias de cada um e de uma maneira que assegure ao adulto acesso tanto ao ensino geral como ao ensino técnico. Desse objetivo resulta a necessidade de organizar em todo o país uma rede de escolas de qualificação de adultos cujo ensino, ao centrar-se na aprendizagem técnica, amplie-se para incluir opções de ensino geral. Resulta, também, a necessidade de redistribuir entre governos, empresas e beneficiados os custos da interrupção periódica de carreiras.

Reorientação do ensino como essa não pode ser obra de pequeno círculo de políticos, burocratas e ideólogos. Exige a participação de milhares de professores do ensino básico como seus co-autores, não apenas como seus executores. Entretanto, temos apenas fragmentos de tal vanguarda. A falta dela é o primeiro obstáculo a enfrentar. Para enfrentá-lo, temos de proceder em dois planos.

Num plano, de ação de curto prazo, engajar professores do ensino básico e mestres de pedagogia em todo o país, os agentes dos muitos experimentos educacionais avançados que proliferam no país, na construção conceitual e prática dessa alternativa. No outro plano, de iniciativa de longo prazo, reorganizar a formação do professorado do ensino básico: diretrizes de uma carreira nacional de professor de ensino básico acordadas com os estados federados, com piso salarial efetivo e oportunidades de promoção e requalificação bem como acesso a cursos de licenciatura para que propiciem tanto a densidade intelectual necessária como seu desdobramento na prática pedagógica.

Como tudo neste projeto de país, essa alternativa de educação, embora rica em desafios técnicos inescapáveis, não é obra apenas da técnica. Exige impulso visionário: para entusiasmar o Brasil e persuadi-lo a reconhecer na transformação do ensino os meios para alcançar o engrandecimento compartilhado.

Educação que capacite: o federalismo cooperativo e a qualificação dos serviços públicos

Neste livro, encaro também a reforma da educação de outra perspectiva: a do contexto institucional em que a alternativa de ensino pode avançar. O ponto central é a organização do federalismo cooperativo. Não é requisito apenas para a educação: é condição para avançar em todos os campos da política social. A análise da base institucional para a reorientação do ensino leva a discussão mais ampla a respeito da relação entre governo central, entes federados e sociedade civil na qualificação dos serviços públicos.

O imperativo prático principal em matéria de educação é reconciliar a gestão local das escolas pelos estados e municípios com padrões nacionais de investimento e de qualidade. Mais ainda do que o tamanho e a diversidade do Brasil, o valor da divergência e do experimentalismo desaconselha a federalização do ensino básico. Entretanto, a qualidade do ensino que um jovem brasileiro recebe não deve depender do acaso do lugar – ou da família – em que ele nasceu. Há três requisitos para reconciliar gestão local com padrões nacionais.

O primeiro é aquele em que mais avançamos: sistema nacional de avaliação de desempenho de cada escola. O desempenho deve focar, sobretudo, as capacitações analíticas – verbais e numéricas – que estão no coração do novo currículo.

O segundo é o da redistribuição de recursos e até de quadros de lugares mais ricos para lugares mais pobres. O Fundeb (Fundo de Manutenção e Desenvolvimento da Educação Básica e de Valorização dos Profissionais da Educação) representa um começo na execução desse princípio.

O terceiro requisito é o mais controvertido. É, porém, indispensável para assegurar oportunidade para aprender a cada jovem. Quando uma rede de uma escola local deixar repetidamente de alcançar o patamar mínimo de qualidade, órgãos, transfederais – representativos dos três níveis da federação –, socorrerão aquela rede. Em caso extremo, assumirão o comando dela e atribuirão a gestão temporariamente a gestores independentes com a atribuição de consertá-la e devolvê-la consertada. Não se trata de intervenção federal. Trata-se da ação colegiada dentro da federação para assegurar o cumprimento de uma responsabilidade do Estado e de um direito do jovem cidadão.

A construção das instituições necessárias para reconciliar a gestão local das escolas com padrões nacionais de investimento e de qualidade faz parte de uma iniciativa maior: a reorganização de todos os serviços públicos à base da cooperação federativa e da relação entre o Estado e a sociedade civil. O reordenamento do arcabouço institucional da educação pode servir como estopim para transformação mais ampla.

O que existe no Brasil e no mundo a título de provisão de serviços públicos é o que poderíamos chamar fordismo administrativo por analogia ao fordismo industrial: a provisão de serviços padronizados de baixa qualidade pela burocracia do Estado. De baixa qualidade quer dizer de qualidade mais baixa do que os serviços do mesmo tipo que podem ser comprados por quem tenha dinheiro. Assim, a única alternativa ao fordismo administrativo parece ser a privatização dos serviços públicos em favor de empresas com objetivo de lucro.

Há, porém, outra opção que deve ganhar importância em todo o mundo. Em países de regime federativo como o Brasil, complementa o federalismo cooperativo na prestação de serviços do Estado. É o engajamento da sociedade civil organizada, sem fim lucrativo, nessa prestação.

O Estado continuará a assegurar a todos os cidadãos um mínimo universal em matéria de serviços. E, na disponibilização desse mínimo universal, valerão os mecanismos de federalismo cooperativo que acabo de exemplificar no campo do ensino. O compromisso com o mínimo universal se contrapõe à tese do direcionamento dos serviços apenas aos carentes. Os social-democratas europeus quase sempre rejeitaram essa tese porque entenderam que tal "focalização" torna as políticas sociais vulneráveis nos momentos de queda nos ciclos políticos e econômicos.

O Estado há de atuar no chão do mínimo universal. Também deve operar no teto: no desenvolvimento dos serviços públicos mais complexos e custosos: aqueles, por exemplo, que dependam de inovações tecnológicas radicais. E tanto no teto como no chão a cooperação federativa pode desempenhar um papel vital.

No largo espaço intermediário entre o chão e o teto, cabe ao Estado convocar a sociedade civil independente para trabalhar ao lado dele na prestação dos serviços. O objetivo é organizar parceria entre o Estado e a sociedade: não delegar a sociedade o que continuará a ser responsabilidade do Estado; portanto, preparar os agentes da sociedade civil quando necessário, ajudar a financiá-los, coordenar e monitorá-los de acordo com o regime jurídico dessa atuação e, em seguida, avaliar os resultados.

O Brasil já dispõe de instrumentos como as OS (Organizações Sociais) para atuar junto com o Estado nesta parceria. A despeito das particularidades de cada um desses instrumentos, com suas vantagens e desvantagens próprias, os princípios que devem guiar o engajamento da sociedade civil e os seus profissionais especialistas permanecem os mesmos.

A participação da sociedade civil na prestação dos serviços públicos serve a dois objetivos. O primeiro e mais imediato é o de qualificar os serviços por meio de seu desenvolvimento experimental e de sua provisão competitiva. O segundo, de fundo, é ajudar a provocar a auto-organização da sociedade civil fora do Estado. Só uma sociedade organizada consegue gerar futuras alternativas e trabalhar pela sua implementação.

Nos modelos institucionais e jurídicos que herdamos ou copiamos, ou a sociedade civil se organiza voluntária e esporadicamente em torno de propósitos econômicos ou filantrópicos privados, ou, como no regime corporativista estabelecido no período Vargas, ela é organizada juridicamente como aparato paraestatal e politicamente como meio de mobilização controlada. O sistema que acabo de esboçar distingue-se do regime corporativista ao sublinhar a independência da iniciativa social, ainda que com o apoio do Estado e em parceria com ele, e, sobretudo, o pluralismo de direções que essa participação pode e deve tomar. Sacrificar tal pluralismo a diretrizes unificadas seria desperdiçar o potencial experimentalista desta proposta.

Democracia de alta energia e construção do Estado

A organização de estratégia de desenvolvimento que abra caminho para uma forma inclusiva para a economia do conhecimento e a generalização de ensino analítico e dialético têm por contrapartida a construção de democracia de alta energia. Tal democracia exige por sua vez a construção de um Estado diferente do que temos. Democracia de alta energia e construção do Estado representam dois lados do mesmo projeto. Juntos, formam o terceiro grande eixo do rumo que proponho neste livro.

A política não é apenas mais um campo para inovação institucional; a maneira de organizar a política e, portanto, a feitura das leis, tem primazia sobre todos os outros domínios da inovação institucional: é nela e no pensamento dominante que determinam-se, em última instância, a maneira de mudar todas as outras instituições. Isso não quer dizer, porém, que a reconstrução da política e do Estado deva preceder, como "mãe de todas as reformas", a inovação na economia ou na educação.

Nenhum país reforma seu Estado e sua política para depois decidir o que fazer com eles. A reconstrução do Estado e da política ocorre no meio da luta para reorientar a trajetória econômica e social do país. Nesse sentido, ocorrem apenas quando precisam ocorrer para permitir que o país se levante e ande. Na medida em que reconstroem o Estado, permitem que a reorientação avance e que o debate a respeito dele se amplie.

Todas as democracias que existem no mundo são frágeis, em outras palavras, de baixa energia. Todas continuam a depender de crises – na forma de ruína ou guerra – para tornar possíveis mudanças de fundo. Todas perpetuam o governo dos vivos pelos mortos. Todas dificultam, portanto, a submissão da estrutura da sociedade às construções coletivas, manifestas nas leis. A legislação continua a ser de fato a intervenção episódica na estrutura herdada.

O engrandecimento das pessoas comuns é o objetivo superior a que deve servir a democracia. A diminuição das desigualdades, sobretudo das oportunidades desiguais, é apenas o objetivo acessório. E o meio mais importante para a realização desse objetivo é a inovação institucional. Avançar nesta direção significa rever a ideia da democracia e, sobretudo, ampliar o repertório institucional que está a serviço dela.

Para prosseguir nessa rota, não devemos ver a democracia apenas como governo da maioria qualificada pelos direitos das minorias. Devemos vê-la também como a invenção coletiva do novo. A justificativa profunda deste entendimento ampliado de democracia resulta da combinação de três premissas. A primeira é que a organização institucional da política e da sociedade é decisiva para a realização de todos nossos interesses e ideais. A segunda é que todos os regimes institucionais são imperfeitos. Nenhum merece ser a casa definitiva da humanidade. A terceira é que alguns regimes são melhores do que outros: o progresso dos regimes é sempre possibilidade precária e provisória, não fatalidade a que devamos confiar nosso destino individual ou coletivo.

Um dos critérios da superioridade de um regime sobre outro é que aproveite o potencial de convergência entre as condições institucionais para o desenvolvimento de nossas capacitações produtivas e as condições institucionais para nos libertar de esquemas de domínio e de subjugação. Outro critério, cuja importância resulta da imperfeição de todos os regimes, mas também da possibilidade de progresso, é que facilitem e organizem sua própria transformação à luz da experiência.

Vista dessa forma, a democracia organiza o iconoclasmo institucional aberto e perene. E o faz pela razão que deve motivar o impulso iconoclasta, tanto na vida prática dos povos como na vida espiritual da humanidade: o de não permitir que o horizonte de nossa experiência e de nossas aspirações se cinja aos perímetros determinantes, inclusive institucionais, de nossa existência atual. Para usar o vocabulário metafísico e teológico tradicional, é para não deixar que o infinito, de que comungamos apesar de nossa finitude, fique preso apenas ao finito que por acaso nos cerca.

A ampliação da ideia de democracia tem de ser acompanhada pelo alargamento das opções institucionais por meio das quais essa ideia se efetua na prática. Continua a ser extraordinariamente estreito o conjunto das instituições que deram corpo à democracia representativa na história dos últimos séculos: o regime presidencialista dos Estados Unidos, o sistema parlamentar britânico, os regimes, desenvolvidos na Europa a partir da Primeira Guerra Mundial, que combinam, em grau variável, traços de presidencialismo com o regime parlamentar: a isso e a pouco mais se resume a evolução institucional da democracia representativa desde o final do século 18.

A alternativa que a esquerda apresentou – de democracia direta ou participativa, nascendo da base, na forma de um governo de conselhos populares –, nunca sobreviveu por mais de brevíssimos períodos durante interlúdios revolucionários. Seu repetido malogro confirmou o cunho supostamente inescapável não apenas da democracia representativa, mas também das instituições específicas e acidentais com que ela se confundia.

Mais comumente, nas situações pós-revolucionárias, o colapso da breve experiência de governo por conselhos populares serviu de justificativa para uma ditadura. Exercia a ditadura uma elite no poder, como a dos partidos comunistas do século passado e deste, que se autonomeava agente do interesse nacional e dos trabalhadores. Essa elite suprimia ou internalizava os conflitos e parecia oferecer um atalho ao desenvolvimento nacional.

Os resultados podiam parecer temporariamente positivos. Eram, entretanto, desastrosos em longo prazo. Resultavam em inevitável tradução de vantagens políticas em vantagens econômicas e vice-versa. Privavam a nação dos meios para construir aberta e experimentalmente o futuro nacional. Radicalizar a democracia é a única alternativa segura à realidade das democracias fracas de hoje e ao falso atalho do vanguardismo autoritário. Para aprofundar a democracia, é preciso inovar em três frentes.

A primeira frente é a da aceleração do passo da política. Onde os arranjos constitucionais perpetuam os impasses entre poderes do Estado – como ocorre de maneira mais ostensiva no presidencialismo americano, largamente copiado na América do Sul e Central, convém criar mecanismos para superar prontamente os impasses. Há como superá-los de maneira que eleve o nível de mobilização política na sociedade, como por meio de eleições antecipadas ou plebiscitos e referendos abrangentes. Os regimes semipresidencialistas e parlamentares da Europa também desaceleram a política, embora de maneira mais sutil, ao colocar as forças políticas sob a influência dos organizados e endinheirados. O antídoto não está apenas nos procedimentos para resolver impasses manifestos; está, sobretudo, em todo o conjunto das iniciativas destinado a radicalizar a democracia.

A tradição constitucional dos Estados Unidos se organizou em torno de uma confusão central: supôs haver vínculo inseparável entre o princípio liberal da fragmentação do poder e o princípio conservador da desaceleração da política. No parlamentarismo britânico, não há perpetuação formal de impasses porque também não há fragmentação formal de poder, dada a unidade do legislativo e executivo. A unificação do poder na chefia do partido majoritário facilita a iniciativa de governo que disponha de apoio majoritário no parlamento. A simples unificação do poder, porém, tem menos potencial para acelerar o passo da política, do que a fragmentação do poder, combinada com a definição de mecanismos para resolver prontamente, sobretudo, por apelo ao eleitorado, os conflitos entre poderes divergentes. Não se trata da lógica empresarial ou militar de uma direção unificada senão lógica política da dinamização por meio da dialética de conflitos que se superam sucessivamente. E o empobrecimento da democracia por falta dessa dialética se agrava quando os impasses se acumulam, por conta da influência que uma sociedade de desiguais exerce sobre os políticos e os partidos. Para cada interesse poderoso na sociedade, existe entre os políticos e dentro de cada partido uma facção pronta a servi-lo. A fragmentação das facções acarreta os prejuízos da fragmentação dos poderes sem ensejar seus benefícios.

A segunda frente é a da elevação da temperatura da política: o nível de engajamento popular organizado na vida pública. A ciência política conservadora imagina haver relação inversa fixada entre institucionalidade e mobilização políticas. Segundo ela, há escolha inescapável entre política institucionalizada fria – de baixa mobilização – e política anti ou extrainstitucional quente – de alta mobilização. Essa tese é falsa. Ela deixa de reconhecer que regimes políticos podem divergir na temperatura além de divergir no passo.

A vida política de uma sociedade pode ser ao mesmo tempo institucional e mobilizadora. Essa possibilidade é de importância decisiva para o potencial transformador da política. Uma política rica em conteúdo de mudança estrutural é necessariamente uma política de alta mobilização. Só deixará, porém, legado duradouro se esse legado se expressar nas leis e, sobretudo, nas instituições. E a capacidade de sustentar o engajamento para que tenha maior chance de produzir legado desta ordem precisa ser ela mesma institucionalizada. Do contrário, a mobilização em torno de temas estruturais se esvai quando as crises passam e o entusiasmo coletivo declina.

As instituições políticas existem para economizar o recurso escasso da virtude política. Uma democracia de alta energia não substitui a primazia das preocupações privadas por uma vida dedicada ao interesse coletivo como supõe a fantasia perigosa do republicanismo radical. Ela atenua o contraste entre as atividades rotineiras que praticamos dentro de um arcabouço de instituições, práticas e ideais que tomamos por dado e as atividades extraordinárias que nos engajam na revisão deste arcabouço. Representam, portanto, forma de engrandecimento da vida real das pessoas comuns, não a troca desta realidade pelo palco heroico da história.

As instituições com maior utilidade para elevar, de forma organizada, a temperatura da política são de três tipos. O primeiro são os regimes eleitorais, cujo efeito, porém, depende da trajetória de que emergem e da circunstância em que se inserem. Por exemplo, um sistema proporcional pode suscitar efeito mobilizador numa circunstância, ao introduzir novas vozes e novos agentes, e efeito desmobilizador em outra, ao dificultar a formação de uma nova maioria política transformadora. O segundo são as regras que organizam o financiamento público da atividade política e eleitoral e restringem o uso do dinheiro privado. O terceiro são as medidas que franqueiam, tanto para os movimentos sociais organizados como para os partidos políticos, o acesso aos meios de comunicação em massa, como condição das licenças concedidas às empresas de mídia.

O efeito cumulativo destas medidas abre-se a um horizonte mais ambicioso: o enriquecimento progressivo da democracia representativa por traços de democracia direta e participativa. O objetivo é enriquecê-la, não substituí-la pelo devaneio malogrado de um governo "basista", de conselhos populares. E um dos focos mais úteis para tal enriquecimento é o engajamento da sociedade civil, junto com o Estado, na provisão dos serviços públicos e, portanto, na construção das pessoas.

A terceira frente do aprofundamento da democracia é a associação de iniciativa central forte com oportunidade para que partes do país divirjam das soluções adotadas no centro e construam contramodelos do futuro nacional. Assim como a ciência política conservadora supõe haver relação inversa entre institucionalidade e mobilização na política, assim também ela, e junto com ela, todo o pensamento convencional a respeito da organização nacional, presume existir relação inversa entre iniciativa central e devolução de poder a partes territoriais do Estado. Nos estados federativos ou nas confederações são os estados membros. Nos estados unitários são os governos locais, que podem ganhar maior ou menor poder.

Essa presunção é falsa. Tanto nos estados federados como nos unitários, é possível fortalecer o poder da iniciativa do governo central ao mesmo tempo em que se amplia o poder para divergir em partes de estados unitários ou em unidades federadas nas federações. Uma das grandes valias do federalismo é permitir essa associação dos supostos extremos: poder central forte e divergência experimentalista nas unidades federadas. O caso do federalismo é exemplar, inclusive para o Brasil, que o copiou dos norte-americanos. Desde o início, a doutrina do federalismo nos Estados Unidos tratou os estados federados como "laboratórios de experimentações." Mas a estrutura institucional desse federalismo inviabiliza a fé experimentalista ao insistir na divisão estanque de competências entre as unidades federadas. Inibe a cooperação tanto vertical (entre os três níveis da federação) como horizontal entre os estados e municípios.

Aproveitar o potencial experimentalista do regime federativo é o caminho do avanço. É caminho que mesmo os estados unitários podem percorrer. A combinação de iniciativa central forte com devolução radical de poder nesses estados pode ser até mais fecunda e evoluir mais rapidamente do que a reconstrução radical do federalismo. Não enfrenta os hábitos e preconceitos antiexperimentalistas que assombram a tradição federalista.

Democracia de alta energia permite ao governo central, eleito pela maioria, seguir determinado caminho enquanto a maioria sobreviver. Ao repudiar a associação falaciosa do princípio liberal da fragmentação do poder com o princípio conservador da desaceleração da política, evita que a política nacional se reduza a sequência de ensaios frustrados: cada força alega que não se teve oportunidade para efetivar sua proposta. Em vez disso, a política se organiza para dar a cada proposta sua chance – para valer.

Ao mesmo tempo, porém, assegura a partes do Estado condição para divergir do caminho abraçado pelo poder central e para desenvolver contramodelos do futuro nacional. Para que o contramodelo desempenhe sua função reveladora, não pode ser apenas doutrina; precisa ser traduzida em prática exemplar.

Para combinar iniciativa central forte com espaço para divergência, há duas etapas a percorrer. A primeira etapa é a do fortalecimento da cooperação federativa, vertical e horizontal – entre níveis da federação e entre unidades federadas no mesmo nível, cuja utilidade para as políticas sociais exemplifiquei nos capítulos anteriores. A segunda etapa é a quebra do princípio de uniformidade no grau de divergência permitida a partes do Estado. Enquanto todas as partes gozarem, ao mesmo tempo, da mesma faculdade de divergência, a própria divergência nunca poderá ser grande: sua generalização começaria a solapar a unidade legal e política do Estado e dar razão aos que alegam haver incompatibilidade da iniciativa central forte com divergência expressiva.

Entes federados ou governos locais ou regionais num Estado unitário devem poder pleitear dos órgãos legislativos e judiciários do poder central oportunidade para divergir mais radicalmente, em determinados setores da legislação e das políticas públicas. A restrição é que a parte divergente possa assegurar aos juízes e legisladores que não usará a divergência para excluir ou subordinar qualquer grupo de cidadãos.

Trago agora para a realidade brasileira estes três conjuntos de inovações institucionais concebidas para construir democracia de alta energia.

Nossa tradição constitucional republicana se resume à combinação do liberalismo protodemocrático, expressa no presidencialismo e do federalismo americano, com o que chamarei o weimarismo tardio. Em ambos os aspectos constrange o aprofundamento da democracia. As pequenas inovações trazidas pela Constituição de 1988 e pela prática constitucional recente pioram o quadro em alguns aspectos e criam possibilidades de avanço em outros.

O liberalismo protodemocrático inclui o presidencialismo tradicional, com sua preferência pela perpetuação de impasses entre os poderes políticos, o federalismo clássico que desperdiça o potencial experimentalista do regime federativo, e a complacência com a influência do dinheiro privado na política e no acesso aos meios de comunicação. Essa influência do dinheiro faz de maneira velada o que faziam, em etapa anterior do liberalismo protodemocrático, as limitações patrimoniais ao sufrágio. A alternativa ao liberalismo protodemocrático são inovações constitucionais que radicalizem o impulso democrático sem comprometer a salvaguarda das liberdades individuais e coletivas.

O weimarismo tardio é a parte da nossa tradição constitucional que se inspira nas constituições e na prática constitucional da Europa no século 20 a partir da Primeira Guerra Mundial. Ele tem dois elementos.

O primeiro elemento é a incorporação à constituição de longa lista de promessas de direitos de toda a ordem, sem que se desenhe a transformação do regime econômico e político capaz de assegurar o cumprimento daqueles direitos. É o espírito da social-democracia institucionalmente conservadora, que pretende humanizar o que ela é incapaz de reimaginar e de refazer.

O segundo elemento do weimarismo tardio é menos conhecido: o apelo a combinações dos regimes parlamentar e presidencialista que reservem ao presidente poder maior ou menor de arbitragem e de iniciativa. O governo responde tanto ao presidente como ao parlamento. O presidente ou lidera efetivamente o país nas questões de Estado – acima do dia-a-dia da administração – ou se reduz a liderança simbólica e árbitro do apoio da maioria parlamentar ao governo. Evitam-se os impasses sem que se aprofunde a democracia pelo nível de engajamento cívico (a temperatura da política) e pela criação de contramodelos do futuro nacional (a dialética de poder central forte e devolução forte de poder).

Ao calar a respeito das inovações econômicas e políticas necessárias para cumprir suas pródigas promessas de direitos, o weimarismo tardio deixa de reconhecer e de enfrentar as contradições entre democracia política e desigualdade econômica. Ao reduzir sua agenda de inovações constitucionais a medidas que evitam os impasses sem aprofundar o engajamento popular e dialético entre poder central e os poderes locais. O weimarismo tardio aceita a democracia de baixa energia como o único tipo de democracia que pode ou merece existir. É a democracia que continua a depender de crises para facultar mudanças, perpetua o poder dos mortos sobre os vivos e deixa a estrutura existente da sociedade relativamente imune à revisão e ao questionamento.

Não se pode compreender o funcionamento de formas de governo fora do contexto em que elas se destinam a funcionar e da trajetória histórica que ajudam a compor. Consequência direta do colonialismo mental é supor haver elenco fechado de formas de governo, espelhado no conjunto estreito de opções constitucionais adotadas pelas democracias do Atlântico Norte. Tradicionalmente, a fabricação de constituições no Brasil consiste em tomar emprestado desse conjunto. O limite da audácia constituinte tem sido combinar elementos de um sistema constitucional conhecido com elementos de outro. E o ambiente de ideias em que essa atividade se desenvolve justifica a rendição intelectual.

O presidencialismo americano – parte do primeiro dos dois elementos de nossa tradição constitucional – traz um benefício e uma desvantagem. O benefício é permitir marcha direta ao centro do poder, por meio da eleição de um presidente com mandato popular forte. A eleição presidencial é a menos controlável pelas oligarquias econômicas e partidárias. Por isso mesmo, há campanha quase ininterrupta para substituí-la para adotar um regime que sob o disfarce do parlamentarismo, ou ao menos de semipresidencialismo, acabe com esse susto periódico e concentre poder nas mãos dos donos dos partidos.

Transposto, porém, para um país ainda mais desigual do que os Estados Unidos, esta forma de governo acentua um defeito que ela já traz de seu nascedouro americano. O presidente é forte para agraciar ou prejudicar interesses, mas é fraco para promover transformações. Os autores do regime americano o desenharam deliberadamente para dificultar a transformação da sociedade pela política. Associaram, nas entranhas da forma de governo, o princípio liberal da fragmentação do poder com o princípio conservador da desaceleração da política. O sistema de "freios e contrapesos" que dá consequência à doutrina da separação de poderes perpetua, pelo menos até a próxima eleição, impasses entre o Executivo e o Legislativo.

A solução não é, porém, suprimir a eleição presidencial direta – o benefício desse sistema de governo para nós. É adotar o presidencialismo importado dos americanos com mecanismos para a resolução dos impasses. Pode ser por meio de eleições antecipadas – sempre bilaterais para os dois poderes políticos – que qualquer um dos dois poderia, diante do impasse, convocar. Ou pode ser também por meio de plebiscitos ou referendos que consultem o eleitorado a respeito da escolha entre dois rumos, não apenas a respeito de um tema isolado. O objetivo é transformar o presidencialismo em meio para acelerar a política.

O conjunto das inovações constitucionais que proponho aqui – para acelerar o passo da política, elevar sua temperatura e facilitar a construção de contramodelos do futuro nacional – permite que projetos fortes prosperem na política nacional. É desta prática que resultará a construção de partidos fortes e de vigoroso debate nacional. Aí sim, em outra etapa, podemos contemplar a adoção de qualquer variante do regime parlamentar sem que ele tenha o sentido que teria se o adotássemos precocemente: o de confiscar a soberania popular e entregar o poder a oligarquias partidárias, controladoras de partidos em que a maior parte do povo brasileiro não confia e, frequentemente, os vê no bolso dos endinheirados e sob a influência das corporações.

A aceleração do passo da política teria de ser acompanhada pela elevação de sua temperatura: o nível de engajamento popular organizado na vida política. Nas circunstâncias do Brasil, duas iniciativas têm natural primazia para acalorar a política. A primeira é reorganizar a relação entre a política e o dinheiro. Constitui preliminar a toda essa reorientação de instituições e de práticas políticas. A segunda é a ampliação do acesso gratuito aos meios de comunicação em massa, inclusive pela proliferação das formas de propriedade neles: por exemplo, por cooperativas de jornalistas e de ativistas sociais, que contariam com financiamento, por um fundo estabelecido pelo Estado, porém, administrado por gestores independentes do governo. E a participação da sociedade civil, junto com o Estado e sem fins lucrativos, na provisão de serviços públicos é a melhor preliminar a essa mobilização cívica: começa a derrubar a barreira entre preocupações públicas e angústias privadas.

A aceleração do passo da política e a elevação de sua temperatura completam-se com o aproveitamento do potencial experimentalista do regime federativo. Esse aproveitamento deve percorrer duas etapas. A primeira é a da organização da cooperação federativa (tanto vertical como horizontal). A segunda é das mudanças constitucionais e legais que permitam a entes federados – estados ou municípios – divergir até radicalmente de regras e políticas geralmente adotadas no país, desde que demonstrem fazê-lo sem usar a divergência como meio para oprimir ou privilegiar determinados grupos. A cooperação é a porta de entrada para o experimentalismo.

O Brasil já começa a descobrir a importância do federalismo cooperativo. A previsão das competências comuns no artigo 22 da Constituição de 1988 oferece um ponto de partida para sua institucionalização. Os dois focos mais úteis para construí-lo são as políticas sociais – de educação, saúde e segurança – e o avanço no novo paradigma de desenvolvimento regional que antes esbocei.

Nas circunstâncias do Brasil de hoje, essa agenda de aprofundamento da democracia começa no reordenamento da relação entre o dinheiro e a política. Assegurar o financiamento público da atividade política e limitar o financiamento privado a contribuições modestas de cada cidadão, sem exceção sequer para o uso de dinheiro próprio. Só assim podemos desestabilizar os acertos entre endinheirados e políticos e abrir espaço para a democracia brasileira.

Democracia de alta energia depende também de Estado capaz, não apenas de inovações institucionais que acelerem o passo e aumentem a temperatura da política, enquanto ampliam o espaço da dialética entre poder central e poderes locais. Existe complementaridade, não contradição, entre o aprofundamento da democracia e a construção do Estado. Na construção do Estado, há três agendas, associadas a três séculos diferentes, que teríamos que executar ao mesmo tempo, ainda que, inevitavelmente, em passos gradativos.

A primeira é o projeto inacabado do século 19 em matéria de construção do Estado: a agenda do profissionalismo e da meritocracia no serviço público. Exige a substituição da maioria dos cargos discricionários, de nomeação política, por carreiras de Estado. Reforça, não enfraquece, a liderança do Estado pelos eleitos e seus colaboradores imediatos. Convém priorizar, na organização destas carreiras, os profissionais com competências gerais, não as especializações rígidas. E flexibilizar o serviço público para permitir que seus quadros possam entrar e sair em diferentes momentos de suas carreiras, não apenas no início, ou dedicar a ele parte de uma vida, não toda ela. É a melhor maneira de assegurar que o Estado possa contar com os talentos e a experiência de toda a sociedade.

A segunda é a agenda da eficiência, característica do século 20. Exige mecanismos de avaliação, cobrança e incentivo em três níveis: em cada departamento do Estado, no Estado como um todo, centralizado no Ministério mais apropriado (tradicionalmente o Planejamento), e fora do Estado nas mãos de organizações representativas da sociedade civil. Não pode ser transposição mecânica das práticas e dos padrões da empresa privada para o serviço público. Mas pode e deve estudar as lições do que há de mais avançado na economia privada: a economia do conhecimento, não o fordismo industrial tardio que inspira as concepções de eficiência daquilo que chamei fordismo administrativo.

A terceira é a agenda do experimentalismo, que terá papel crescente no curso do século 21. O Estado não impõe, dogmática e autoritariamente, caminho único. Experimenta antes de impor e de generalizar. Procura, tanto na economia privada como na sociedade civil e em suas profissões, parceiros para essas experiências. O esforço de prover e qualificar os serviços públicos e a transformação da estratégia nacional de desenvolvimento em políticas para todas as macro e micro regiões do país oferecem as duas provocações mais fecundas para o exercício do experimentalismo. Em ambas, inspiração e orientação têm de vir, simultaneamente, de baixo para cima e de cima para baixo. E o exercício do experimentalismo exige revisão do conceito do império do direito. Ao continuar comprometido com o tudo ou nada das regras gerais, esse conceito bane do direito o experimentalismo.

A justificativa desta terceira agenda é menos óbvia do que a das outras duas. É a mesma premissa de toda a proposta deste livro. Precisamos de alternativas estruturais. Não queremos, porém, sucumbir ao dogmatismo estrutural. As alternativas podem e devem ser profundas e até radicais sem que representem pedaços de fórmula já feita e fechada. Adotamos a agenda experimentalista para que as alternativas não tenham de caber nos moldes dos dogmas e das ilusões.

Base Social

Base social, ação política e ideário programático

Há base social para o caminho que defendo nestes escritos: conjunto poderoso de interesses e de aspirações capaz de reconhecer-se nele e de sustentá-lo. O que tem faltado é a tradução desta base social em projeto de poder e de país. Por conta desta falta, a construção da base social continua inacabada.

É que base social não é algo que exista antes e à parte de ação política. Toda transformação institucional ajuda a construir sua própria base na sociedade. Foi o caso, por exemplo, da agenda da industrialização movida pela substituição de importações no último governo de Vargas. A legislação trabalhista anterior, com seu esquema corporativista, criou o arcabouço jurídico para organizar os trabalhadores. Mas foi a estratégia de desenvolvimento que permitiu ao regime construir um operariado e um empresariado industriais que tinham interesses identificados com a nova agenda nacional. Antes de ação política e de definição programática, a base social é apenas um potencial, submerso nas ambiguidades e na riqueza de desdobramentos possíveis de qualquer situação histórica.

Há dois equívocos contrapostos a evitar na abordagem da relação entre bases sociais e construção política e programática. O primeiro equívoco é o do construtivismo ou do voluntarismo. Atua e propõe sem prestar atenção às forças reais da sociedade existente e à maneira mutável pela qual as classes e outros grupos sociais entendem seus interesses.

O outro equívoco é o de naturalizar os interesses de classe e de grupos, como se tivessem conteúdo fixo e anterior à política. Ocorre o oposto do que supõe a teoria Marxista: quanto mais se aprofunda e se alastra o conflito a respeito da reconstrução do mundo social estabelecido, mais difícil fica separar a identificação dos interesses de classe da definição dos futuros alternativos da sociedade. Classes que se veem com interesses antagônicos sob determinada configuração econômica – como, por exemplo, o operariado industrial e os pequenos empreendedores e proprietários – podem vir a ser aliados.

A ideia de que os interesses são claros e estáveis é ilusão. A ilusão resulta da contenção dos conflitos práticos ou ideológicos e, portanto, da supressão de alternativas de rumo. Essa ideia de falsa objetividade e unicidade dos interesses de classe em particular e dos interesses de grupo em geral é o equívoco do naturalismo, oposto ao do construtivismo ou do voluntarismo. Sua raiz está deixar de reconhecer a relação recíproca entre ação política e estrutura social.

Neste livro, caracterizo a base social da alternativa nacional que proponho de três maneiras distintas, porém complementares e, até certo ponto, convergentes: os emergentes, os interesses do trabalho e da produção (em oposição aos interesses do rentismo financeiro) e o Brasil profundo – o Brasil dos muitos Brasis que existem dentro do país.

Os emergentes

O agente social mais importante no Brasil são os emergentes. Órfãos de projeto político, descrentes dos partidos e enojados de política e portadores de uma consciência em luta com padrões de comportamento ainda corriqueiros no país desempenham papel crucial no Brasil de hoje e na construção do futuro brasileiro.

Têm sido chamados às vezes (até por mim) como segunda ou nova classe média para distingui-los da classe média tradicional: branca, católica ou agnóstica, voltada para o emprego público e as profissões liberais, orientada para a cultura europeia, afundada no colonialismo mental e, portanto, simpática às propostas do partido da mensagem em seu afã de diminuir, por meio da cópia, a distância entre o Brasil e o "primeiro mundo". O conceito de nova classe média, porém, é restritivo demais para fazer justiça à realidade a que me refiro como base potencial da alternativa que preconizo. Daí ser melhor falar genericamente de emergentes e distinguir entre eles três realidades sociais ligadas, porém distintas.

Em primeiro lugar, há os emergentes no sentido mais estreito dos que superaram a pobreza e ganharam certo grau de independência econômica. Constituem pequena burguesia empreendedora: mestiça, vinda de baixo, que luta para abrir ou manter pequenos negócios ou para iniciar carreira em empresas privadas. Estuda ou estudou à noite em faculdades privadas. Em grande parte evangélica, filia-se a novas associações e igrejas. E constrói novos bairros, com sua cara, nas grandes cidades do país. Em algumas regiões, como o Centro-Oeste, tem presença marcante. Em outras, sua atuação é menos ostensiva. Conservadora nos costumes familiares, confia na autoajuda e na iniciativa individual. Reforçada pela inspiração protestante e neopentecostais, afasta-se de uma cultura ainda pautada por relações de dependência e de subjugação sentimentalizadas. Valoriza a autonomia e o esforço individuais, a responsabilidade de cada um por seu próprio destino e a fidelidade à palavra dada.

Atrás dessa pequena burguesia de empreendedores, vêm os que chamei de batalhadores. São trabalhadores, ainda pobres, porém determinados a seguir o caminho da pequena burguesia empreendedora, cuja cultura de iniciativa e autoajuda assimilaram. Trabalham dia e noite, às vezes em dois ou três empregos para fazer poupança a fim de fundar um empreendimento e para ajudar a família.

E atrás dos batalhadores está a multidão carente do país, atraída pelo exemplo dado por empreendedores e batalhadores. Grande parte dela continua nas sombras da informalidade, sem emprego regular ou proteção das leis. Grande parte vive em famílias desestruturadas, em que a mulher, que luta para trabalhar e cuidar dos filhos, é o elemento constante enquanto os homens se revezam como companheiros instáveis. A consciência desta massa pobre pode estar dividida. Mas ao menos parte dela está vidrada no exemplo dos batalhadores e da pequena burguesia empreendedora. Se admitirmos na divisão da sociedade o critério da subjetividade, que não se limita às condições materiais, o elo entre pobres, batalhadores e pequena burguesia empreendedora é real.

Trata-se de circunstância mundial, não apenas brasileira. Mesmo pelos critérios objetivos mais restritivos, há mais pequenos empreendedores e proprietárias em época de desindustrialização do que há operários industriais. E se o critério for subjetivo – o de compartilhar a ambição de alcançar modesta prosperidade, baseada em independência econômica – a aspiração característica da pequena burguesia, a maioria da humanidade é mais pequeno-burguesa do que proletária.

Segundo um preconceito antigo da esquerda, os emergentes, divididos nesses três grupos, são massa de manobra do grande capital e da direita política. As consequências práticas desse preconceito sempre foram e continuam a ser desastrosas para a esquerda. Basta ver o exemplo da história europeia no século 20: demonizada pela esquerda, a pequena burguesia virou sustentáculo dos movimentos de direita. É o que volta a acontecer hoje, de maneira menos dramática, em toda a parte.

Melhor é ir ao encontro desses anseios poderosos, porém indefinidos em sua expressão prática, e trabalhar para ampliá-los e casá-los com outras formas de organização econômica e política. O pequeno empreendimento familiar, isolado e retrógrado é apenas a forma residual de aspiração que pode ter outras expressões, compatíveis com os ganhos de escala e com o avanço rumo a uma economia do conhecimento, comprometida com a prática da inovação permanente. O culto da iniciativa e da autoajuda pode ser transformada em forma de empoderamento que se reconcilia com a ação coletiva.

O que vale para os empreendedores da baixa classe média vale ainda mais para os batalhadores e para os trabalhadores. O que é indefinido para aqueles – a maneira de entender e efetivar suas ambições na prática, continua a ser mais aberto e ambíguo ainda para estes. Todos aceitam benefícios do Estado. Mas o que em geral todos preferem, quando superam os extremos da miséria, é instrumento para se levantar.

A proposta construída neste livro tem os emergentes, vistos desta maneira ampla, como seu primeiro destinatário e sua base social – existente e a construir.

Os interesses do trabalho e da produção

Um segundo modo de definir a base social no rumo que proponho é concebê-la como aliança dos interesses do trabalho e da produção. Esses interesses devem ter primazia sobre os interesses do rentismo financeiro. Cada um dos elementos desta concepção exige esclarecimento: os interesses do trabalho, os da produção e os do rentismo financeiro. O esclarecimento mostrará como a base concebida como primazia dos interesses do trabalho e da produção converge com a base entendida como os emergentes.

No período do desenvolvimentismo de meados do século passado, entendia-se por interesses do trabalho e da produção a aliança do operariado industrial com as empresas e os industriais que empreendiam na substituição de importações e que representavam nesta aliança o que se costumava chamar "a burguesia nacional". Era, no fundo, a aliança de duas elites costurada por governos que com isso ajudaram a criar as bases sociais para seu projeto de desenvolvimento nacional e de poder. Essa experiência demonstra, mais uma vez, a relação recíproca entre projeto e base. Não é essa a concepção da primazia dos interesses do trabalho e da produção que se afirma aqui.

Os interesses do trabalho não podem ser apenas os da minoria organizada, sediada nos setores intensivos em capital. Nesses setores, o custo do trabalho costuma representar parte relativamente menor dos custos totais da produção. Os empresários e trabalhadores têm interesses convergentes em prejuízo dos interesses de outros trabalhadores. Os interesses também têm de ser os dos trabalhadores, sobretudo, em serviços, que atuam nas partes menos capitalizadas da economia. Têm de ser os dos informais, ainda 40% de nossa força de trabalho, e dos que se encontram na economia formal em situações de emprego precarizado: temporário ou terceirizado.

Daí a necessidade de construir, ao lado da legislação do trabalho existente, um segundo corpo de leis destinado a proteger, a organizar e a representar os precarizados. É para impedir que a "flexibilização" das relações de trabalho sirva como eufemismo para acobertar a aviltamento salarial e a perda de poder dos trabalhadores, incompatíveis com dinâmica de inovação acelerada. Legislação favorável ao resto da força de trabalho é apenas uma expressão entre muitas do que mais convém aos interesses do trabalho: estratégia de desenvolvimento que democratize decisivamente o acesso às oportunidades e às capacitações.

Os interesses do capital não podem ser apenas os dos industriais favorecidos pelo desenvolvimentismo do século passado, nem muito menos os do pequeno número de grandes empresas que ainda abarcam, como no guichê do BNDES, a parte de leão dos favores do Estado brasileiro. A tarefa é qualificar a multidão de pequenos e médios empreendimentos que representam, apesar de tudo feito em seu desfavor, a maior força da economia brasileira. São elas que respondem pela maior parte do produto e pela vasta maioria dos empregos.

A insuficiência da industrialização fordista para assegurar "convergência incondicional" ao desenvolvimento dos países mais ricos e a centralidade da economia do conhecimento nos impõem tarefa para a qual não existem referências claras no mundo. É a tarefa de promover a economia do conhecimento em forma aberta e inclusiva, não apenas na forma das vanguardas isoladas e excludentes em que ela prospera hoje. Uma das maneiras de fazê-lo é qualificar empresas de qualquer escala em setores, como o do agronegócio, da bioenergia, da saúde e da defesa que ou aproveitam vantagens comparativas estabelecidas nossas – as duas primeiras – ou constituem em todo o mundo casas naturais do vanguardismo tecnológico – as duas últimas.

Mais importante ainda é o esforço para trazer parte do mundo das pequenas e médias empresas para mais próximo da linha de frente da produção: a vanguarda da economia do conhecimento. Abre-se, com isso, horizonte para a qualificação da parte já mais preparada da pequena burguesia empreendedora, ao libertá-la do empreendimento familiar isolado e retrógrado.

Os interesses do rentismo financeiro a que se devem opor, como apoio desta alternativa nacional, são os interesses do trabalho e da produção. O interesse do capital financeiro serve a si mesmo, em vez de servir à agenda produtiva da sociedade: as finanças que deixaram de ser um bom servo e pretenderam ser mau senhor. Não se trata de fazer guerra contra a especulação financeira. Ela serve funções úteis quando gera informação e organiza a alocação de riscos. Trata-se de reconhecer o que o pensamento econômico dominante ignora: que maneiras de ordenar institucional e juridicamente a economia de mercado divergem na medida em que estreitam ou afrouxam o vínculo entre o mercado de capitais e o sistema produtivo.

É o desencontro entre finanças e produção que se tem de atacar. É a esterilização produtiva da poupança. É o acesso ao ganho financeiro, facultado por uma política historicamente de juros altos, para servir de compensação ao malogro produtivo. O imperativo estratégico é duplo: elevar a poupança tanto pública como privada e respeitar o imperativo do realismo fiscal para que o governo e o país não tenham de ficar de joelhos diante dos mercados financeiros trata-se de desenvolver ao mesmo tempo mecanismos que canalizem a poupança, ainda que elevada compulsoriamente, para o investimento produtivo, sobretudo na criação de novos ativos de maneiras novas.

Rebeldia nacional tem preço: o preço de construir e custear a defesa do Brasil para poder dizer não e evitar viver num mundo em que só os meigos estão desarmados, e o preço de poupar mais do que o manejo contra cíclico da economia recomendaria. Não pouparíamos para crescer. Pouparíamos para um objetivo ainda maior: ganhar independência.

O Brasil profundo

Uma terceira concepção da base da alternativa é a do Brasil profundo: o Brasil das regiões, fora da sombra de elite metropolitana do Sudeste, tão influenciada ao longo de nossa história pelo colonialismo mental. Esse é o Brasil da Amazônia, do Nordeste, do Centro Oeste, do Sul e até do Sudeste fora das capitais e nas capitais fora dos bairros onde moram os endinheirados e os ilustrados. Nesse Brasil, o papel central dos emergentes na experiência e na consciência populares aparece com mais clareza. Os valores do trabalho e da produção costumam gozar de natural e superior autoridade. E a frustração com o rumo – ou com a falta de rumo – de nosso desenvolvimento e de nossa política ficam mais patentes.

As diferentes partes do país afirmam vocações e personalidades próprias. Nenhuma das estratégias de desenvolvimento buscadas no Brasil dos últimos 80 anos ofereceu alternativas para o Brasil profundo. O nacionalismo industrializante e substitutivo de importações sediou-se no Sudeste – até que outras regiões do país, como o Nordeste, procuraram construir seus enclaves de fordismo industrial tardio como as refinarias e siderurgicas lá construídas. O ideário do "dever de casa", da busca da confiança financeira e da conformidade com os modelos institucionais recomendados pelas autoridades políticas, econômicas e acadêmicas do Atlântico Norte, que prevaleceu nas décadas de 80 e 90 do século passado foi ressuscitado à força após a derrocada do nacional-consumismo e do keynesianismo vulgar abandonou às forças produtivas das regiões a sua própria sorte. E levou-as a se socorrer das vocações naturais mais acessíveis da agropecuária e da mineração quando não inventavam outras, como muitas vezes fizeram por meio de iniciativas surpreendentes, como a indústria de confecções do sertão nordestino ou a indústria farmacêutica no Brasil Central. O nacional-consumismo que governou de 2003 a 2016, com seu foco na massificação e democratização da demanda e com seu recurso à agricultura, à pecuária e à mineração para pagar as contas do consumo urbano, empurrou o crescimento econômico pelo lado do consumo. Abdicou, porém, como fizeram as agendas anteriores de desenvolvimento nacional, de qualquer tentativa de qualificar as vanguardas produtivas iniciantes ou latentes de cada região e ajudá-las a construir novas vantagens comparativas.

Ao longo de toda essa sucessão de estratégias conduzidas pelo governo central e abençoadas por alguma facção da intelectualidade brasileira, o Brasil profundo continuou fervilhando de dinamismo empreendedor e cultural; nunca mais do que fervilha agora no momento em que se publica este livro. Reage por si mesmo à falta de instrumentos e de oportunidades.

A tradição da política regional no Brasil – comentada anteriormente neste livro– agrava os efeitos das estratégias de desenvolvimento seguidas pelos governos federais desde meados do século 20. Voltada, sobretudo, para o Nordeste, que foi sua maior vítima, essa estratégia exemplificava uma ideia de política regional que malogrou em todo o mundo. Vê o objetivo da política regional como o de prover compensações para o atraso relativo. Concentra a formulação da política regional no Executivo do poder central reduzindo os estados supostamente beneficiados à condição de pedintes e tutelados. E deixa de reconhecer que todas as regiões do Brasil precisam ver a política regional traduzida nas realidades de cada uma delas.

Só política construída por elas mesmas por meio de instituições que elas, e não o governo central, controlem pode assegurar essa virada. O sentido desta política há de ser o acalentar no país dialético de vanguardismos: variações regionais do caminho nacional. E o meio para acalentá-la é focar a política regional na provisão de meios para construir as vocações acessíveis de cada região ou microrregião a partir das vocações existentes. Os primeiros destinatários desses meios em cada região são encontrados entre os agentes econômicos e culturais que já atuem na região, não inventados a partir de nada ou substituídos por técnicos subordinados ao governo central ou a entidades que ele domina.

Ter o Brasil profundo como uma das bases de uma estratégia nacional de desenvolvimento é dar poder ao país real, nas diferenças que o constituem, e abordar os brasileiros como agentes em vez de abordá-los apenas como beneficiários.

Ideias e Sonhos

Inovação institucional, luta de ideias e transformação de consciências

Mudança profunda é a mudança que alcança ideias e consciências, não apenas instituições e práticas. As estruturas institucionais não existem e se reproduzem à parte de sua representação: concepção da forma que as relações entre as pessoas podem e devem ter em cada parte da vida social, entendimento dos interesses e dos ideais a que servem instituições.

Por outro lado, nenhuma mudança de consciências pode vingar se deixar de ter expressão nas instituições e nas práticas. Os sonhos e pesadelos, os impulsos e as inibições, que não deixam legado institucional ou prático se esvaem como oscilações passageiras da mentalidade coletiva ou de consciências individuais. Não basta, entretanto, mudar instituições para mudar consciências. As representações simbólicas e o entendimento dos interesses e dos ideais passam também por lutas de visão – na religião, na filosofia, na alta cultura acadêmica e na cultura popular.

Para essa indispensável transformação de consciências e de ideias, não há agentes privilegiados nem métodos canônicos. A imaginação profética desempenha papel vital: busca o caminho de vida maior e identifica, em realidades já existentes ou em passos a tomar com meios já à mão, primeiras prestações desse engrandecimento. Não é previsão do futuro. É construção do futuro: orientação para agir, não atitude passiva e contemplativa.

Não se fazem profetas como antigamente. A ação profética aparece agora em qualquer lugar e na boca de qualquer pessoa, sem que haja sinais claros para distinguir entre verdadeiros e falsos profetas, o critério da verdadeira prática profética é associar a antevisão de vida maior a avanços factíveis na fronteira do possível adjacente. Tese da reforma protestante foi o sacerdócio de todos os crentes: a dispensa de intermediários entre a humanidade e Deus. Tema das democracias contemporâneas ou futuras, na medida em que se aprofundem, é a difusão do poder profético entre todas as pessoas, não sua reserva a pequena elite de inspirados.

Essa esperança pode parecer extravagante e vazia. Ela guarda, porém, relação próxima com muitos elementos do rumo que preconizo neste livro, para o Brasil e para as sociedades contemporâneas. Na organização da política, está ligada à concepção de uma democracia de alta energia que expõe a estrutura da sociedade à reconstrução sem que uma crise tenha de ser condição de mudança. De acordo com esta concepção e com as instituições que a encarnariam, democracia significa também participação coletiva na construção do novo. Na organização econômica, guarda relação com a ideia de forma inclusiva da economia do conhecimento. Tal economia pratica inovação contínua, aproxima a produção da descoberta científica, assemelha a maneira de cooperar com a obra da imaginação e eleva o grau de iniciativa exigido de todos os participantes no processo produtivo. Na educação aborda dialeticamente o conhecimento herdado, apresentando cada matéria dos pontos de vista contrastantes e com métodos alternativos.

O sentido desse rumo é o de empoderar as pessoas comuns e assegurar-lhes os instrumentos com que ultrapassar, na ação e no pensamento, os limites do mundo social em que se encontram. É, por assim dizer, dar braços e ocasiões à transcendência. Essa é a ambição que marca o impulso profético nas democracias de hoje e de amanhã.

O exercício desse impulso exige ideias: em especial ideias a respeito das estruturas existentes, das alternativas a elas e da inovação estrutural. Para desenvolvê-las, precisamos partir das que já existem. Estão organizadas nas disciplinas que estudam a sociedade e, sobretudo, nas duas com maior potencial para guiar a imaginação institucional: direito e economia. Hoje, as ideias predominantes nestas disciplinas, no Brasil e nos países de que costumamos importar nossas ideias, não servem a esse propósito. Mistificam a ordem estabelecida, confundindo o real com o racional no espírito do hegelianismo de direita. Rompem o vínculo vital em cada área do conhecimento entre entender o que existe e imaginar o que ele pode vir a ser – entre o atual e o possível adjacente.

Divido essa discussão de ideias e atitudes em duas partes. Na primeira, trato brevemente das ideias dominantes na alta cultura acadêmica como impedimentos ilegítimos à imaginação institucional e, portanto, ao impulso profético. Na segunda, abordo diretamente a transformação de consciências que teria de animar as mudanças de fundo que proponho. Faço-o por meio da descrição e crítica de duas formas de consciência coletiva com presença importante no país – uma antiga; outra, relativamente nova. Faz parte de nossa tarefa superá-las. Elas nos desorientam e nos apequenam. A crítica, como todas as críticas praticadas neste livro, serve apenas como preliminar de uma construção: a defesa de outra atitude e outra visão, mais fiéis e úteis ao sonho brasileiro de ver a pujança casada com a ternura.

O coro do destino e a destruição do colonialismo mental

Falta em todo o mundo pensamento capaz de informar a construção de alternativas como a que apresento neste livro. A falta é evidente no pensamento acadêmico do Atlântico Norte. Nas ciências sociais positivas, prevalece a tendência racionalizadora – a apresentação das instituições e das práticas dominantes como desfecho de evolução que ao longo do tempo deixa o melhor – o mais eficiente ou funcional – passar pela peneira da filtragem histórica. Cada ciência social pratica a racionalização de maneira diferente. É sua espécie peculiar de infelicidade, no espírito da observação de Liev Tolstói de que todas as famílias felizes são iguais, mas cada família infeliz é infeliz de seu jeito.

A teoria econômica, tal como os teóricos do marginalismo a refundaram no final do século 19, a mais influente das ciências sociais, pratica a racionalização de maneira singular. Exercida com pureza e rigor analítico, é forma de lógica, sem conteúdo institucional ou compromisso com premissas factuais, concepções de causalidade ou orientação normativa. Para ser prática, se avilta: ao confundir, por exemplo, a concepção abstrata de uma economia de mercado com as instituições de mercado e com o direito privado que evoluíram nos últimos séculos.

Nas disciplinas normativas da filosofia política e da teoria jurídica, a humanização toma o lugar da racionalização. Entregam-se ao esforço de prover fundamentos pseudo-filosóficos para as práticas de redistribuição características da social-democracia e do social-liberalismo institucionalmente conservadores: a redistribuição corretiva ou secundária da renda e da riqueza por meio da tributação progressiva e do gasto social e a idealização sistemática do direito no vocabulário dos princípios e das políticas públicas. A abstração do discurso humanizador mal esconde os pés de barro na realidade histórica de um acerto institucional e ideológico que tinha por essência o abandono de qualquer tentativa de reconstruir as instituições econômicas e políticas e mudar a distribuição fundamental das vantagens econômicas e do poder político.

Nas humanidades, prevalece o aventureirismo da subjetividade desligada de qualquer projeto para mudar a sociedade. É legado da divergência fatídica entre modernismo e esquerdismo, nunca superada desde que se afirmou no início do século 20.

Estas tendências superficialmente antagônicas convergem em suprimir a imaginação das descontinuidades e das alternativas estruturais. Eis o resultado de dois séculos de pensamento em que a ideia de fazer e refazer os regimes institucionais e ideológicos que moldam a vida das sociedades foi primeiramente circunscrito e pervertido pelas teorias sociais clássicas, a começar pelo marxismo, e depois abandonado pelas ciências sociais, as disciplinas normativas e as humanidades contemporâneas.

A história das ideias não basta para explicar a prostração de grande parte do pensamento contemporâneo a respeito da sociedade e da história. As ideias dominantes são confirmadas por uma experiência: a ditadura da falta de alternativas. E essa experiência por sua vez encontra reforço em instituições que deixam de organizar a construção coletiva do novo: o desenvolvimento de instituições e práticas que não precisem de crises como parteiras de mudanças. Democracias que mantêm os cidadãos em nível baixo de mobilização política, perpetuam os impasses e dificultam a construção de contramodelos do futuro nacional; economias de mercado que restringem as práticas mais produtivas a vanguardas que excluem maior parte dos trabalhadores e das empresas; e sistemas de ensino que confundem as ideias com a natureza das coisas e sacrificam a capacitação analítica ao enciclopedismo raso destroem a capacidade coletiva para criar o novo. Emprestam cores de naturalidade à ditadura da falta de alternativas.

Seria de se esperar que no mundo fora do Atlântico Norte e, sobretudo, nos grandes países continentais em desenvolvimento – como China, Índia, Rússia e Brasil – vigorasse nas academias a rebeldia contra as correntes racionalizadoras, humanizadoras e escapistas que acabo de descrever. De maneira mais geral, contra todas as formas de pensamento que negam a primazia e mutabilidade do arcabouço institucional e ideológico da sociedade. Onde há inquietude e ambição, como há nesses países emergentes, deveria também haver razões de sobra para insistir no vínculo entre o entendimento do existente e a imaginação do possível adjacente.

Não é o que ocorre. A falta ou a fraqueza da democracia nega a cada um destes países a experiência inspiradora da construção coletiva do novo. E o colonialismo mental que impera na alta cultura acadêmica de cada um deles desperdiça o potencial intelectual da inquietude e da ambição.

A forma característica deste colonialismo é hoje a entrega de grande parte da vida intelectual, no estudo da sociedade e da história e, portanto, na discussão das alternativas nacionais, a duas correntes de ideias. Assim como ocorre com as tendências racionalizadoras, humanizadoras e escapistas que predominam no primeiro mundo, essas duas correntes, supostamente antagônicas, acumpliciam-se em estreitar o horizonte do possível. Juntas, entoam o coro do destino: A vida intelectual no Brasil hoje carrega a marca de sua coexistência.

A primeira corrente é marxismo encolhido. Do espírito da época recebe um machado com que corta o marxismo ao meio. Rejeita a parte boa da doutrina de Karl Marx: as aspirações transformadoras. Fica com a parte ruim: o fatalismo histórico. Usa o vocabulário da teoria marxista, a começar pelo conceito de "capitalismo" sem aceitar ou sequer compreender as premissas teóricas que lhe dão sentido e disciplinam o uso naquela teoria. Dá legitimidade, no Brasil, às atitudes políticas do que chamei de o "partido da onda": a onda é a correlação de forças, sobretudo na economia mundial, em que teríamos de surfar. É, para mudar o vocabulário, o sistema do mundo que nos coloca em um nicho inescapável.

A segunda corrente é a das ciências sociais praticadas no sistema universitário dos Estados Unidos, a começar pela teoria econômica. Seu principal emprego é o de apresentar a conta – isto é, os custos e as limitações de qualquer iniciativa. O que distingue os efeitos do colonialismo mental na prática destas ciências é a quase completa falta de inovação teórica. Elas costumam ser mecanicamente aplicadas à realidade brasileira, sem sequer o benefício das matizes e dos embates com que são manejadas em sua base americana. Em qualquer circunstância, o rigor analítico e a consciência de custos e constrangimentos seriam úteis ao pensamento que relativiza os regimes existentes de organização econômica e política e busca alternativas a eles. Não devem, porém, usurpar o papel de pensamento que restabelece o vínculo, que aquelas práticas intelectuais romperam, entre o entendimento dos fenômenos presentes e a representação de suas variações acessíveis.

Junto com essas duas correntes de ideias convivem na academia brasileira uma terceira. É o determinismo culturalista. Seu foco é a maneira com que os brasileiros trataram ou tratam uns aos outros. Sua base disciplinar é a antropologia ou a sociologia da cultura. Sua dimensão filosófica e normativa vem da tradição central da antropologia moderna, com sua valorização das culturas como verdadeiras protagonistas da história e sua hostilidade aos valores e impulsos que o Ocidente difundiu, muitas vezes à força, no mundo.

Como exalta a cultura brasileira (à custa de tratá-la como coisa feita e lhe emprestar a unidade que ela nunca teve), pode parecer estar imune ao colonialismo mental. Não está por duas razões. Em primeiro lugar, não está porque embora o objeto da reificação e da louvação seja a cultura brasileira, os métodos e a doutrina são também importadas: o determinismo culturalista representa uma das opções convencionais do pensamento social. Em segundo lugar, não está, num sentido mais profundo, porque o resultado desta operação é consagrar tanto a cultura – as formas de interação e de subjetividade – que formam o objeto imediato da apologia como também a ordem institucional de que ela depende e que ela anima – o corpo em que aquele espírito existe e se move. Tratar esta estrutura como produto contingente de lutas práticas e visionárias seria começar a dissolver a ideia da cultura como entidade dotada de vida própria.

Para pensar o Brasil com mais realismo e maior esperança é preciso rejeitar essas correntes que juntas ocupam a quase totalidade dos estudos sociais no Brasil. E, por meio desta rejeição, repudiar também a forma que a mistificação da vida social toma na alta cultura intelectual dos países contemporâneos do Atlântico Norte: o convívio das tendências racionalizadora, humanizadora e escapista.

Não o conseguiremos fazer apenas no plano dos embates ideológicos e filosóficos. Teremos de fazê-lo enfrentando e reconstruindo as disciplinas e profissões especializadas que ganharam autoridade no mundo de hoje à medida que a filosofia se reduziu de um lado ao policiamento das especializações acadêmicas e de outro lado à autoajuda para enfrentar os sofrimentos da vida. Significa ter de iniciar um trabalho de contestação e de reconstrução em cada uma destas disciplinas.

Tal trabalho teria de começar nas duas áreas do conhecimento que mais importam à imaginação institucional: direito e economia. A partir delas, teria que invadir o terreno de todas as outras. Entre estas outras, está a antropologia, cuja tradição central defende uma heresia contrarrevolucionária: a teologia da imanência (o sagrado não transcende; está encarnado nas culturas) e a pragmática da suficiência (trabalhe até conseguir bastante conforto e descanse; nada de ação inovadora incessante para criar problemas sem fim e afirmar a transcendência do espírito sobre sua circunstância).

Essa é uma empreitada coletiva: a obra de uma geração, não de um punhado de pensadores isolados. Exige mais do que ideias filosóficas e estudos do Brasil. Requer estudar o mundo todo, sem que tenhamos de depender da academia e da mídia dos Estados Unidos e da Europa para saber o que acontece agora, e aconteceu no passado, no resto do planeta, inclusive nos nossos pares, os outros países continentais em desenvolvimento, bem como no país com que mais nos parecemos – os Estados Unidos.

Não há como entender o Brasil e construir ideias que nos ajudem a imaginar sua transformação sem pensar o mundo e repensar cada uma das disciplinas estabelecidas. A tarefa de entender o Brasil passa pela reconstrução de nossa vida acadêmica e pelo desenvolvimento de universidades de primeira ordem. Enquanto não o fizermos, continuaremos condenados à insignificância na vida intelectual da humanidade a que nos relegou o colonialismo mental. Continuarão a nos faltar ideias indispensáveis à imaginação de alternativas que não sejam apenas a herança de um passado de que nos queremos libertar. E nos teremos privado de alguns dos meios com que dar olhos ao impulso profético em nossa vida nacional.

Política e pensamento podem lidar com as instituições e propor sua revisão. Mas só o impulso profético, praticado à luz da política e das ideias, pode enfrentar e criticar e reconstruir as formas de consciência predominantes entre nós: os sonhos brasileiros.

Duas formas de consciência a superar: a sentimentalização das trocas desiguais e o desencanto, o distanciamento e a frieza como modernidade

Passo das ideias para os sonhos e pesadelos. É mais fácil compreender como criticar e substituir as ideias do que descobrir como nos posicionar diante dos pesadelos. A transformação do Brasil que proponho aqui depende também da superação de duas formas de consciências que se enfrentam hoje no país e ameaçam juntas monopolizar a vida espiritual do povo brasileiro. Ambas merecem ser rejeitadas em favor de uma terceira consciência que exige as inovações preconizadas neste livro e encontraria reforço nelas. A razão mais importante para preferir essa terceira consciência não é que ela convém às alternativas institucionais que representam a preocupação central desta obra. É que, junto com essas alternativas, ela dá consequência à aspiração mais constante de nossa civilização: o casamento da pujança com a ternura.

A fórmula característica das relações sociais na história do país tem sido a mistura, nas mesmas relações, de troca, prepotência e sentimento. Senhor e escravo, empregador e empregado, marido e mulher, líder e liderado combinavam troca com mando. Em cada relação havia troca de vantagens e de responsabilidades. Por ser quase sempre assimétrica, a relação de troca configurava exercício de poder. A troca desigual – estrutura de subjugação – transformava-se também, quando a relação funcionava melhor, em tráfico de lealdades senão de afetos: do subordinado ao superior e do superior ao subordinado. Sem a qualificação da troca desigual pelo sentimento, a assimetria representaria um convite permanente ao aproveitamento e ao oportunismo. Exigiria da parte do superior vigilância constante. Ao inferior imporia a escolha entre a fuga e a rendição: rendição a um relacionamento que nenhuma doçura teria suavizado. A sentimentalização da troca desigual oferecia a ambos – superior e subordinado – solução menos perigosa e áspera.

O culturalismo determinista no Brasil costuma ou costumava apresentar a cultura pautada pela sentimentalização das trocas desiguais como especificamente brasileira. À parte as especificidades da situação colonial, da escravatura africana, do predomínio de produção primária e da influência do catolicismo – características encontradas também em outras partes do mundo – ela nada tinha de peculiarmente brasileira. Era apenas uma variante do que havia de mais corriqueiro na história das sociedades e das culturas antes de terem sido sacudidas pela democracia, pelo romantismo e pelas formas de produção, administração e guerra que, com sua base nas potências ocidentais, começaram a correr mundo nos últimos dois séculos. E nisso também era mais representativa do que excepcional: sentimentalização significava personalização – o predomínio do pessoal sobre o impessoal e, portanto, do relativamente íntimo e caloroso, ainda quando maculado por subjugação, sobre o distante e o frio. Resultava em espécie de alegria, não a alegria do empoderamento, da grandeza, da plenitude e complexidade do ser, senão a alegria de proximidade aos outros, já que os outros são sempre ao mesmo tempo o problema e a solução, nossos algozes e salvadores.

Essa consciência nunca chegou a desaparecer no Brasil. Ela sobrevive por inteiro em algumas partes do país ou em alguns aspectos de nosso convívio e de maneira residual em toda a parte do Brasil e da cultura brasileira. Nesta sobrevida residual, perdura como o brilho remanescente de luz que se apagou, de um calor que continuou, ainda que menos quente. Há muito tempo, porém, já se vê abraçada com outra forma de consciência, também banalizada no mundo, que a repudia radicalmente. Por equívoco que ameaça nosso futuro nacional, corremos o risco de ver nesta cultura rival a única alternativa à sentimentalização das trocas desiguais e de entendê-la como a inexorável lógica moral da modernidade.

É a consciência do desencanto. Ela preza os valores da autonomia, do respeito, e da responsabilidade. Cultua a palavra dada. Distingue radicalmente entre os projetos individuais – sejam de enriquecimento ou de salvação – e os projetos coletivos. Rejeita o que marca a sentimentalização das trocas desiguais: a mistura, nas mesmas relações, de troca, poder e afeto. Quer atribuir troca e poder ao mercado e à política e afeto à vida doméstica e íntima. Separa o econômico, o político e o sentimental. E quer, sobretudo, confinar as aspirações mais calorosas ao espaço privado. É a privatização do sublime, se por sublime entendermos tudo o que promete arrebatamento e transformação, seja sensual, artística ou religiosa.

Marca desta consciência é o esfriamento do espaço público – o do trabalho e o da política. As relações entre as pessoas ganham a feição do convívio entre os porcos-espinhos descritos por Schopenhauer. Aproximam-se, na noite fria para se esquentar uns aos outros. Quando se juntam espetam-se, e se afastam. Inquietos, ficam se aproximando e se afastando até se acomodarem em meia distância para esquentar um pouco sem espetar demais.

Essa meia distância é, para os adeptos desta consciência, a forma exterior de um esfriamento que tem duas fontes ligadas, porém, distintas. A primeira fonte é o cunho relativamente impessoal das relações no espaço público – o da vida quotidiana numa sociedade em que nesta situação dos porcos-espinhos as pessoas se tratam de forma instrumental. A segunda fonte é o sumiço do sublime fora do espaço interior ou íntimo a que fica relegado. E esfriamento significa menos alegria, ao menos alegria na forma que acompanha a sentimentalização das trocas desiguais. No Brasil, como em muitas sociedades contemporâneas, essa consciência aparece numa variante sagrada e em outra profana.

Entre nós, a versão sagrada é mais claramente associada ao protestantismo e dentro do protestantismo aos movimentos neopentecostais. A retirada da religião para o foro íntimo e a experiência individual nunca foi característica do cristianismo católico, nem mesmo no período da Contrarreforma, a não ser quando ele sofreu influência protestante. Não marcou os teólogos da reforma protestante, como Lutero e Calvino: embora reivindicassem a relação direta da alma com Deus, sem a necessidade de mediação sacerdotal ou eclesiástica, nem marca o protestantismo social de hoje. Foi traço peculiar de um período intermediário na história do protestantismo. Mas persistiu nos Estados Unidos por que ali encontrou ressonância em certos traços da cultura e das experiências americanas. E ganhou sobrevida nos movimentos evangélicos. Expressão desta sobrevida é sua presença entre os evangélicos brasileiros. O confinamento da religião é, porém, fenômeno surpreendente e paradoxal já que uma das características amplamente compartilhadas pelas religiões dos últimos dois milênios é querer penetrar toda a experiência da vida em sociedade.

Cada vez mais nas sociedades contemporâneas a consciência cuja versão sagrada acabo de retratar aparece como mentalidade secular e agnóstica. Nesta segunda é ainda mais influente esta aparição, apresenta-se como desencanto do mundo. Dispensa a fé religiosa e a substitui por meia fé nas empreitadas seculares da época, desde o desenvolvimento sustentável até os direitos humanos. No sublime a ser privatizado, dá relevo aos prazeres e às aspirações que são banidas do quotidiano prosaico. No mais, porém, a variante secular desta consciência segue em tudo sua variante sagrada: o mesmo repúdio à sentimentalização das trocas desiguais, a mesma veneração pelos valores de respeito, responsabilidade e autonomia, a mesma separação entre projetos coletivos e individuais e a mesma crença na inevitabilidade da privatização do sublime e, portanto, no esfriamento do mundo social fora da esfera íntima dos prazeres recônditos e de relacionamentos não instrumentais.

A tese dos praticantes da variante secular desta consciência é que essa frieza – o destino dos porcos-espinhos de Schopenhauer – é o preço do desencanto, da maturidade, do realismo, da vitória sobre as ilusões e subjugações de outra época. Está para um mundo em que a sentimentalização das trocas desiguais faz sentido como o adulto está para a criança e como um homem livre, numa sociedade liberal e desencantada está para uma sociedade que precisa de encantamento e de calor para aceitar a opressão.

Essa consciência moralista, liberal e protestante, resignada não só ao desencanto, mas também ao esfriamento, aparece aos olhos da elite agnóstica e cosmopolita do país como adesão à única maneira de sentir e de pensar que nos pode pôr em sintonia com nosso ponto histórico de referência – os países do Atlântico Norte. Ao fazê-lo, também nos libertará, de uma vez por todas, daquela mistura de troca, dominação e sentimento que nos condenava, como nação e como indivíduos, a infância perpétua. A autoridade desta consciência aumenta ainda mais dada a convergência limitada, porém, profunda, entre suas duas variantes – a sagrada e a profana.

Outra consciência e o sonho brasileiro

Pode parecer inútil resistir a sensibilidade compartilhada amplamente pelo agente social novo mais importante no país – os emergentes, ao menos em sua facção neopentecostal, e por grande parte dos endinheirados e ilustrados. Ainda mais quando essa sensibilidade é também a que predomina nos países que sempre foram objeto de desejo do colonialismo mental – fora dos Estados Unidos, quase exclusivamente em sua versão profana. Mas as formas de consciência estão sujeitas a crítica e transformação tanto quanto os regimes institucionais: os métodos e os agentes para criticá-las e mudá-las é que são menos claros.

Para avançar no caminho proposto neste livro, o Brasil não deve e não pode escolher entre a sentimentalização das trocas desiguais e a privatização do sublime – a moral protestante e liberal – em sua expressão religiosa ou secular. A reorganização necessária para pôr os brasileiros de pé e dar instrumentos à vitalidade brasileira exige outra maneira de pensar e de sentir, incompatível não só com a sentimentalização das trocas desiguais, mas também com a ética de desencanto e esfriamento e de resignação à meia-distância dos porcos-espinhos que lhe quer tomar o lugar. Essa exigência impõe luta para influir na evolução da consciência dos brasileiros, sobretudo dos emergentes, dado o papel central que estes podem vir a desempenhar na construção do futuro nacional.

Qualquer mudança de instituições e práticas pressupõe, ao se aprofundar, alterações na maneira pela qual as pessoas lidam umas com as outras e vivem suas vidas. Não se limita a pressupor tais mudanças: ajuda a gerá-las. É por isso que é irrealista a tentativa – cara ao pensamento liberal clássico – de buscar um regime que se mantenha neutro no embate de visões do bem. Além de irrealista, é perigosa: entrincheira, em nome da neutralidade, acertos que favorecem alguns interesses de grupo e visões de humanidade sobre outros, e nos desvia do esforço para construir instituições abertas a um espectro amplo de valores e interesses suscetíveis de correção à luz da experiência. O trato das alternativas institucionais é também disputa a respeito das formas de vida a serem acalentadas ou toleradas dentro da nação e dentro da humanidade. Responde à pergunta: quem somos, como brasileiros e como seres humanos, e quem queremos ser?

Nesta disputa, não há critérios fixos e incontestáveis: o que mais importa é o que menos se presta a argumentos conclusivos. Alguns apelos, porém, são mais fortes do que outros. Entre os mais fortes estão aqueles que dizem respeito às condições que nos permitem atuar individual e coletivamente – a capacidade de ser agente, reagir às situações e criar o novo. Estão também aqueles que respondem às preocupações mais constantes de uma nação ou civilização: seus sonhos e pesadelos.

O rumo que proponho e as inovações institucionais que definem os passos tomam por dado o repúdio à sentimentalização das trocas desiguais – o calor humano como adoçamento das estruturas opressoras. Mas não caminham, ao contrário da consciência que pretende substituí-la, na direção do esfriamento no espaço público – econômico ou político – e da privatização do sublime. Não abraçam o desencanto e a despersonalização como resultados inevitáveis do esclarecimento e da superação de opressões e mistificações. E, portanto, não confinam o sublime ao espaço íntimo – ao que Max Weber chamou "o pianíssimo da vida pessoal".

A vida política que propõem – a democracia de alta energia – requer elevar a temperatura da política (o grau de engajamento institucionalizado na vida pública), acelerar o passo da política (pela resolução pronta dos impasses) e enriquecer em vez de suprimir as contradições de trajetória – a dialética entre iniciativas tomadas pelo governo central e construção de contramodelos do futuro nacional. Ao rejeitar o contraste entre o institucional frio – a democracia fraca e desmobilizada – e o calor extra ou anti-institucional, nega a alternância entre o interlúdio revolucionário e a rotina medíocre.

A vida econômica que vislumbram, consumada na ideia da economia inclusiva do conhecimento, tem por marca a prática da inovação permanente. Permite e exige a essas vidas ampliar o grau de iniciativa de todos os participantes no processo produtivo. Usa as máquinas para fazer o rotineiro e preserva nosso tempo para o que ainda não aprendemos a repetir.

A educação que exigem associa cada avanço do intelecto a algum grau e a alguma espécie de empoderamento: a capacitações para analisar e para fazer. E dissolve a associação estabelecida pelo enciclopedismo dogmático entre aprender e aceitar.

Nada disso traz de volta o que dava, em meio à opressão e as mistificações, à sentimentalização das trocas desiguais seu encanto característico, seu charme suavizante: a sensação de que o mundo fora de casa é mero conjunto de variações em escala maior do que acontece dentro de casa. A frieza do impessoal nunca precisa predominar completamente sobre o calor das relações pessoais.

Essa espécie de alívio e alegria – a que se funda na personalização irrestrita da vida social e na analogia forçada da sociedade com a família ou com o círculo dos relacionamentos íntimos – não traz de volta a forma de consciência requerida por minhas propostas. Trazê-la de volta seria continuar a consentir na subjugação, no apequenamento e na mentira – a mentira implícita na mistura das lealdades e dos afetos com a troca de vantagens e o exercício de domínio. Nisso, ela converge com a ética que eu chamei de esfriamento.

Ela diverge, entretanto, desta ética de duas maneiras. Ela rejeita a privatização do sublime porque traz o que é importante – menos o amor – para o espaço público e para a vida prosaica da sociedade e da economia. Aumentar o potencial para viver neste espaço e nesta vida prosaica as formas de cooperação que se não são amorosas também não precisam e não devem ser meramente instrumentais. As formas superiores de cooperação – na economia, na política, na educação ou em qualquer campo da vida social – são aquelas em que nos tornamos maiores juntos e afirmamos, por meio da ação conjunta, o atributo central de nossa humanidade: o de transcendermos todos os regimes de sociedade e de pensamento que construímos e habitamos, o de sermos o infinito que não cabe no finito. Essa afirmação de transcendência é o que, em linguagem despida do vocabulário teológico, chamamos grandeza.

Engradecimento exige instituições e práticas, como aquelas da economia includente do conhecimento, da democracia de alta energia e da educação capacitadora e dialética, que nos exigem tratar com os outros em empreitadas abertas e calorosas. A estes outros nos ligam vínculos que requerem mais do que interesses convergentes ou complementares e propósitos comuns. São por isso vínculos mais do que interesseiros ou instrumentais, embora menos do que amorosos.

Em troca do charme propiciado pela confusão entre a família e a sociedade e entre a magia das relações pessoais e o jogo bruto do mercado e do poder, o que essa moral nos promete é a chance de nos engradecermos juntos. Significa buscar, por meio das formas superiores de cooperação – aquelas que favorecem a construção permanente da nova grandeza compartilhada.

Essa busca guarda relação com o sonho recorrente e central de nossa civilização: o ponto em que os brasileiros olham para além das angústias materiais do dia-a-dia com emprego, saúde e segurança e com tudo o que lhes falta, como instrumento, para ficar de pé. Esse ponto além é a esperança de dignidade, o primeiro passo do engrandecimento: o poder para reagir e atuar, para responder aos constrangimentos e às oportunidades do meio.

Duas grandes influências – uma por alto, e outra por baixo – inibem a degeneração desta busca em individualismo egoísta, sem referência aos outros: o pequeno Napoleão a se autocoroar. A influência por alto é a do cristianismo e de sua expressão secular, ainda que truncada e distorcida, na cultura romântica, sobretudo a cultura romântica popular. A influência por baixo é a da sentimentalização das trocas desiguais: que afirma, a seu modo, a primazia da sociedade sobre o indivíduo, reduz a solidariedade cristã a uma teologia da clientela e doura a pílula da subjugação.

O sonho brasileiro maior é ver a pujança casada com a ternura. É nossa maneira de resolver a contradição, que tantas formas tomaram na evolução da cultura ocidental, entre a grandeza pagã e o amor cristão. A longa experiência desta tensão mostrou que para reconciliá-los seria necessário reinterpretar e reconstruir ambos. A grandeza teria de deixar de ser pagã: isto é, de significar orgulho, valentia e primazia sobre os outros. E o amor teria de ser ao mesmo tempo mais e menos do que a compaixão: a disposição para construir vínculos com os outros, práticas cooperativas e instituições favoráveis a tais práticas que nos permitam engrandecer-nos juntos.

Sem transformação da sociedade, consagrada em mudança das instituições econômicas e políticas, porém, o enaltecimento da ternura significa apenas suavizar, por meio da mistura dos afetos e das lealdades com as trocas desiguais, a estrutura da dominação. E a valorização da pujança se contenta com a aventura e o empoderamento fantasiados na cultura popular: a negação imaginada das humilhações e dos constrangimentos vividos no dia a dia de uma sociedade. Ou então troca a sociedade pela natureza, ao procurar alívio e inspiração no cenário natural estupendo da vida brasileira: vira o olhar das indignidades impostas pela sociedade para as extravagâncias ilimitadas da natureza.

A ética que chamei de liberal e protestante – a moral do esfriamento e da meia-distância, com seu culto à autonomia, ao respeito e à responsabilidade, à autoajuda e à iniciativa – reagiu contra tudo isso. Ao rejeitar a sentimentalização das trocas desiguais, porém, não fez justiça à impossibilidade de o indivíduo, a não ser excepcionalmente e à custa de mutilação da personalidade, construir-se e salvar-se por si mesmo sem que o faça junto com os outros e por meio da ação coletiva. E ao recusar-se a aceitar empoderamento que se esgota na negação fantasiosa de uma realidade inalterada, não apontou para as mudanças na organização da economia e da política que nos propiciassem engrandecimento compartilhado.

A pujança pode casar com a ternura no Brasil, mas só se reorganizarmos nosso país. Para reorganizá-lo, precisamos repensá-lo.

S

2

REORGANIZAR O BRASIL

O caminho do Brasil

Pôr a mão nas feridas: o que o Brasil requer
18/10/2015

Diz o narrador em Marcel Proust: somos amigos daqueles cujas ideias estão no mesmo nível de confusão que as nossas. É princípio que ajuda a explicar os agrupamentos políticos, unidos por interesses e também por confusões. Às vezes o preço da confusão na política fica alto demais. A clareza na demarcação de rumo nacional vira requisito de salvamento. Vivemos no Brasil um desses momentos.

O desenvolvimento brasileiro repousa, desde a redemocratização, em duas bases: consumo e *commodities*. A agropecuária e a mineração pagaram a conta do consumo. O aumento da renda popular permitiu que muitos pudessem usufruir bens de consumo em massa. Milhões de brasileiros saíram da miséria.

As circunstâncias no mundo mudaram. Fechou-se o caminho. É velha a história no Brasil: buscar no chão a riqueza que a inteligência não se preparou para produzir. Sempre acaba em lágrimas. Só a inteligência salva, casada ou não com a natureza. Mesmo quando tudo parecia estar bem, não estava: a bonança escondia baixa produtividade na economia brasileira. Produtividade baixa não é problema apenas econômico. Consignar a maioria dos brasileiros a empregos pouco produtivos significa condená-los a viver vidas pequenas.

O governo tentou dar sobrevida a esse modelo – porque queria ganhar a última eleição, é verdade, mas também porque tentava proteger a maioria pobre dos efeitos da queda econômica. Quando a agropecuária e a mineração já não bastavam para pagar a conta do consumo, fez com que o Estado e as empresas públicas ajudassem a pagá-la. As políticas de estímulo e subsídio também perderam eficácia. A economia, que já estava parando, passou a sofrer com o desarranjo das finanças públicas.

É preciso dar novo rumo ao Brasil. Rumo que refunde o crescimento sobre a base das oportunidades e capacitações. Nova tarefa exige novo método. Pode democratizar-se a demanda com dinheiro. A democratização da oferta – das oportunidades produtivas e das capacitações educacionais – exige inovação institucional: a reorganização do país. Não acontecerá se não for antes imaginada.

Ajuste fiscal

Temos de sanear as finanças públicas. Sua desorganização começa por anular o poder estratégico do Estado. Acaba por subverter a produção. O ajuste fiscal, porém, é só preliminar, ainda que indispensável, a uma agenda nacional. Para que cumpra seu papel, precisamos nos livrar de duas ilusões.

De acordo com a primeira ilusão, o ajuste seria para ganhar a confiança dos mercados financeiros e, com ela, investimento e crescimento. É conto de fadas: nunca funcionou em lugar algum. Precisamos fazer o ajuste pela razão inversa: para que o governo e o país não dependam da confiança financeira e não tenham de traçar seu caminho de acordo com as preferências dos financistas. Assegurar a primazia dos interesses do trabalho e da produção sobre os interesses financeiros é um dos marcos da estratégia de desenvolvimento a construir. Do contrário, corremos o risco de transmitir a seguinte mensagem: ficamos em pânico e nos rendemos aos bancos.

A segunda ilusão vem do keynesianismo vulgar. Foi nele que os partidos e os economistas que se têm na conta de progressistas se refugiaram quando abandonaram o marxismo e perderam a fé nas heterodoxias, mais ambiciosas, do passado.

Aceita-se o ajuste, "sim", dizem, porém, mais brando: com menos aperto e combinado com estímulos e alívios. Mas não foi isso o que, junto com o barateamento das *commodities*, ajudou a nos levar ao lugar onde estamos hoje, com as finanças públicas desorganizadas e a iniciativa estratégica do Estado comprometida? E como falar em atenuar o ajuste quando, reduzido a tratar da pequena parte do Orçamento que consiste em gasto discricionário, o ajuste mal pode existir?

Rejeitadas essas ilusões, chega-se ao âmago do problema suscitado pelo imperativo do ajuste fiscal. Menos de 10% do Orçamento federal é gasto discricionário. Mais de 90% é gasto obrigatório, expresso em direitos adquiridos e vinculações de receita. Limitar o ajuste à franja discricionária do gasto significa ou fazer ajuste inconsequente ou fazer corte tão drástico nos 10% livres que paralisa o Estado: o gasto discricionário financia a operação do governo. O ajuste tem de tratar do gasto todo e reordená-lo à luz de um projeto de país.

Tratar do gasto todo, porém, não é operação contábil. É repactuação de acertos na sociedade brasileira. Construímos regime de rentismos. Há os rentismos dos endinheirados: os juros da dívida pública e o crédito subsidiado dos bancos públicos. Há, em escala incomparavelmente menor, as proteções dos pobres – os programas de transferência –, estas são justificadas porque são asseguradoras de mínimos indispensáveis à autoconstrução do indivíduo e à sua cidadania. E, para cada corporação, entre ricos e pobres, suas prebendas e seus resguardos.

A lei e a Constituição fizeram muitas destas prerrogativas direitos adquiridos. As vinculações de receita serviram como créditos preferenciais concorrendo ao espólio de uma massa pré-falida: o dinheiro do Tesouro. E a Previdência prometeu mais do que um país, com cada vez menos jovens e mais velhos, pode pagar. Enquanto a receita pública crescia ainda mais do que um PIB em ascensão, deu para manter o esquema. Com o crescimento parado e a receita desabando, não dá.

Ajuste que funcione sem paralisar o Estado tem de enfrentar essa realidade. Domar os rentistas. E rever direitos adquiridos. Se for, porém, para jogar a maioria na insegurança econômica e para aumentar a desigualdade, não merece passar e não passará. O regime dos rentistas e dos direitos adquiridos têm de ceder lugar à democratização organizada das oportunidades e das capacitações. Muito melhor resolver o conflito distributivo por empoderamento do que resolvê-lo por cooptação.

Para desmontar, com segurança social, o sistema estabelecido, precisa haver travessia. Por exemplo, definir metas quantitativas em cada setor das políticas públicas. E desvincular receitas à medida que forem alcançadas.

A tarefa menor do ajuste e a obra maior do produtivismo inclusivo e capacitador são inseparáveis. Cada uma depende da outra.

Pretextos

Não faltam pretextos para emperrar o esforço de redirecionar o país. São todos falsos. Cito três dos mais influentes.

O primeiro alega a falta de partidos confiáveis. Teríamos de reformar a política e construir os partidos antes de sonhar em reorientar o rumo. Nenhuma nação, porém, reforma a política para só depois decidir o que fazer com a política reformada. E, no Brasil, os partidos fortes foram mais consequência do que causa dos projetos fortes. O regime partidário mais robusto que tivemos foi o que emergiu na democracia de 1946: os partidos se construíram polarizados em torno do projeto de Getúlio Vargas.

O segundo pretexto argumenta que crise e falta de dinheiro impedem as iniciativas exigidas por alternativa nacional. Crise, contudo, é condição de mudança. Onde falta dinheiro, tem de sobrar política e imaginação. Alternativa transformadora começa em mudanças de regra e regime, em inovações institucionais, que não custam dinheiro. Custam ideias.

O terceiro pretexto é o mais geral e o mais difícil de combater: o espírito do fatalismo histórico. O mundo não comportaria rebeldias casadas com alternativas. O que está em jogo é afirmação nacional fundada na coesão nacional. Não há salvação nacional sem afirmação nacional. Não há afirmação nacional sem rebeldia nacional. Não há rebeldia nacional fecunda sem que a rebeldia se alie à imaginação institucional.

A aliança entre a rebeldia nacional e a imaginação institucional não cabe no discurso açucarado da política brasileira: o discurso do social, dos social-liberais e dos social-democratas. O social tem sido o açúcar com que se pretende dourar a pílula do regime econômico. Açúcar não levantará o Brasil. Abaixo os pretextos para rendição nacional.

Educação

A melhor maneira de desvendar o rumo da democratização de oportunidades e de capacitações, como base de um novo ciclo de desenvolvimento nacional, é pôr a mão em algumas feridas do Brasil. Abordo seis destas feridas. Estão longe de serem as únicas. Começo com a ferida da incapacidade na educação.

O Brasil avançou no acesso à escola. A qualidade, entretanto, continua a ser miserável. No final do ensino médio, mais da metade dos alunos vive dificuldades em interpretar textos rudimentares. Convidados a interpretá-lo, oscilam entre a repetição e o devaneio. A nação cujos jovens não conseguem lidar com o pensamento escrito está condenada a buscar na natureza o que não se preparou para criar por meio da inteligência.

A única resposta suficiente é a revolução na maneira de aprender e de ensinar. Revolução que aproveite nossos pendores – criativos e anárquicos – para atender ao chamado da produção e da ciência. Significa acabar com decoreba e enciclopedismo, priorizar o domínio de competências analíticas, preferir aprofundamento seletivo a abrangência superficial e apresentar cada área do conhecimento de pontos de vista contrastantes para imunizar os estudantes contra o conformismo intelectual que os leva a confundir as ideias dominantes com a natureza das coisas. Currículo nacional tem de especificar o que o aluno de cada série tem o direito de aprender.

Para fazer tal revolução, temos de organizar a cooperação federativa na educação: a maneira de o governo federal trabalhar com os estados e municípios para impor em todo o país padrões nacionais de investimento e de qualidade. A qualidade da educação que um jovem recebe não deve depender do acaso do lugar onde ele nasce.

E nada funcionará sem professor motivado, preparado e equipado. Daí a importância de carreira de professor que permita progressão salarial e intelectual ao longo da vida.

O governo conta com dois instrumentos poderosos para fazer valer seus propósitos: o controle dos exames nacionais (a começar pelo Enem) e o condicionamento do subsídio às instituições privadas que formam a maioria dos professores.

Produção

O Brasil possui uma cultura empreendedora vibrante. A maior parte de nossas empresas, porém, continua afundada num primitivismo produtivo, sem práticas ou tecnologias avançadas. Mesmo nossas maiores empresas, por atuarem no aproveitamento de recursos naturais, estão restritas a um repertório estreito de tecnologias e práticas.

A superação desse quadro passa por uma política industrial que, em vez de apostar em setores específicos, aposte em acesso a crédito, práticas, máquinas avançadas e mercados mundiais. E que difunda ensino um técnico voltado para o domínio das capacitações polivalentes que as tecnologias contemporâneas requerem. Capital não basta. É só o ponto de partida.

O ponto de chegada é a construção de arranjos que facilitem a difusão do vanguardismo produtivo, em vez de deixá-lo confinado a ilhas de avanço, como geralmente ocorre no mundo. O marco institucional de um vanguardismo inclusivo abrange coordenação estratégica entre governos e empresas que seja descentralizada, pluralista, participativa e experimental. E que se alimente da concorrência cooperativa entre pequenas e médias empresas de vanguarda: ganham economias de escala, ao fazer mutirão de recursos, enquanto continuam a competir entre si.

Não se trata de regular o mercado; trata-se de reorganizá-lo em prol do experimentalismo radical na produção.

Trabalho

A informalidade diminuiu. A precarização na economia formal aumentou. Parte cada vez maior da força de trabalho está em situação de terceirizado ou temporário, ou autoemprego, sem a proteção efetiva das leis. É tendência mundial, resultante de mudança arraigada das práticas de produção. Não a aboliremos por decreto. Isso não significa, porém, que tenhamos de abandonar a maior parte da força de trabalho à precarização e tolerar a divisão do mercado de trabalho entre trabalhadores estáveis e precarizados. Se juntarmos os 40% que continuam na informalidade aos precarizados da economia formal, temos a maioria da população economicamente ativa.

Vivemos situação contraditória. A minoria organizada, representada por sindicatos e protegida por lei, goza de direitos litigados a rodo e definidos com rigidez que inferniza a vida de todos. Rigidez que ajuda a explicar uma das mais altas taxas de rotatividade do trabalho no mundo. A maioria, informal ou precarizada, trabalha no abandono, sem direitos. É incompatível com escalada de produtividade e compromisso de inclusão.

A solução tem três partes: 1) derrubar os obstáculos tributários e burocráticos à formalização dos informais; 2) criar direito para proteger, organizar e representar os precarizados; e 3) permitir aos relativamente estáveis negociar com os empregadores. Acabemos com o apartheid entre a minoria organizada e a maioria desprotegida.

Ambiente

Um de nossos maiores recursos nacionais é a natureza estupenda que nos cerca. Mas a confusão ambiental virou um pesadelo para os produtores, grande e pequeno, em qualquer lugar do Brasil. Ao contrário do que se supõe, o problema não é que as regras ambientais sejam severas demais. É que não há regras ambientais: normas, por exemplo, que deem tratamento diferente a áreas ocupadas e áreas virgens.

Nosso direito ambiental é um pseudodireito, quase inteiramente processual. Delega poderes discricionários a pequenos déspotas administrativos. Estes viram joguetes nos embates entre os interessados. A solução é clara: definir regras.

Gestão e controle

No Brasil, o gestor público mal consegue trabalhar. A pretexto de perseguir o gestor desonesto, construímos sistema de controle que cerceia e intimida o gestor sério. Por que arriscar, por que experimentar, com o Tribunal de Contas e o Ministério Público no encalce?

A população, indignada com a corrupção, grave, porém localizada, deixa de reconhecer o problema maior: não havermos conseguido organizar o controle das ações de governo como maneira de qualificar a gestão pública. Qualificá-la em vez de anulá-la.

Federalismo

A razão para ser uma federação é poder inovar e divergir mais facilmente. Governadores e prefeitos não são empregados do presidente. Autonomia dos estados e municípios não é o oposto de oportunidade para ação decisiva por parte do governo central.

Só podemos construir nosso caminho experimentando. Para isso, precisamos dar vida à federação. E, como todos os avanços, em todos os setores das políticas públicas, dependem de cooperação federativa – vertical, entre os três níveis da federação, horizontal, entre os estados e entre os municípios –, precisamos permitir que a cooperação aconteça.

O primeiro requisito para dar eficácia a esse objetivo é assegurar partilha tributária que não obrigue governadores e prefeitos a ir de pires na mão ao Palácio do Planalto e ao Ministério da Fazenda.

O segundo requisito é definir outro paradigma de política regional. Estratégia nacional só toca o chão da realidade no Brasil quando traduzida em iniciativas para as grandes e pequenas regiões do país.

Política regional deve ser para todas as regiões. Deve ter por vocação identificar vanguardas emergentes em cada região e provê-las de instrumentos para desenvolver novas vantagens comparativas. E deve ser construída de baixo para cima, por iniciativa de cada região, mais do que de cima para baixo, pelo governo federal.

Base

Já existem duas bases – uma social, outra regional – para apoiar a alternativa de que o Brasil precisa.

A primeira são os emergentes: a pequena burguesia empreendedora e a multidão, maior, de trabalhadores ainda pobres, porém convertidos à cultura de autoajuda e de iniciativa. Os emergentes já estão no comando do imaginário popular. É a vanguarda que a maioria quer seguir. Criar as condições para que possa segui-la é uma das tarefas da alternativa nacional.

A segunda base é o Brasil profundo, das regiões. Move-se; não aguarda Brasília. Quer equipamento, não açúcar. É constatação, não opinião. Vi com meus próprios olhos nos sete meses em que trabalhei no governo e andei o país.

O que falta é prover essas bases de instrumento político e de projeto de poder.

Consciências

Transformação profunda toca em instituições e em consciências.

A fórmula tradicional da vida brasileira era a mistura, nas mesmas relações sociais, de troca, prepotência e sentimento: a sentimentalização das trocas desiguais. Há muito tempo contesta-se essa fórmula no Brasil em nome de ideias associadas com as sociedades e as culturas dos países ricos do Atlântico Norte: respeito, responsabilidade e autonomia; confinamento das aspirações mais calorosas ao espaço privado – a privatização do sublime; distanciamento entre os projetos individuais (sejam de enriquecimento ou de salvação) e os coletivos; separação entre o econômico, o político e o sentimental.

Essas ideias representam o liberalismo e o protestantismo no plano moral. Os movimentos neopentecostais, que prevalecem entre os emergentes, querem encontrar essa orientação no cristianismo. Despidas de fé, as classes endinheiradas e cosmopolitas preferem vê-la como o jeito inevitável de ser numa sociedade que dá certo.

O Brasil, porém, não precisa escolher entre a sentimentalização das trocas desiguais, que pautava nosso antigo regime de senhores e de servos, e esse individualismo liberal e protestante, abraçado pelas elites agnósticas como a religião inevitável dos maduros, frios e desencantados.

O começo de outra inspiração está em ser fiel ao sonho que anima, apesar de tudo, o coração brasileiro: ver a pujança casada com a ternura. Encontrar maneira de nos engrandecermos juntos e de assegurar a cada brasileiro chance melhor de viver uma vida maior. É o que deve, em última instância, motivar nossa mudança de rumo.

A reconstrução do Brasil há de ter por guia e alvo a realização desse sonho brasileiro. Aproveitemos as agruras do momento para chegar mais perto da grandeza.

Brasil desacorrentado
04/12/2001

O Brasil precisa de outro rumo. Um rumo que reconcilie a retomada do crescimento com a democratização das oportunidades e das capacitações. Não é nem utópico no conteúdo nem radical nos métodos. Exige moderação e paciência. Passa pela reconstrução de ideias e de instituições. Nem por isso, porém, esse novo caminho é inviável. Ele é apenas difícil. A condição de um país muito desigual e relativamente desorganizado não nos impede de trilhá-lo. Pelo contrário, o Brasil reuniria hoje melhores condições do que a maioria das nações, ricas ou pobres, para percorrer uma trajetória que interesse a nós e anime a muitos, mundo afora.

Reuniria, se não fosse pelo efeito combinado de quatro realidades. Essas realidades dificultam o surgimento do movimento de forças e ideias que ofereça ao país a alternativa de que precisamos. E negam ao Brasil a posse de si mesmo.

A realidade institucional é a falta de regime de partidos políticos fortes e democráticos. Nossos partidos costumam ser, ao mesmo tempo, fracos e despóticos. A realidade social é a desinformação popular. A maior parte da população, sem contato com a palavra escrita, só tem o rádio e a televisão para descobrir o que acontece no país e para identificar agentes da mudança. A realidade psicológica é a resistência, comum entre os endinheirados e a classe média, a identificar-se com o país e a acreditar em sua originalidade e em sua grandeza. A realidade ideológica é a rendição de nossos quadros dirigentes e pensantes às ideias prestigiosas nos Estados Unidos e na Europa. Ideias que rejeitam como aventuras voluntaristas qualquer tentativa empreendida por um país como o nosso para fazer diferente.

Essas quatro realidades se reforçam. E colocam o Brasil de joelhos.

Há duas maneiras de entender e de encaminhar a solução. A primeira maneira não tem mistério. Temos de enfrentar cada uma das quatro realidades que nos escravizam. Enfrentá-las através de reformas gradualistas que comecem a enfraquecer esses constrangimentos.

Embora sensata, essa resposta ao problema do nosso cativeiro sofre de um defeito. Contrapõe aos interesses individualizados e concretos que sustentam cada uma daquelas limitações apenas o interesse vago e difuso em dotar o país de meios para se libertar e se reconstruir. Não basta.

A segunda maneira de entender e encaminhar a solução é misteriosa. Ela insiste em tratar o Brasil como a nação livre que ele ainda não é. Propõe soluções para os problemas do dia-a-dia que, embora adequadas e atraentes, parecem irrealistas. Irrealistas porque desprovidas de base social e política num país que não tem partidos fortes, não lê, não confia em si e não pensa por si.

Segundo esse ponto de vista, o melhor método para quebrar as correntes que nos tolhem é insistir na tentativa de obter o que elas nos impedem de alcançar: justiça e oportunidade, segurança e emprego, educação e saúde, para todos. De tanto tentar estender os braços sem conseguir, acabaremos por nos desacorrentar.

A solução sem mistério e a solução misteriosa retratam dois lados da verdade. Complementam-se. Juntas mostram como libertar o Brasil.

O Nordeste e o Brasil
10/06/2003

Como pode o Brasil, ao ajudar os nordestinos a resolver os problemas do Nordeste, abrir caminhos para o país? Como transformar o drama que cansa e desilude em campanha que energiza e orienta?

Estar livre de dogmas, de fórmulas, de preconceitos ideológicos é a exigência fundamental para quem queira corrigir grandes desigualdades regionais. O experimentalismo desassombrado deve, porém, pautar-se pelo muito que já se aprendeu no mundo a respeito desse tema.

Em primeiro lugar, a região atrasada precisa fazer diferente de como se faz no resto do país. Em determinados setores e lugares, regime tributário, tarifário, trabalhista e previdenciário especial tem de desonerar a produção, compensando a falta de economias de escala.

Em segundo lugar, o uso de regras extraordinárias para induzir a febre empreendedora deve ser acompanhada de mecanismos de mercado, ou de mímica do mercado, que ponha fim rápido aos empreendimentos malogrados e que afastem os catadores de dinheiro público fácil. O objetivo não é evitar erros; é cometê-los depressa, como se diz na ciência.

Em terceiro lugar, convém tratar a região atrasada, paradoxalmente, como terreno para iniciativas vanguardistas: como laboratório da nação e como arauto de seu futuro, não como beneficiária de sua caridade. Em vez de tentar generalizar, de roldão, a base de energia, de água, de transporte e de comunicação, focalizá-la em polos irradiadores onde se possam reunir capacidades e empreendimentos. Em vez de aceitar que a classe média continue a ser a única fonte de quadros técnicos e profissionais, identificar em todas as classes sociais as crianças mais talentosas e aplicadas e apoiá-las integralmente. Em vez de deixar o mercado com a produção e o Estado com o social, engajar as empresas na provisão de bens públicos e fundar novas empresas públicas para produzir os materiais e as máquinas que faltarem. Em vez de ver tecnologia avançada como imprópria para região pobre, empregá-la para produzir maquinaria simples, barata e adaptada ao meio. Em vez de esperar que o mercado chegue, usar o poder público para difundir acesso ao mercado, multiplicando centros e fundos públicos que possam investir em empreendimentos emergentes e monitorá-los como *venture capitalists*. Tratar a capacidade de criar o novo – o novo produto, a nova técnica, a nova maneira de organizar as relações entre governos e empresas – como arma de superação do atraso, não como luxo de primeiro mundo.

Em quarto lugar, a redistribuição automática de recursos das regiões mais ricas do país para as mais pobres, a ser embutida nas regras tributárias, deve desdobrar-se em automatismo semelhante nas providências de avaliação. Avaliação a ser praticada por peritos recrutados no mercado e nas organizações técnicas, dentro e fora do país e sempre longe dos influentes. Linha de atuação que for mal avaliada será cortada, respeitado o direito de governos eleitos de rejeitar as recomendações públicas dos avaliadores.

É natural que os nordestinos reivindiquem como sua a causa do Nordeste. Encaminhar soluções para os problemas do Nordeste, onde se concentram muitos dos sofrimentos da nação e muitas de suas forças morais, é, entretanto, preocupação e privilégio de todos os brasileiros. Nada faria tanto bem ao país quanto um movimento generoso de imaginação e de vontade que reconhecesse no soerguimento do Nordeste o primeiro requisito da libertação do Brasil.

O veneno
24/01/2006

Sempre pensei e debati alternativa de caminho e de organização para nosso país. Engajei-me na vida pública brasileira determinado a lutar por uma alternativa. Nada arrefeceu minha fé na viabilidade e na necessidade dela. Descobri, porém, que nosso imenso potencial está inibido e ameaçado pelos efeitos de um veneno: os acertos entre o dinheiro e o poder. Se não extirparmos esse veneno, não construiremos modelo de desenvolvimento calcado na democratização de oportunidades para aprender, trabalhar e produzir. A mediocridade, o medo e a injustiça continuarão a imperar no Brasil.

No círculo íntimo do dinheiro e do poder, todo mundo sabe como funciona o sistema. Quase todos calam. A classe média, que acompanha a política pelos jornais, não compreende a dimensão do problema. A maioria trabalhadora está por fora das causas, embora enfrente a consequência: nunca conta com um governo que esteja de seu lado.

As grandes empresas e os grandes empresários, a começar pelos bancos e pelas empreiteiras, financiam a política, na maior parte por caixa dois – portanto, criminosamente. Costumam dividir as fichas: apoio para todos os candidatos competitivos; apoio maior para os preferidos. Nas campanhas presidenciais os ricaços se reúnem com os candidatos como se fossem acionistas interrogando os dirigentes das empresas em que investem. No poder, os eleitos achacam os endinheirados. E distribuem, em troca proteção do governo, os negócios dos achacados.

As forças que governavam o Brasil antes de Lula burilaram esse sistema. O governo Lula o radicalizou. O presidente ex-operário, que nunca quis saber de confusão, amarelou desde o primeiro dia de seu mandato. Teve medo da luta pela mudança; a falta de ideias deu cobertura para a falta de coragem. A corrupção sistêmica, expressa no regime de trocas de dinheiro privado por proteção oficial, alargou um segundo canal de negocismo, que o governo anterior já havia aberto: o uso dos fundos de pensão para trocar financiamentos eleitorais por investimentos perdedores.

E agora? As trinta mil famílias que recebem o grosso dos juros pagos pelo Estado e que são as beneficiárias de um modelo econômico que mata a produção e arrocha o trabalho estão subornadas por governo que elas, por sua vez, subornam. Esse governo procura calar a boca dos pobres com a distribuição em massa das migalhas de seus programas sociais. A classe média, estrangulada e aflita, não vislumbra opção, de rumo ou de agente. A elite empresarial comenta as licitações manipuladas, os meganegócios feitos e desfeitos com favor oficial, o custo em reais e em truques de levar a população a acreditar num ou noutro candidato. A corrupção campeia. E o Brasil sangra.

O que devo fazer? Não sou juiz, promotor, policial ou sequer jornalista investigativo. Constato, porém, a visão generalizada dentro da elite brasileira de como funciona o sistema. Minha posição é privilegiada e protegida, professor vitalício que sou em universidade estrangeira. Se eu, que carrego esse escudo, encontro dificuldade em montar a reação, como posso cobrá-la de meus concidadãos mais vulneráveis? Encontremos, todos nós, os inconformados, força em nós mesmos para liderar uma insurreição nacional contra esse amesquinhamento de nosso futuro. Já somos muitos. Levantemo-nos para levantar o país.

Depois da cartilha
31/01/2006

Dois processos de entendimento e de desentendimento da situação nacional ocorrem em paralelo no Brasil: um, entre os endinheirados; outro, entre os assalariados. Para encontrar a saída da encalacrada em que o país se encontra, é preciso saber o que cada um desses processos tem a ver o outro.

Nossas elites descobriram que o Brasil, e com ele a maior parte da América Latina, vivem 25 anos de estagnação, sofrendo um declínio lento, porém progressivo e constante, de sua posição relativa no mundo. Uma nação que se destaca pela vitalidade veste uma camisa de força. Esses fatos, universalmente conhecidos, só convenceram quando trazidos como notícias de Davos e registrados na imprensa estrangeira.

E a reação a essa descoberta tardia? A mesma de sempre: precisamos de mais "flexibilidade", menos gasto, mais paciência. Não falta proposta. Só falta eficiência na execução. Interpretam-se as experiências – tão contrastantes com a nossa – da Índia e da China de maneira a resguardar a fé na cartilha. Desconsidera-se o ponto essencial: a libertação de forças de mercado foi combinada na China com a mobilização maciça de recursos nacionais, na Índia com a formação de milhões de técnicos e cientistas e em ambos aqueles países com ousadia despreconceituosa na maneira de organizar a economia de mercado e de associar o poder público com a iniciativa privada.

Nossos privilegiados não mudarão de ideia. Morrerão convencidos de que fizeram tudo certo; culparão o país. A confiar no que se diz e se pensa entre eles, será preciso esperar que a geração seguinte traga das universidades estrangeiras a notícia de que lá ninguém mais leva a sério as ideias que nos pautamos aqui. Não dá para aguardar esse desdobramento: o Brasil terá continuado ladeira abaixo, desperdiçando milhões de vidas e de talentos.

A solução está num segundo processo de entendimento e de desentendimento da realidade brasileira: o que ocorre entre os assalariados. Intuitivamente, em meio à escuridão, buscam saída. A partir de suas vanguardas na classe média – a tradicional e a dos emergentes – rejeitam a fórmula financista-assistencialista que o governo Lula herdou e abraçou. Repudiam os acertos sujos entre o poder e o dinheiro que representam o lado obscuro dessa fórmula. Não sabem o que é pior: entregar o governo aos que, em nome da mesma fórmula e com base nos mesmos acertos, governavam antes ou confiar que Lula 2 demonstraria a coragem e a clareza que faltaram a Lula 1.

O que desejam mesmo é encontrar outra opção, com um mínimo de consistência, ainda que surgida no meio dessa confusão que é a política brasileira. Ainda não a encontraram. Só quando a encontrarem é que teremos como deixar os endinheirados e seus doutrinadores conversando sozinhos sobre a necessidade de maior eficiência na execução de seu modelo malogrado. Nessa hora, conseguiremos centrar o debate nacional na demarcação de outro rumo para o Brasil.

Que os partidos fora do eixo tucano-petista apresentem, portanto, suas propostas e seus candidatos. Que a sociedade brasileira, por meio de suas organizações, sinalize seu desejo de ver o país reorientado. E que os fatos subsequentes a essa apresentação e a esse sinal revelem o caminho da convergência entre os muitos que queremos saída para o Brasil. Reconheço que o que falta para isso acontecer é muito: um pouco de grandeza.

Hora de epifania
13/06/2006

Há vinte e cinco anos o Brasil parou de crescer. Começou a afundar em longa e triste mediocridade. Seus dirigentes e pensadores perderam a noção de qualquer rumo que não fosse o do formulário ruinoso recomendado aos governos de países pobres pelas autoridades acadêmicas, políticas e econômicas dos países ricos. Pela primeira vez, passamos a exportar gente. Nossas duas classes médias – a tradicional e a emergente –, de onde poderíamos esperar sinal de reorientação, desprenderam-se da vida pública. Modernidade e globalização vieram a significar: salve-se quem puder.

Apesar de tudo isso, o Brasil está posicionado para iniciar um ciclo de desenvolvimento diferente de todos os anteriores porque está inclinado na democratização de oportunidades econômicas e educativas. Temos uma cultura empreendedora que é das mais vibrantes de todo o mundo. Nosso pendor para o improviso, antes um defeito, agora pode revelar-se vantagem, uma vez disciplinado pelo estudo, à medida que as formas tradicionais de produção rígida, massificada e hierárquica perdem a razão de existir em toda a parte. Continuamos a apostar em trabalho barato e desqualificado por engano, não por necessidade, como a China e a Índia. Combinamos a unidade nacional daquela com a abertura democrática desta. Com a exceção fatal dos constrangimentos que sofremos por pagarmos desnecessariamente fortunas de juros aos compradores da dívida pública, temos margem para ousar.

É isso o que a nação quer hoje: ousar. Novo governo que ousasse sem abrir mão do realismo fiscal – para fazer prevalecer no país os interesses do trabalho e da produção, para facultar a milhões de pessoas o acesso ao crédito, à tecnologia e ao conhecimento, para revolucionar o ensino público, para usar a necessidade de ampliar nossa base de energia como maneira de tomar posse do nosso país e de aproveitar seus recursos naturais e para livrar a política da sombra corruptora do dinheiro – contaria com o entusiasmo da maioria dos brasileiros. Faria base – honesta – no Congresso porque faria base – ampla e arraigada – no país. (As fusões partidárias previsíveis após a eleição de outubro forneceriam o ambiente propício para formar um grande Partido do Desenvolvimento que procurasse ser o que o PMDB e o PT acabaram não sendo.)

Não é verdade que faltem planos práticos e pormenorizados para traduzir em realidade a ideia do desenvolvimento com inclusão. O que falta, entre governantes e entre cidadãos, é uma epifania de clareza e de coragem.

O longo prazo a curto prazo
20/01/2008

Modelo de desenvolvimento baseado em ampliação de oportunidades econômicas e educativas, para dar braços e asas ao dinamismo frustrado dos brasileiros – é isso o que mais quer a nação. Ao começar a recuperar, por meio do PAC, o investimento público e o poder estratégico do Estado, o governo Lula criou base para tal reconstrução. Passarão muitos anos até que se repitam condições tão favoráveis como as que temos agora para essa obra libertadora.

Convidado a formular plano de longo prazo para o país, logo concluí que esse planejamento arriscaria ficar no papel – palavras sem força – se não se traduzisse em iniciativas tangíveis e prontas: primeiras prestações de outro futuro. Resolvi tratar do longo prazo a curto prazo. O que muda o mundo é a combinação de iniciativa com mensagem. Aquela, sem esta, é cega. Esta, sem aquela, é impotente.

Com isso, procurei transformar limitação em oportunidade. Minha pasta não tem poderes ou recursos para implementar qualquer política pública. Tem, contudo, o poder de propor e de cooperar. E ideias, quando reforçadas por uma lógica de co-autoria dentro do governo e da sociedade, constituem o primeiro requisito para mudar o país.

Organizei meu trabalho em torno de quatro grandes temas: oportunidade econômica, oportunidade educativa, Amazônia e defesa. Para cada um deles, comecei a formular, em colaboração com os ministros das respectivas áreas e com o apoio do presidente, um elenco de ações que encarnem e antecipem novo modelo de desenvolvimento.

Uma das iniciativas de oportunidade econômica é política industrial e agrícola voltada para as pequenas empresas e para os empreendimentos emergentes que constituem a maior força de nossa economia. Formação de práticas e de quadros, ampliação do crédito ao pequeno produtor e transferência de tecnologia (não temos Empraba industrial) são as diretrizes. Outra iniciativa é proposta para refazer nosso modelo institucional de relações entre o trabalho e o capital, como não se fez desde Getúlio Vargas. O Brasil está ameaçado de ficar imprensado no mundo entre economias de trabalho barato e economias de produtividade alta. Precisamos escapar dessa prensa pelo lado alto, da valorização do trabalho e da escalada de produtividade. Não temos futuro como uma China com menos gente. É essa a preocupação que orienta o esforço de construir, junto às centrais sindicais e às lideranças do empresariado, plano para resgatar mais da metade de nossos trabalhadores da informalidade, para reverter a queda da participação dos salários na renda nacional e para reorganizar o regime sindical.

Em matéria de oportunidade educativa, são três os projetos a que me dedico, junto com meus colegas da Educação, da Ciência e Tecnologia e da Cultura. Rede de escolas médias federais que, ao fortalecer o elo fraco de nossa rede escolar, também sirva de cunha para mudar nosso paradigma pedagógico, e ponha ensino analítico e capacitador no lugar de aprendizagem enciclopédica e informativa. Conjunto de procedimentos para reconciliar a gestão local das escolas pelos estados e pelos municípios com padrões nacionais de investimento e de qualidade. (A qualidade do ensino que uma criança brasileira recebe não deve depender do acaso do lugar onde ela nasce.) E programa de inclusão digital que organize infovia nacional e que fortaleça as capacitações populares de acesso à rede, estimule a produção de conteúdos nacionais e crie estrutura de governança capaz de dar voz à sociedade civil, não apenas aos governos e às empresas.

Na Amazônia, o Brasil pode revelar-se ao Brasil. É pelo menos um terço de nosso território nacional. E tem tudo para ser o lugar onde nós nos reinventaremos como nação. Zoneamento econômico ecológico, que tome por pressuposto a resolução das questões fundiárias, é ponto de partida para delinear estratégias econômicas distintas para diferentes partes da Amazônia. Uma estratégia para a Amazônia já desmatada, onde podemos deixar de repetir os erros de nossa formação econômica. E outra estratégia para a Amazônia com mata, que assegure que a floresta em pé, porém aproveitada de forma controlada e sustentável, valha mais do que a floresta derrubada.

Na defesa, começa esforço vital para nosso futuro. Não há estratégia de desenvolvimento nacional sem estratégia nacional de defesa. A diretriz é reorganizar as Forças Armadas em torno de vanguarda tecnológica e operacional, pautada por cultura de mobilidade e de flexibilidade e baseada em capacitações nacionais. Não seremos os mais poderosos. Sejamos os mais inteligentes e ousados.

O bom do Brasil tem sido sua vitalidade. O ruim tem sido seu conformismo. Não basta nos rebelarmos contra a falta de justiça se não nos rebelarmos também contra a falta de imaginação. Vitalidade – vibrante, anárquica, quase cega –já temos. Quando a imaginação der olhos à rebeldia, teremos também grandeza.

Por que não funciona?
01/02/2005

O Brasil precisa perder de vez o medo de sua própria originalidade, rejeitando o discurso terrorista de que desbravar caminho novo significa entregar-se a aventura irresponsável. Enquanto não nos libertarmos desse temor não construiremos um grande país.

Contra a busca de alternativa levanta-se, entretanto, objeção que merece ser estudada por todos nós que acreditamos no imperativo de reconstrução nacional. Essa crítica costuma vir de grandes e pequenos empresários e de outros brasileiros frustrados com a dificuldade de fazer o Brasil andar. Segundo eles, não adianta reorganizar instituições e reorientar políticas se tanta coisa funciona tão mal no Brasil. Eficiência, insistem eles, antes de alternativas. Identifiquemos a parcela de razão nesse protesto e tratemos de incorporá-la a nossas propostas.

Eficiência não é misterioso maná que cai dos céus, conferido, por determinismo cultural, a alguns povos e negado a outros. É manifestação de uma capacidade coletiva, expressa e sustentada por conjunto de práticas e de atitudes. Práticas e atitudes que têm a ver com o êxito em cooperar e em fazer da inovação perpétua traço inerente ao trabalho de equipe. As nações que dominam melhor esses métodos se dão bem com quase todas as fórmulas institucionais, sejam dirigistas ou de livre mercado. E conseguem trocar de modelo institucional de acordo com as circunstâncias. Já as nações que não os dominam dão-se mal tanto com o liberalismo quanto com o estatismo.

E o Brasil? Continuamos, sem necessidade, do lado errado desse contraste. De um lado, há no Brasil o pendor para o improviso engenhoso e despreparado, instrumento de sobrevivência quando abundância de energia humana coexiste com escassez de instrumentos e de oportunidades. De outro lado, há estilo de organização, eivado de autoritarismo, de hierarquia, de desconfiança e de especialização extrema, que ainda marca grande parte de nossa administração pública e economia privada. Representa paradigma importado, que, por conta de nossas desigualdades, tornou-se entre nós ainda mais rígido e restritivo.

O futuro da capacidade de fazer funcionar está em outra direção, que distingue mundo afora, as formas mais avançadas da produção, da administração e do ensino. É rumo pautado por moderação de diferenças entre supervisionar e executar, por generalização progressiva de participação nos lucros e no monitoramento, por mistura de competição e de cooperação em todos os campos de atividade, por elevação cumulativa dos padrões de desempenho e por transformação de todas as atividades práticas em aprendizagem coletiva e em inovação permanente. Flexibilidade e desafio

– sobretudo desafio a si mesmo – são as palavras de ordem. Nossa cultura popular de improviso fornece matéria prima para a substituição do velho estilo autoritário-repetitivo por esse experimentalismo fecundo.

O tipo superior de organização está, porém, condenado a permanecer ilhado em vanguardas elitistas e internacionalizadas se não puder contar com um ensino público inspirado pelas mesmas ideias e com reformas econômicas e políticas que democratizem radicalmente as oportunidades. As duas tarefas – a da eficiência e a da reconstrucão – são ambas indispensáveis. Cada uma depende da outra. Juntas definem a tarefa de uma geração.

Emergentes e Batalhadores

O Brasil dos emergentes
23/10/2001

A mudança mais importante por que vem passando a sociedade brasileira é o surgimento de nova pequena burguesia: uma classe média sedenta de oportunidades, dedicada à autoajuda econômica, educativa e espiritual e impaciente com as imposturas dos políticos, a frivolidade dos ricos e a irrelevância dos intelectuais.

Qualquer estratégia nacional fecunda no Brasil de hoje tem de vir ao encontro desses grupos. Exercem papel cada vez maior na economia, na política e na consciência da nação. E constituem o ímã a que são atraídas as massas populares: seguir o exemplo dos emergentes talvez seja hoje o projeto de vida mais difundido no país.

A base econômica dos emergentes são tanto os pequenos empreendimentos urbanos ou agrários quanto as carreiras meritocráticas dentro das grandes empresas. A base social são as igrejas, sobretudo evangélicas, as associações, os clubes e as cooperativas.

Acalentam os emergentes uma visão de mundo que implica virada profunda nas atitudes e nas ideias que têm pautado a vida brasileira. É visão que privilegia o cumprimento da palavra dada, a independência no sustento da família, a iniciativa nos negócios e na carreira e a tenacidade em subir de nível econômico e cultural. Costuma ser severa com os preguiçosos e os malandros, ainda quando bem vestidos. Promete salvação aos esforçados.

Aonde for essa classe, irá o Brasil. Seu rumo não está predeterminado. Depende das opções que forem criadas pelo pensamento e pela política. Os emergentes podem refugiar-se no materialismo econômico e na intolerância moral. Podem imitar o estilo de vida da classe média americana. Podem contentar-se em reivindicar apenas seus próprios interesses e valores.

Mas também podem liderar a reconciliação do desenvolvimento com a justiça. Três iniciativas ajudariam a levantar e a reformar o Brasil dos emergentes, para que eles pudessem, por sua vez, ajudar a soerguer o Brasil.

A primeira iniciativa é econômica: assegurar a essa classe acesso aos instrumentos da produção: crédito, tecnologia e conhecimento. A rede notável, porém desigual, do Sebrae demonstra que o Brasil já começa a inventar uma forma não burocrática de parceria entre o Estado e os empreendedores. Esse é o caminho para combinar a democratização do mercado com a aceleração do crescimento.

A segunda iniciativa está na política social. Temos de conquistar os emergentes para a escola pública e a medicina pública, livrando-os do fardo da escola particular e do plano de saúde. O resultado seria elevar a situação econômica dos emergentes, transformá-los em aliados poderosos de um Estado comprometido com o social e incorporar ao sistema público de ensino e de saúde fiadores exigentes de sua qualidade.

A terceira iniciativa é social e ideológica. Um adensamento da vida associativa – de cooperativas, clubes e igrejas – inspirado pelo pensamento político e religioso e estimulado pelo Estado (inclusive por meio de incentivos fiscais e de facilidades jurídicas) desviaria os emergentes do egoísmo individualista e familiar. Eles já representam a vanguarda de uma nova cultura brasileira de iniciativa e cooperação. Precisamos que essa cultura, reconstruída, passe a nortear o Brasil, em proveito de todos os brasileiros.

Surge o agente
05/09/2006

O Brasil passou nessas últimas décadas por mudança decisiva e desconhecida. Aproveitar o potencial dessa mudança deveria ser – e ainda não é – a pauta da política brasileira e a preocupação da cultura brasileira.

A mudança foi o surgimento, ao lado da classe média tradicional, de nova classe média. Surgiu de baixo, "morena". Sua grande obra é a construção de cultura de autoajuda e de iniciativa. Estuda à noite na tentativa de aprimorar-se, ainda que com instrumentos rudes. Luta para abrir ou sustentar um pequeno negócio ou para subir dentro de uma empresa. Participa de novas igrejas e associações. Cultua o esforço, o merecimento, a palavra dada. É intolerante com os desvios. Entusiasma-se com a superação da pobreza e com todos os sinais do êxito. Descrê da vida pública. Tende a refugiar-se dentro de pequenos mundos sociais que contrastam com a cultura que seus construtores sentem predominar na sociedade à sua volta.

A importância do advento desse novo agente social resulta da combinação de duas circunstâncias. Rebela-se ele contra o misto de troca, prepotência e lealdade – a sentimentalização das trocas desiguais – que foi sempre a fórmula característica das relações sociais no Brasil. E ele já está no comando do imaginário popular, porque é visto pela massa pobre como vanguarda a seguir.

Quem quiser mudar o Brasil no período que começa terá de responder às aspirações desses emergentes e da maioria que a elegeu como mentora. Por enquanto, a combinação do financismo com o assistencialismo é a fórmula do poder no Brasil: ganhar a confiança dos ricos e aliviar o sofrimento dos pobres. É, mas não será. O futuro pertencerá a quem trabalhar por modelo de desenvolvimento apoiado na democratização das oportunidades econômicas e educativas. Modelo que tenha por pressuposto uma política reconstruída para resistir à influência corruptora do dinheiro.

Nem tudo são rosas e reformas nesse caminho. Há, ao lado da tarefa institucional, tarefa espiritual a cumprir. A tentação que ronda a cultura protagonizada, em nome da maioria, pelo emergentes é a de contentar-se com a vitória dos esforçados e com os atrativos da riqueza, entregando-se ao egoísmo familiar e à autocomplacência materialista. Não prestará a transformação se não se reger por impulso profético em direção ao resgate de todos. E enquanto não tivermos feito de nossos corações de pedra corações de carne. Seremos república de cidadãos quando formos nação de profetas.

O outro Brasil
15/02/2005

Longe dos embates de nossa política nasce outro Brasil. Vir ao encontro dele é a tarefa prioritária da alternativa a construir na sucessão presidencial de 2006.

A acreditar nos termos em que se dá o debate brasileiro, tanto à direita quanto à esquerda, o Brasil é país que se constituiria de elite internacionalizada e de massa miserável. Entre essas duas forças, mal se sustentaria classe média economicamente fragilizada e culturalmente desorientada.

Essa visão desconhece o que de mais importante acontece no país hoje. E ajuda a explicar como as duas coalizões partidárias que dominam a política brasileira – a que governa agora e a que governava antes – entendem sua obra: agradar a elite internacionalizada e seus sócios estrangeiros e atenuar, com as sobras produzidas pelo crescimento que o acerto com os endinheirados possibilitaria, os sofrimentos da massa miserável.

Há, entretanto, classe média emergente e dezenas de milhões de candidatos a ingressar nela. Compõe-se essa classe de trabalhador subindo, não de burguês caindo. Não reconstrói o Brasil estabelecido; para isso lhe faltam os meios de representação política. Constrói Brasil paralelo. Saída da escola pública, estuda à noite em faculdade particular. Esforça-se para abrir empreendimento, para prestar serviço profissional ou para iniciar, de baixo, carreira em grande empresa. Envolve-se em vida associativa. Abraça ideal de autoajuda. Seu projeto de vida é o dos esforçados; sua moral, a de cumprir a promessa dada e exigir a responsabilidade individual. Serve como sustentáculo de muitas das igrejas evangélicas, erigidas por seus fiéis como baluartes contra os desmandos da sociedade em volta.

Em todas nossas grandes cidades há bairros inteiros ocupados por essa classe e moldados a sua imagem. E há centenas de cidades médias dominadas por ela. Proliferam no país microrregiões agrárias em que ela desenvolve lavoura relativamente avançada, de escala familiar. E quando ela não encontra oportunidade suficiente no Brasil – já que esse muito ela tem de fazer com pouco – vai trabalhar no estrangeiro. O quadro crescente de trabalhadores brasileiros nos Estados Unidos, por exemplo, é constituído quase exclusivamente por ela.

Essa classe ainda é pequena minoria no Brasil. Exerce, porém, influência desproporcional a seu tamanho. Isso porque em vez de prestar atenção ao que se diz na política e na mídia, a maioria popular presta atenção ao que se faz nessa classe: sua ambição é pertencer a ela. Excluídos de acesso privilegiado ao poder, aos canais de difusão de ideias, ao crédito, à tecnologia e à alta cultura, os emergentes já comandam o imaginário nacional.

O destino dessa classe não está predeterminada; depende das opções que lhe sejam oferecidas. Desde o século 19 o pior erro da esquerda mundial foi eleger a pequena burguesia como inimiga. Em toda a parte, predomina a aspiração pequeno-burguesa para conseguir modesta prosperidade e independência. A tarefa é fornecer-lhe repertório de instrumentos institucionais mais amplos do que a pequena propriedade tradicional e o egoísmo familiar.

Entre nós essa tarefa é urgente e decisiva. A força que souber dar braços de oportunidade econômica e asas de oportunidade educativa a esse movimento da nação será abraçada pelo povo brasileiro. E transformará o Brasil.

Política e poder

Por que o Brasil ainda não ouve
06/11/2001

O Brasil se aproxima de um daqueles momentos em que um povo pode mudar seu destino. Os dois maiores obstáculos que enfrentamos ao chegar a esse momento são espirituais, não econômicos ou políticos. O primeiro obstáculo é a difusão no Brasil da ideia, importada dos Estados Unidos e da Europa contemporâneos, de que acabou a política das grandes alternativas. O segundo obstáculo é o enfraquecimento do sentimento nacional. Ambas essas orientações proliferam numa intelectualidade vidrada nas modas dos países centrais. Dela se irradiam.

Em vez de sepultar a política das grandes alternativas, precisamos reconstruí-la na forma e no conteúdo. Ela deve versar inovações institucionais que delineiem uma trajetória de mudanças, não rupturas sistêmicas. Em vez de sacrificar o sentimento nacional a um cosmopolitismo fraudulento e servil, temos de reafirmar e de reinterpretar o compromisso com a nação à luz da interdependência entre os povos.

Está pronto o Brasil para isso? Onde o país é mais sério, ele está mais frustrado. Busca saída que coloque soluções no lugar de frustrações.

Os empresários mais sérios sabem que precisam do Estado como parceiro. Mas como ser parceiro do Estado sem ser lobista? Só reorganizando a relação entre o governo e a iniciativa privada. Os políticos mais sérios sofrem com a anarquia partidária. Mas como escapar dela sem construir um regime de partidos fortes? Os trabalhadores, dois terços deles presos na economia informal, querem oportunidades, não caridades. Mas como assegurá-las sem democratizar o acesso à educação de qualidade, às carreiras e ao crédito e sem forjar mecanismos de financiamento interno da nossa economia?

Não é a política leve e açucarada dos marqueteiros que realizará essa obra. É a política exigente da reorganização institucional, animada por uma ideia do Brasil e de seu futuro.

Pode tal política ser praticada com êxito nas condições reais da vida brasileira? É verdade que num país em que só pequena minoria da população tem contato com a palavra escrita, a luta pelo poder e pela mudança se trava na escuridão.

Dou, porém, o testemunho de minha experiência quando, no curso de campanha como pré-candidato a prefeito de São Paulo, discuti os problemas da cidade nos bairros mais pobres. Desprovido dos atributos que me abririam caminho fácil a meus interlocutores, só encontrei, contudo, calor humano, angústia cívica, persistência no debate das alternativas e devoção ao país e a seu engrandecimento.

Se os que estão tentando mudar o rumo da discussão nacional não tiveram até agora êxito maior, o bloqueio só secundariamente resulta da desilusão com a política e do enfraquecimento do sentimento nacional, da estrutura da sociedade e da desinformação do povo. A causa principal da pobreza do que conseguimos está nos nossos defeitos morais. Não nos despojamos o bastante das nossas comodidades e vaidades para sermos ouvidos, com convicção, pelo Brasil. Nossas palavras andam, não voam, porque continuam a ser apenas palavras. Teriam de ser expressões de sacrifício e de amor.

Debate já
30/04/2002

Não é possível reorientar o rumo do país sem saber para onde. Um conservador não precisa ter ideias. Um progressista convencional, que queira apenas humanizar a ordem existente, necessita de poucas ideias fracas. Quem se proponha, porém, a obra transformadora requer muitas ideias fortes. Engajar um movimento no esforço para desdobrá-las. E fazê-las viver na imaginação coletiva.

Até agora, porém, não conseguimos instaurar a discussão programática no Brasil. As elites do dinheiro e do poder tratam propostas nacionais como ramo da propaganda. A massa popular, desinformada e aflita, é obrigada a recorrer à intuição para penetrar o nevoeiro das palavras e das imagens. A classe média, que seria o reduto do debate nacional, ameaça render-se ao desencanto com a política.

Dois episódios da semana passada mostram o tamanho do desafio. O candidato do PT assustou alguns ao falar em alíquotas de até 50% no Imposto de Renda da Pessoa Física. A imprensa festejou. Não se comentou o erro relevante: os endinheirados têm como se proteger do Imposto de Renda, que funciona como tributo sobre o salário da classe média.

Pouco depois, o candidato oficial afirmou ser "delirante" a proposta de Ciro Gomes de fazer com que o peso maior da tributação incida sobre o gasto ou o consumo, em vez de incidir sobre a renda. Sobre essa declaração, que demonstra despreparo ou má-fé, guardou silêncio a imprensa. Na Europa, parte mais igualitária do Primeiro Mundo, a tributação do consumo, na forma do imposto sobre o valor agregado, já virou a fonte principal da receita pública. Não é imposto que permita cobrar mais de quem ganhe ou de quem gaste mais. Gera, porém, muito dinheiro com pouco desincentivo. A justiça social, sacrificada à eficiência econômica no desenho da arrecadação, volta redobrada na hora do gasto público. Importa arrecadar sem prejudicar o crescimento. E investir pesado no social o que se arrecadou.

No Brasil temos de fazer o mesmo, simplificando o regime tributário, desonerando a produção e ampliando a base de contribuintes, graças à regularização da economia informal. O sacrifício, porém, só se justificará se ocorrer no bojo de projeto maior que democratizar o acesso ao emprego, ao crédito, à tecnologia e ao ensino. E se servir como ponto de partida para construir sistema tributário que não se contente em ser justo apenas nas aparências.

A tributação mais severa do consumo de luxo preparará imposto que individualize a tributação do consumo, combatendo a desigualdade radical no padrão de vida. E a tributação efetiva das heranças e das doações familiares ajudará a conter a desigualdade extrema de oportunidades.

O exemplo revela a dimensão do problema. Debate programático sério é debate complicado. Por isso mesmo, quem, com seriedade, propõe alternativa democratizante arrisca ter discurso que só seus adversários entendem. Uma proposta nacional se compõe de temas que, embora técnicos na aparência, são políticos e sociais no fundo. O conjunto dá sentido às partes. Seu cerne não está nas abstrações retóricas nem nos pormenores técnicos. Está na imaginação de uma trajetória composta por inovações sucessivas e combinadas e por alianças sociais e políticas que as sustentem. Trajetória traduzida em palavras simples, em medidas de impacto, em símbolos que ajudem a decifrar propostas e a revelar intenções.

O Brasil precisa do debate programático e não sabe como tê-lo. Qual a solução? A solução é persistir.

A sucessão em São Paulo
04/06/2006

Qualquer paulista que saia pela rua perguntando o que pensam os eleitores dos pré-candidatos a governador de São Paulo encontrará como tônica das respostas a frustração. Como pode nosso maior Estado, o centro da economia brasileira, uma das grandes regiões produtivas do mundo, o lugar a que toda a nação acorreu em busca de oportunidades, agora ameaçado na posse daquilo que sempre lhe foi essencial – condições para trabalhar – ter de escolher seu Governador entre nulidades malogradas e aproveitadores desacreditados? Bloqueado no exercício do dinamismo que lhe define a natureza e culpado pelo Brasil por um modelo econômico do qual tem sido a maior vítima, São Paulo é hoje mais do que nunca o fulcro do problema brasileiro. Precisa de rumo e de agente.

O governo de São Paulo não pode reorientar a economia brasileira. Pode, contudo, conseguir muito com pouco, graças ao efeito combinado de iniciativas em três áreas cruciais: emprego, ensino e segurança. São Paulo, que sempre acreditou na suficiência da ação privada, precisa hoje de ação pública para escapar do imobilismo a que se deixou condenar.

A política de emprego tem de incluir três elementos. O primeiro, intervenção direta e pontual: obras públicas, sobretudo na construção de habitações populares, à base da regularização da posse da terra nos loteamentos irregulares e da parceria com as comunidades, para gerar empregos em regime de emergência. O segundo, incentivo sistêmico: benefício fiscal para as empresas, grandes ou pequenas, que se comprometerem a contratar empregados menos qualificados e a trabalhar com o governo para qualificá-los. O terceiro, parceria capacitadora: associação com o Sebrae e com outras entidades para dar à multidão de empreendedores emergentes, que constituem a principal riqueza da economia paulista, meios para ganhar acesso ao crédito, ao conhecimento, à tecnologia, aos mercados e, pela cooperação entre os produtores, à escala. Se não pode mudar a macroeconomia do país, um governo estadual pode ajudar a reverter expectativas na microeconomia da produção.

A política de ensino deve concentrar-se em objetivo central e viável, da alçada do governo do Estado: a generalização da escola média e a multiplicação de escolas médias públicas que sejam melhores do que as escolas particulares. Retreinar os professores para um ensino capacitador. E ir ao encontro dos alunos mais aplicados ou talentosos, oferecendo-lhes bolsas de sustento integral tanto no ciclo secundário quanto no superior. O resultado, no acalentamento de ambições, seria imediato.

A política de segurança precisa avançar em linhas paralelas: na criação de uma polícia inteligente, apoiada em tecnologia e conhecimento, e na aliança dessa polícia com as comunidades, organizadas e equipadas para vigiar. O crime organizado é desbaratado pela força instruída; o crime desorganizado, pela vigilância associativa.

São Paulo está cheio de homens e de mulheres capazes de liderar processo norteado por essas diretrizes. Só que ou não são políticos ou não são conhecidos. Como tornar alguns desses desconhecidos conhecidos, transformar alguns desses não políticos em políticos e livrar São Paulo de escolher entre os que nada fazem e os que fazem qualquer coisa? Usando o jogo partidário e político para desafiar as regras desse jogo. Alcançando o difícil por meio do surpreendente. Criando, quando menos esperada, a alternativa que falta.

A sucessão refocalizada
17/09/2002

Agora que a campanha eleitoral entra em fase decisiva, ficam claras as três grandes questões em jogo na sucessão presidencial. Cada uma delas aponta para divisão profunda na política brasileira.

A primeira questão é a integridade das instituições republicanas. O desdobramento da campanha confirmou os temores suscitados por seus passos iniciais. Está em curso tentativa de instaurar no Brasil o regime do antigo PRI mexicano. Os aparatos do Estado mais importantes para a lisura das eleições, a começar pela Justiça Eleitoral e pela Polícia Federal, foram convertidos em instrumentos de luta. Nessa luta, usam-se as armas da intimidação e da espionagem. Jornalistas foram contratados, guiados e manipulados em massa. Tudo isso prefigura regime de fachada constitucional, atrás da qual possam os detentores do poder se acertar mais comodamente com os senhores do dinheiro. Seus escribas denunciam como antidemocráticas propostas para desenvolver democracia de alta energia que limite a influência do dinheiro na política, crie regime de partidos políticos fortes e dê ao Congresso e ao Presidente meios para juntos superarem os impasses que surjam entre eles. Nada de apelar ao eleitorado por cima do Congresso e dos partidos. Não é o presidencialismo plebiscitário que se propõe; é a aceleração, institucionalizada, das mudanças e a elevação, institucionalizada, da participação popular.

A segunda questão é a independência do Brasil. Não se afirma com retórica nacionalista. Depende de dois conjuntos de iniciativas. Uma das premissas é mobilizar os recursos do país para diminuir nossa dependência do capital estrangeiro. Para isso, é preciso aumentar a poupança interna e canalizar a poupança de longo prazo para o investimento de longo prazo. A outra premissa é reposicionar o Brasil no mundo. Ou o Brasil fica em prática defensiva de negociações comerciais ou coloca essas negociações no bojo de um projeto audacioso. Um dos elementos de tal projeto é construir relação com os Estados Unidos que subordine o livre comércio nas Américas a mecanismos de diminuição das desigualdades sociais. Outro elemento é liderar a reunião dos outros países continentais periféricos para trabalhar em favor de ordem mundial mais pluralista, livre de hegemonias, de poder ou de ideologia.

A terceira questão é a mudança do modelo econômico. Querer ressuscitar uma política industrial ao estilo da década de 70 e falar em promover as exportações, como se o Brasil tivesse como e o que exportar sem reativar e reorientar sua economia, é senilidade programática. É continuísmo, baseado em confusão intelectual e em rendição a *lobbies*. Nessa campanha, há quem defenda rumo completamente diferente, orientado tanto para a ampliação do acesso ao crédito, à tecnologia e ao conhecimento quanto para o aprofundamento do mercado interno. Aprofundamento que passa pela valorização gradativa do salário real e pelo resgate de mais de metade da população da economia informal, em que, sem carteira de trabalho, continua aprisionada. Democratizar a economia de mercado – não apenas regulá-la ou atenuar suas desigualdades por meio de políticas sociais compensatórias – é a palavra de ordem dessa proposta. Proposta que abrange também o compromisso com a construção de ensino público de qualidade que rejeite a decoreba e privilegie a capacitação conceitual e prática.

Sim ou não? O contraste é claro e o momento é agora.

O dever das oposições
01/10/2002

A eleição de 6 de outubro oferece oportunidade sem precedente para mudar o país, retomando o desenvolvimento com base na redistribuição da renda e na democratização das oportunidades e construindo a independência do Brasil. Não é possível alcançar esse resultado com a eleição do candidato oficial e a continuidade da trama de interesses que se agrupa em torno de sua candidatura. Só é possível atingi-lo com a vitória das oposições. O dever das oposições diante do quadro que se estabeleceu no país é reunir-se tanto quanto possível, ainda que de última hora, para assegurar ao candidato oposicionista liderante os poucos votos que lhe possam faltar para ganhar a eleição em primeiro turno.

Se fosse o Brasil democracia consolidada, se os aparatos do Estado mais responsáveis pela lisura das eleições, a começar pela Justiça Eleitoral e pela Polícia Federal, tivessem guardado isenção, se os magnatas da mídia não estivessem envolvidos em negócios com os detentores do poder, se não houvesse proliferado nessa campanha a falta de escrúpulo com que se distorceram fatos e se destruíram reputações, se os partidos políticos gozassem da confiança popular e pudessem com autoridade apontar ao eleitorado na eleição de segundo turno seus preferidos e se, por fim, existisse, entre o primeiro turno e o segundo, tempo bastante para neutralizar as violências que se preparam para fazer triunfar o continuísmo e para mexicanizar o Brasil a pretexto de não argentinizá-lo, não haveria por que temer a eleição de 27 de outubro. Nenhuma dessas condições, entretanto, vigora. Não lutar hoje para evitar o segundo turno seria irresponsabilidade para com a república.

O movimento para reunir as oposições em torno do candidato do PT, além de ajudar a garantir a decisão eleitoral, antecipa o tipo de governo necessário à execução da obra transformadora: um governo das forças progressistas, com a participação dos empresários, que dialogue com todas as vertentes da sociedade brasileira.

Há vinte anos, polemizo contra as ideias e as práticas do PT. Há uma semana, reafirmei diretamente ao candidato do PT minha convicção de não ser ele, entre os candidatos de oposição, o melhor agente da alternativa. Minha convicção é irrelevante. O veredicto do país está claramente desenhado. Tratemos de fazê-lo executar. Os dois outros candidatos de oposição devem renunciar em favor do candidato do PT. E os partidos que os apoiam devem exigir que renunciem.

Os compromissos pessoais são elemento indispensável de ordem moral na política. Encontram, porém, limite na subordinação de tais compromissos à responsabilidade para com as tarefas e para com o país. Transposto tal limite, amesquinham os indivíduos e corrompem a vida pública.

A ideia da grandeza é o princípio central da política. A grandeza se manifesta na conjugação da audácia com o sacrifício. Fazer política é despojar-se.

A energia desmedida do Brasil é a promessa de seu engrandecimento. Promessa até agora descumprida pela experiência quotidiana da humilhação que sofrem dezenas de milhões de brasileiros. Aproximamo-nos da hora em que poderemos dar combate decisivo a essa perversão de nossa humanidade. Que esse período de engradecimento nacional seja prefigurado por atos de grandeza de parte dos que atuam na vida pública. Se faltarem tais atos, que o povo brasileiro – sereno, confiante, sem medo nem rancor – faça, no dia 6 de outubro, justiça a si mesmo.

Como enfrentar os perigos da transição
15/10/2002

Suponhamos Lula eleito presidente ao final dessa ainda arriscada campanha de segundo turno. O Brasil e seu novo governo enfrentarão a crise de confiança financeira e a má vontade dos Estados Unidos. Entender a relação entre esses dois problemas é condição para conduzir com êxito a transição de poder e de rumo.

Ao enfrentar a crise de confiança, a preocupação prioritária deve ser evitar que a confusão financeira contamine a economia real – o sistema produtivo. Setores importantes da economia brasileira renovaram seus padrões de eficiência. Estão prontos a avançar, tanto para fora do país quanto para dentro dele, se a desorganização da economia monetária não estrangular o ímpeto produtivo.

Duas iniciativas, encaminhadas no início do novo governo, podem ser decisivas para lançar as bases do crescimento e para ganhar a confiança. A primeira iniciativa é simplificação tributária que transforme imposto federal sobre o valor agregado, com participação dos estados, no instrumento principal da arrecadação, como ocorre na maior parte do mundo, e compense o cunho regressivo desse imposto com medidas de justiça tributária. A segunda iniciativa é a imposição de teto único da previdência aos funcionários públicos e aos assalariados privados. Essas medidas melhorarão dramaticamente a situação fiscal do governo. Seu encaminhamento ajudará desde já a restabelecer a confiança.

Nada garante, porém, que bastará. Por isso mesmo, constitui temeridade instituir nesse ambiente a independência do Banco Central. O objeto oculto da contenda sobre essa autonomia é a faculdade de controlar a saída de dinheiro. O novo governo nascerá cerceado no manejo tanto da política fiscal quanto da política monetária. Ter-se-á desarmado se também ceder a um financista, entrincheirado em Banco Central independente, o poder de não responder ao eventual agravamento da crise com controles seletivos sobre nossas divisas e defesas de nossas reservas. Se a crise se agravar, o governo desarmado terá de fazer tudo o que o mercado financeiro e os líderes americanos quiserem.

Surge aí o segundo perigo da transição: a possível hostilidade dos Estados Unidos. Nova política externa brasileira terá de reconciliar duas tarefas: reconstruir a relação com os Estados Unidos sobre bases que ultrapassem a agenda das negociações comerciais e trabalhar com os outros países continentais periféricos em defesa dos nossos interesses comuns.

Antecipou-se para já a dificuldade dessa operação desafiadora e delicada. Começa a se formar no governo e nas elites dos Estados Unidos a convicção de que o futuro governo brasileiro pode ser antiamericano, se não for apenas incompetente. Na iminência ou na sequela da guerra, não se concederá o benefício da dúvida. A mera suspeita de prevalecer a tendência de afrontar os interesses políticos e econômicos dos Estados

Unidos, e de se aproximar de seus inimigos, produzirá acirramento instantâneo, com consequências onerosas para a economia. Para evitar isso, é preciso atuar já, junto aos americanos e aos europeus, explicando, sem rodeios, o que se fará.

O mercado quer no Brasil um Fox, que subordine compromissos sociais à ortodoxia econômica. Os governos do Atlântico Norte querem um Mandela, que mova mundos na oposição, mas que no poder se resigne às desigualdades, do país e do mundo. O Brasil, porém, quer mudança. Para poder mudar, precisa agora precaver-se na transição, usando a inteligência cautelosa a serviço da intenção transformadora.

Os progressistas e o governo do PT
10/12/2002

O novo governo será governo do PT. Relegadas a posição acessória no governo, as outras forças progressistas devem responder generosamente a essa marginalização, apoiando um presidente que carrega as esperanças da nação. O apoio precisa, entretanto, ser consistente com clareza e energia na construção de alternativa eficaz. O contexto em que se dará essa construção é o confronto entre dois caminhos: um, que o governo se arrisca seguir, condenado ao fracasso; o outro, aparentemente mais difícil de executar, indispensável ao desenvolvimento democratizante. Convidados a desempenhar papel de figurantes, os progressistas fora do PT precisam reescrever o roteiro.

Três vertentes formam o primeiro rumo. 1) Primazia dada à conquista da confiança financeira (sem, contudo, conquistá-la): garantir condições, como liberdade irrestrita de movimentação do capital e autonomia do Banco Central, que impeçam qualquer desvio nosso da falsa ortodoxia recomendada pelos países ricos ao resto do mundo. 2) Negociações setoriais ("pactos"), sob a égide do governo, entre os interesses organizados da sociedade brasileira, para acertar o que muda e quem paga. 3) Políticas sociais de compensação, como programas contra a fome, destinadas a atenuar o sofrimento dos mais pobres.

Como essa é trajetória que rejeita a inovação estratégica e a reconstrução institucional, ela se completa com política exterior apequenada:

agarrar-se aos restos do Mercosul para tentar arrancar vantagens dos Estados Unidos.

Se o governo do PT tomar esse caminho, produzirá agravamento da situação econômica e frustração das expectativas populares. A crise recrudescerá. Terá como desfecho rendição definitiva ou reorientação tardia.

Seis diretrizes definem o outro caminho. 1) Manutenção do sacrifício fiscal, não para agradar aos interesses financeiros, mas para se libertar deles. 2) Uso do poder de barganha produzido pelo sacrifício fiscal para pressionar os juros para baixo. 3) Restrição à livre saída do capital brasileiro, imposta como escudo protetor temporário de uma política de crescimento e de reconstrução. 4) Reformas, como participação nos lucros, desoneração da folha salarial e simplificação dos impostos, que aumentem a parcela da renda nacional destinada aos salários e que ajudem a salvar da informalidade dois terços dos trabalhadores. 5) Ruptura das relações incestuosas entre o poder e o dinheiro, começando com o financiamento público das campanhas e com a privatização do resgate de empresas falidas. 6) Choque meritocrático, por meio de políticas que, ao assegurar educação para todos, propiciem também o financiamento amplo das crianças mais talentosas ou aplicadas, sobretudo quando pobres e de cor.

Passa esse segundo rumo por política exterior audaciosa que dê base política a nossas reivindicações comerciais, buscando aliados dentro dos Estados Unidos, da Europa e dos países continentais periféricos. Sem isso e sem êxito em retomar e em reorientar nosso desenvolvimento, integração sul-americana é miragem.

A articulação dessa proposta tende a dividir o PT, mas a unir os progressistas fora do PT. A tarefa destes é evitar que o malogro do primeiro caminho – se o novo governo insistir em trilhá-lo – deixe o país sem opção e prepare a volta dos derrotados na última eleição. Reunir-se para defender o outro rumo é, para os progressistas fora do PT, a melhor maneira de ter futuro. A tarefa dos progressistas é apoiar o novo governo, mas também monitorá-lo, também construir bases para a etapa seguinte, também manter viva a visão de uma alternativa nacional.

Como avaliar o governo Lula
15/04/2003

Avaliar a primeira fase do governo Lula é definir a reorientação do debate nacional de que precisamos. A avaliação precisa ser implacável: não coonestar o fatalismo nem transigir com a descrença. E deve ser magnânima: não atribuir apenas ao governo defeitos que refletem os limites não superados do país.

As maiores virtudes do governo Lula são a honestidade e a prudência. Não convém subestimar o valor do esforço para desfazer o conúbio entre o poder e o dinheiro. Há tempo que o Brasil não tem governo tão livre de bandidos. Duas iniciativas são necessárias para institucionalizar esse avanço: o financiamento público das campanhas eleitorais e o abandono pelo Estado de seu papel de garantidor implícito de qualquer grande negócio. Se o governo não conseguir mudar o Brasil, que pelo menos crie, por meio dessas reformas, condições para que o Brasil possa mudar-se por si mesmo.

A exceção decisiva ao compromisso com a honestidade é o aliciamento da mídia por meio da distribuição das verbas de propaganda oficial. Não é exagero chamar de corruptora e liberticida essa atuação, ainda mais fatal para a imprensa que não a revela do que para o governo que a comete.

A cautela do governo Lula reforçou sua boa-fé. Entendeu a importância de resguardar a estabilidade monetária, o realismo fiscal e a abertura comercial criteriosa. Evitou regressões e aventuras.

O defeito básico do governo Lula é sua mediocridade continuísta, imprópria para país como o potencial e com os problemas do Brasil. De tanto se excederem no "marketing", no entendimento com os empresários e na cooptação das forças políticas, acabaram os novos governantes por não saber o que fazer. O vazio aberto pela falta de projeto foi preenchido pela primazia atribuída à confiança financeira (portanto, à sua agenda de reformas) e ao socorro humanitário.

É opção ruinosa sob dois aspectos. Em primeiro lugar, porque esvazia a democracia e semeia o cinismo: Lula foi eleito para substituir a orientação que se dedica a aperfeiçoar. Em segundo lugar, porque não pode funcionar. É estratégia, com dois desfechos; difícil saber qual o pior. Se a economia mundial acalmar, o Brasil vegetará em crescimento baixo, incapaz de multiplicar empregos e oportunidades no ritmo necessário. Se as economias centrais afundarem em recessão, o Brasil cairá em crise. Não há país grande que tenha conseguido, na história contemporânea, escapar do atraso por meio do rumo que nos indicam como o único realista. Mesmo países pequenos só o fizeram recorrendo a heresias excluídas pela doutrina do bom comportamento a que nos entregamos.

Todo o Brasil é corresponsável, junto com o governo, por esse malogro. Não enriquecemos o debate nacional com a demarcação de alternativas práticas. Os quadros mais preparados da nação foram mentalmente colonizados; os outros não sabem onde começar.

A solução é perseverar. Persistir no pensamento: organizando ideário que ofereça ao país a alternativa produtivista e democratizante que ele continua a buscar. E persistir na política: tentando, mais uma vez, construir a força consistente de centro-esquerda que o PMDB, o PSDB e o PT deixaram, sucessivamente, de ser. Esse é o caminho – estreito e exigente – para derrotar Lula e o PT em 2006 em nome dos compromissos que Lula e o PT dedicam 2003 a violar. Começar tudo de novo? Sim, tudo de novo.

O precipício
13/05/2003

Três conjuntos de fatos, sem conexão aparente, demarcam o abismo em que o governo Lula ameaça cair. E impõem aos inconformados uma grande tarefa.

O primeiro grupo de fatos é o descompasso entre a impressão do estado em que se encontra a economia brasileira e o estado em que ela de fato está. A impressão é de êxito no afastamento de crise de confiança, aplausos mundiais à solidez da política econômica, reversão do déficit das contas externas e consequente prontidão do país para iniciar novo ciclo de crescimento. A realidade é de rendição a um ideário que jamais assegurou crescimento em qualquer país grande na história contemporânea. As políticas monetária e fiscal continuam a conspirar contra o crescimento. Com a valorização do real, o equilíbrio das contas externas depende cada vez mais da estagnação interna. Não há o menor sinal de medidas que troquem as ilusões do fiscalismo e do mercantilismo pela mobilização da poupança de longo prazo para o investimento de longo prazo, pela valorização sustentável dos salários, pela democratização do acesso aos instrumentos do trabalho e da produção e pela multiplicação de exemplos de excelência no ensino público. Agradando aos mercados e ajudando a calar os trabalhadores, o suposto progressista no poder consegue ser aceito pelos que mandam no mundo. Nunca, porém, esse estratagema de confusão e de medo traz desenvolvimento ou justiça. Sempre acaba mal.

A segunda série de fatos é o esvaziamento das instituições e das práticas republicanas em proveito da hegemonia política. Já frágeis, os partidos da "base aliada" foram humilhados e reduzidos a linhas-auxiliares, com filiações e desfiliações estimuladas pelo Palácio. A mídia, em grande parte quebrada, vem sendo aliciada por um governo que parece determinado a tirar o máximo proveito da dependência econômica dela; basta ligar a televisão para ver. Os *lobbies* e as corporações são contemplados ou punidos de acordo com o mesmo cálculo de intimidação e de cooptação. E tudo isso encontra pretexto na pretensa necessidade de reconciliar com os interesses endinheirados o poder político dos ex-militantes de esquerda.

A terceira soma de fatos é a mais obscura e a mais perturbadora. Nada indica que o primeiro escalão do governo se aproveite pessoalmente da relação com a plutocracia. Mas se a obsessão com a hegemonia enfraquecer o respeito pelos limites morais e legais? Se grandes empresários forem convocados ao Palácio para que se lhes peçam contribuições destinadas a saldar dívidas de campanha do PT e de partidos aliados? Se abrirem as portas para negócios do interesse de contribuintes à campanha passada? A víbora envenenaria o governo antes mesmo de amadurecerem os frutos amargos da política econômica de rendição. Tudo isso se evitaria com o financiamento público das campanhas eleitorais. Carente desse remédio, a República precisa de cidadãos que a socorram, armados da primeira virtude cívica, que é a coragem.

O país, paciente, continua, em sua maioria decisiva, a apoiar o governo Lula. Todos nós que nos decidimos a resistir não devemos confundir nossa causa com qualquer sectarismo de esquerda. Não sabemos hoje onde começar ou com que instrumentos. Não podemos prever se, ao final, seremos acompanhados por cinquenta brasileiros ou por cinquenta milhões. Tanto maior, imerecidamente maior, a sorte daqueles que iniciarem a luta agora.

Raízes da rendição
08/07/2003

A primeira raiz da rendição do governo Lula é a confusão de flagelação do país com prudência econômica. O governo se sentiu forçado a responder com política recessiva aos constrangimentos que pesam sobre a economia e sobre o Estado brasileiro. Quando sobra dinheiro fácil no mundo, qualquer diretriz econômica parece boa. O teste vem na hora do aperto. Há sempre a mesma escolha severa: forjar resposta criadora e arrojada ou entregar-se a políticas que resguardam a confiança financeira na esperança de restabelecer condições propícias ao investimento. Um país como o nosso pode não ter êxito ao responder ao sumiço do capital com estratégia inovadora de desenvolvimento. Ao evitar, porém, esse risco, privilegiando a busca da confiança, condena-se ao malogro. Só lhe resta esperar a retomada do crescimento nas economias centrais para tentar beneficiar-se, de longe, das irradiações do êxito alheio.

A segunda raiz da rendição é o silêncio das ideias. O espaço de alternativa consequente à política recessiva vem sendo ocupada, na discussão brasileira, por mercantilismo superficial e irrealista. A proposta mercantilista é mobilizar o país para exportar, gerando excedentes que nos libertariam do constrangimento externo. A realidade é que exportação só vem com produção. É consequência, não preliminar. Quatro condições são necessárias para iniciar crescimento includente e duradouro: o abandono de política macroeconômica que sacrifica a economia real à confiança financeira, a valorização sustentável do salário, a democratização do acesso às capacitações para trabalhar e para produzir e a construção de ensino público de qualidade como primeira prioridade do Estado. Ao que se deve acrescentar: experimentalismo, despido de preconceito, sobre maneiras de combinar iniciativa pública com empreendimento privado no deslanchar de novos investimentos.

A terceira raiz da rendição é a perversão das práticas. Aparentemente poderoso, o governo se considera posicionado precariamente em país ainda controlado por plutocracia bem relacionada no mundo. O núcleo do PT identifica na consolidação de sua hegemonia política o pressuposto para o salvamento do Brasil. Daí para as inversões conceituais e morais é só um passo: superar o fiscalismo por meio do fiscalismo e o fisiologismo por meio do fisiologismo acaba por ser ao mesmo tempo o objetivo e o método. Tudo justificado pelo imperativo de manter o poder.

A quarta raiz da rendição é a perversão das pessoas. Viciam-se o Presidente e seus colaboradores em forma corruptora de gozo. A história do boné exemplifica o que ocorre com todas as políticas públicas. Lula põe o boné do MST para poder não fazer a reforma agrária – gestos em troca de realizações. Como amigo dos pobres que sabe calá-los, faz-se indispensável aos endinheirados. Nada melhor, refletirá o homem mediano sensual, impressionado com as seduções e com as bajulações do mundo e descrente das abstrações do pensamento, para poder continuar a divertir-se por muito tempo, com os seus, nos palácios e nas viagens.

Para começar a organizar a luta contra os interesses avassaladores que, dentro e fora do país, sustentam todo esse desvio e se aproveitam dele, não basta ter clareza nas ideias e constância nas ações. É preciso deixar-se arrebatar pela força invencível.

Oposição
25/11/2003

A política brasileira está sendo organizada para negar ao país uma oposição capaz de oferecer a alternativa democratizante, produtivista e moralizadora que o eleitorado tentou obter na eleição de 2002. Surgem duas oposições incapazes de desempenhar esse papel.

A primeira oposição incapaz é o PSDB. Não pode ser oposição porque já está no poder em tudo menos na identidade dos que ocupam cargos de governo. Apesar do afã de ambos os lados para emprestar credibilidade ao embate entre o PSDB e o PT, não há como esconder que o projeto tucano-petista é um só. A diferença é que o PT no poder representa a versão fossilizada e medrosa da causa comum. Por isso mesmo, radicaliza na primazia dada à confiança financeira, na orientação meramente compensatória da política social e na complacência com acertos entre plutocratas e governantes. Acertos articulados por negocistas que atuam dentro e fora dos fundos de pensão e dos bancos públicos. A semelhança psicológica entre o atual presidente e seu antecessor – ambos descrentes, charmosos, mundanos e desfrutáveis – realça a irmandade dos dois governos.

A segunda oposição incapaz é a esquerda do PT. Tem proposta estreita e sectária que reflete os interesses e as ideias da base histórica que o PT no poder abandonou. Nada mais cômodo para o governo do que reivindicar contra essa esquerda o realismo e a moderação. E continuar trocando homenagens com o PSDB, ansioso para representar a ponta avançada da estratégia comum.

Hoje a tarefa prioritária na política brasileira é preparar oposição ampla que ponha no centro do debate nacional a democratização das oportunidades de trabalho e de ensino e o rompimento dos vínculos entre os poderosos e os endinheirados. A obra dessa oposição é capacitar os brasileiros que não têm padrinhos, lhes instrumentalizando a energia. Não pode ser preconceituosa ou excludente; precisa reunir todas as forças inconformadas com políticas e práticas que nos renderam mistura venenosa de estagnação econômica, corrupção política e submissão nacional. E tem de enfrentar com coragem e clareza o tema tabu da política brasileira: o lugar de São Paulo na federação.

Aos olhos do país, o projeto tucano-petista – de modernização sem imaginação e sem insubordinação – é o projeto de São Paulo, idealizado e executado por paulistas sob a égide de ideias, urdidas em São Paulo, que desdenham como populista ou oligárquica a política que se faz fora de São Paulo. Paradoxalmente, a maior vítima desse projeto tem sido São Paulo, atacado não só em seus interesses materiais, mas também em seus valores característicos – os valores dos esforçados. E atormentado pela ascensão dos malandros políticos e empresariais que deitam e rolam no ambiente instaurado pelo esquema tucano-petista. Que a rebelião contra o modelo pseudopaulista se inicie e se aguce em São Paulo, reconciliando São Paulo com o Brasil.

Agora é o momento de reunir forças sociais e de firmar diretrizes programáticas. Só depois virá a hora para tratar com os partidos. Faltam lideranças conhecidas em todo o país que encarnem a alternativa necessária; elas se revelarão no curso da luta. O projeto tucano-petista acabará por ser repudiado porque ofende e sufoca uma nação que quer decência e venera vitalidade.

Organizando uma surpresa
08/06/2004

Como se organiza eleição presidencial no Brasil? As forças políticas recrutam em suas fileiras um membro da reduzida lista de políticos conhecidos em todo o país. O candidato adota alguma variante do discurso quase único: responsabilidade econômica com consciência social, social-democracia adaptada às condições existentes abaixo do equador. Finge ser espécie de Juscelino mais comprometido tanto com a justiça social quanto com a austeridade fiscal do que foi aquele suposto modelo. Coloca-se em mãos de marqueteiros que enfeitam suas promessas de mudança sem aventuras. Longe das câmaras, reúne-se com os grandes financiadores da campanha, entre os quais primavam antigamente os empreiteiros e primam agora os banqueiros e os magnatas da mídia. A preocupação é conquistar a confiança da massa popular sem causar sobressalto para a plutocracia. Os doadores dividem seus investimentos entre todos os candidatos principais, por um critério que tem a ver mais com o cálculo de probabilidades do que a lógica das afinidades. Ao eleitorado sobra penetrar, por exercício de intuição, a neblina dos enganos.

As premissas desse jogo são as seguintes. A primeira é que os partidos são fracos, embora o Congresso seja forte. Seguem o norte do poder e, durante campanhas eleitorais, os movimentos da opinião. A segunda é que candidatos presidenciais devem pertencer ao elenco de políticos já nacionalmente conhecidos. Quando, por exemplo, se diz faltarem nomes para contestar a pseudopolarização entre o PT e o PSDB o que se quer dizer é que falta quem nessa lista possa, com credibilidade, representar alternativa. A terceira é que os que integram a lista ou não querem ver grandes mudanças realizadas no país ou não têm suficiente clareza a respeito de seu conteúdo para resistir aos envolvimentos a que fica sujeito qualquer candidato presidencial que comece a subir. A quarta é que se surgirem, de fora da lista, nomes e forças que sirvam ao desejo de reorientar o rumo do país e consigam comover os eleitores, os partidos vêm atrás, em número bastante para viabilizar candidatura competitiva. Despido de preconceitos, o eleitorado busca saída. Difícil – difícil, porém possível – é romper o círculo vicioso do desconhecimento, sobretudo quando a mídia está cerceada pelo efeito duplo da dependência financeira e da desilusão política.

Nada disso difere muito de situações comuns nas democracias ricas do Atlântico Norte. A diferença é que elas não estão no chão e nós estamos. E com essa agravante: que dadas a capacidade do povo de sobreviver, embora com sofrimento, na informalidade e a capacidade da economia de compensar a falta de mercado interno com a abertura de mercados externos, a crise ainda não é grande bastante para forçar reorientação. O castigo é a mediocridade perpétua.

O país não quer escolher em 2006 entre o presidente atual e o anterior – entre duas correntes de opinião que se reuniram para lhe frustrar, em nome de rendições travestidas de necessidades, a vontade repetidamente manifestada. Tratemos de ir ao encontro da nação, reunindo forças e construindo nomes. Antes de ser político e partidário, esse impulso é moral e intelectual: tem de começar nos espíritos de alguns indivíduos que reconheçam oportunidades onde outros só identifiquem constrangimentos. A solução, portanto, está naquilo que as regras do jogo não contemplam, mas não podem evitar: o diálogo entre o acaso e a grandeza.

Momento e missão
05/10/2004

Propaga-se interpretação enganosa do momento atual. Essa abordagem está sediada em São Paulo. Ela é produto de convergência entre atitudes correntes no mundo e circunstâncias brasileiras.

O Brasil, segundo essa maneira de encarar a situação, amadurece. Descarta os devaneios da juventude: o sonho de caminhos diferentes. A realidade chegou na forma dos mercados e da globalização. Nada de caciquismo ou de aventuras. Dois partidos –o PSDB e o PT – organizaram-se, profissional e intelectualmente, como representantes desse realismo modernizante. Com o abandono pelo PT da pretensão confusa de oferecer alternativa, estreitaram-se as opções. O pleito municipal de agora marca uma etapa desse clareamento, polarizando o voto nas grandes cidades entre os dois partidos da modernidade desiludida.

Essa visão é plausível. Como muitas coisas plausíveis, é, porém, falsa. Há duas objeções elementares.

A primeira objeção é que, embora essa leitura dos fatos seja proposta em nome do realismo, o projeto abraçado tanto pelo PSDB quanto pelo neo-PT não funciona. Ou funciona muito mal. Dá ao país crescimento medíocre, bem inferior ao dos outros países continentais em desenvolvimento, e avanço medíocre na solução de seus problemas sociais. Está marcada em sua testa um estigma que o marca para morrer: a queda lenta e constante da renda popular. Que realistas são esses que não conseguem recolher as lições da realidade?

A segunda objeção é que confunde fenômeno de superfície com constrangimento profundo. O PSDB foi o centro da coalização que governou o país por oito anos. O PT palaciano é o centro da coalização que o governa agora. As forças governantes de ontem e de hoje atraíram hordas de políticos e, com elas, o tempo oficial de televisão. Institucionalizou-se a troca de favores públicos por dinheiro privado, regime que já existia, desorganizadamente, sob o governo anterior: por cada grande negócio realizado no país que dependa direta ou indiretamente de aprovação oficial, cobra-se dos empresários uma contribuição partidária. Com tudo isso, tornou-se ainda mais difícil levar alternativas, de nome e de mensagem, ao conhecimento do eleitorado. Este, porém, dá repetidas demonstrações de que se interessa por outro rumo e por outros agentes. Só não pode escolher quem não aparece.

Por um paradoxo feliz, a eleição presidencial é no Brasil a menos controlada pelo jogo do poder e do dinheiro. É ali que há a melhor oportunidade para afrouxar a corda com que os pseudorrealistas estrangulam, aos poucos, a vitalidade brasileira. Como? Juntando os elementos mais sérios da oposição. Lançando candidatura presidencial que evite extremismos e sectarismos, mas que seja inequívoca e intransigente na determinação de dar primazia aos interesses do trabalho e da produção e de acabar com a corrupção da política pelo dinheiro. Causando, desse jeito, susto e esperança, que acabarão por agregar apoios, primeiro da sociedade e depois de outros partidos. Quando começar a transparecer que temos como traduzir a ideia de uma alternativa produtivista, educadora e democratizante em projeto de poder, tudo mudará, de repente, na política brasileira.

Classe média e futuro nacional
16/11/2004

Quem sinaliza no Brasil o rumo que o país tomará é a classe média. Todas as renovações brasileiras ocorreram quando a classe média se desgarrou da plutocracia neocolonial e passou a propugnar, em nome de todos, outra ideia do futuro da nação. Assim foi com o abolicionismo e a república no século 19 e com os movimentos democratizantes e desenvolvimentistas no século 20. Tais momentos de insubordinação ocorreram quando a classe média viu seu avanço bloqueado não apenas pela frustração de seus interesses econômicos, mas também pela negação de seus interesses morais. Ela sempre quis escapar das humilhações de uma sociedade carente de direito e de respeito.

A primazia da classe média como sinalizadora do futuro só fez aumentar no Brasil de nossos dias. Isso porque ao lado da classe média tradicional surgiu classe média de emergentes, feita na base do estudo à noite, da cultura de autoajuda e do empreendimento teimoso, sem crédito nem favor. E grande parte da massa de trabalhadores vê nesses emergentes seu arauto e seu modelo.

Diz-se que a classe média abandona a coalizão que governa hoje. É verdade. Diz-se também que reflui para a coalizão que governava antes. Só será verdade, por processo de exclusão e de desesperança, se não surgir força alternativa que encarne com mais autenticidade o que querem a classe média e a massa de candidatos a emergentes.

Sejamos claros por que razão a classe média tende a abandonar o PT e seus aliados, ainda que continue a reconhecer exemplos isolados de competência no petismo. A política do governo atual se resume a assegurar confiança financeira e a prometer – sem cumprir – assistencialismo social. É política para rentistas e – se fossem cumpridas as promessas – para famintos. Não para produtores e para trabalhadores. Não para a classe média, antiga ou emergente, com que grande parte da nação se identifica. Não se trata de defeito que se possa sanar com iniciativas tiradas de bolso de marqueteiro. Exige reorientação da política econômica. E requer uma política social que liberte a classe média do pesadelo da mensalidade escolar e do plano privado de saúde, construindo escola pública e saúde pública de qualidade. O sacrifício das práticas republicanas ao bonarpartismo negocista completa o quadro de afronta à classe média. Um projeto de poder desse tipo no Brasil pode sustentar-se por anos. Pode até conseguir reeleição. Está, porém, marcado para morrer. Ninguém governa o Brasil por muito tempo apoiado em aliança entre os bancos e os grotões.

Por que, diante dessa desilusão, se voltaria a classe média para uma força política – como a do PSDB e de seus aliados – que, em seus oito anos de poder central recente, fizeram o mesmo, embora, às vezes, com menor radicalismo e maior habilidade? Pode até resignar-se a isso, mas só por falta de opção, se identificar no rodízio entre os dois agrupamentos rivais e paralelos um mal menor.

A moral da história é claríssima. O caminho da classe média e, portanto, do Brasil depende do surgimento de forças, de agentes e de propostas capazes de oferecer a alternativa genuína que a falsa rivalidade das duas coalizões partidárias dominantes sonega ao país. É a essa tarefa – difícil, exigente, indispensável, apaixonante, engrandecedora – que devemos agora nos dedicar.

Para além da corrupção
31/05/2005

O Brasil é hoje um país cheio de energia, mas sem governo sério ou estratégia consequente. A anti-estratégia compartilhada pelo governo atual e pelo governo anterior resume-se a inspirar confiança aos mercados financeiros, mesmo à custa de estrangular nossa produção e de empobrecer nosso trabalhador. No auge de ciclo de liquidez na economia mundial, essa não estratégia rende estagnação. Quando o ciclo apontar para baixo, ela renderá retrocesso e ruína.

Há vazio crescente na política brasileira, de ideias e de pessoas. Escândalos preenchem esse vazio. Se essa experiência desmoralizadora for corretamente entendida, pode fortalecer-nos no cumprimento da tarefa maior de oferecer alternativa ao país. Para que tenha essa utilidade, porém, precisa ser interpretada à luz de três constatações.

A primeira constatação é que a corrupção mora no centro, não na periferia, de nosso sistema político. A imprensa e o Congresso ocupam-se com o negocismo corriqueiro facilitado pela partilha política de cargos públicos. É variante miúda de algo mais básico e mais grave: governantes achacam grandes empresários e grandes empresários compram governantes. Todos os maiores negócios realizados no país dependem do beneplácito do governo. Ora sob o disfarce do interesse público, ora sem ele, o governo exige contribuições partidárias para deixar que tais negócios se consumam. Os grandes empresários pagam, reclamando, à boca pequena, de estarem sendo achacados. Enganam-se: a metade deles quebraria sob regime de concorrência aberta e de direito para valer: a metade cujo talento se resume a comprar e a vender consciências e a usar acessos e informações privilegiados. Não são empreendedores; são agenciadores. Foi assim no governo anterior. É assim, mais ainda, no governo atual.

A segunda constatação é que a causa imediata dessa putrefação está no financiamento eleitoral. Se caso se assegurasse o financiamento público das campanhas eleitorais e se obrigasse todo candidato a falar na televisão diante de fundo branco, sem truque milionário de marqueteiro, a política brasileira não se transformaria, de noite para o dia, em limpa. Contaria, contudo, com antídoto de emergência contraveneno que paralisa nossa democracia. Tanto o governo atual quanto o governo anterior elegeram-se prometendo reformar o financiamento eleitoral. Foi uma das primeiras promessas que ambos traíram. Enfraqueceram-se porque se acomodaram à corrupção sistêmica, tentando aproveitá-la como instrumento de poder.

A terceira constatação é que, suprimida a causa mais premente da corrupção, o critério para reorganizar nossa vida pública é criar uma democracia mais mudancista e experimentalista do que aquelas que existem no Atlântico Norte, democracia própria para um povo como o nosso que tem tudo por fazer. Não uma democracia fria e arrumadinha, pautada pelo tipo de "reforma política", boa para a Dinamarca, que se discute entre nós. Isso, porém, já não é preliminar; é incidente e consequência da luta para reorientar o rumo do país. Para avançar, não precisamos reordenar, antes, toda a vida política da nação. Só precisamos acender as luzes, revelar as dimensões da podridão e preencher o vazio que avança sobre o Brasil não com moralismo estéril, mas com alternativa factível, inteligência clara e vontade forte.

Fugindo do que importa
09/08/2005

Que rumo deve tomar o Brasil? Como aproveitar a sucessão presidencial de 2006 para tomá-lo? É isso o que importa. Em vez de obter respostas a essas perguntas, assistimos a um desfile das ilusões dos últimos trinta anos: construir consenso político para blindar a economia, fazer reforma política antes de discutir a direção do país e convocar assembleia constituinte para apressar blindagens e reformas. Cada uma dessas ideias representa a vitória do medo conservador sobre a inteligência transformadora.

O problema do Brasil não é falta de consenso; é falta de dissenso. O país precisa mudar de rumo. Quer mudar de rumo. Resiste à tentativa de intimidá-lo com o refrão incessante dos inimigos da mudança: qualquer alternativa seria aventura irresponsável, destinada a acabar em caos. Mas não sabe precisar a alternativa. Só a definirá quando pensamento e ação se juntarem em meio à luta pelo poder.

A ameaça que paira sobre a economia brasileira não é que o modelo econômico atual se fragilize; é que ele persista. Foi ele que deixou 60% dos trabalhadores brasileiros condenados à informalidade; gerou queda continuada da participação dos salários na renda nacional; tornou o aviltamento salarial a âncora da estabilidade monetária; perverteu aumento das exportações em compensação pelo estreitamento do mercado interno e transformou um dos países grandes que, por cem anos, mais cresciam no mundo num dos que menos crescem. E é ele hoje que faria do Brasil a primeira vítima de qualquer turbulência na economia mundial.

Temos de mudar nossas instituições políticas. As nações, entretanto, refazem suas instituições políticas no curso de luta para mudar de trajetória, não antes de saber para onde querem ir. As propostas de reforma política em evidência no Brasil reduzem-se a chavões que refletem a mania de copiar outros países, com cópias mal pensadas e malfeitas. A ideia-força que as dirige é a intenção velada de instituir o regime parlamentar, cuja adoção precoce, representaria, como o povo intuiu, tentativa de confisco do que nos resta de soberania popular, em favor da concentração do poder em partidos acertados com endinheirados. A única reforma política urgente é a do financiamento eleitoral.

Se assembleia constituinte for para legislar a agenda de falsas reformas que os quadros dirigentes do país abraçam, porque precisam dela? Eles já gozam de maioria no Congresso. Se for para criar outra agenda de reformas, constituinte é inútil. Não se geram tais alternativas em assembleias; geram-se em disputas pela conquista do poder e pela reorientação do país. Como se animam os defensores de constituinte a oferecer mais uma dose do mesmo remédio inócuo que vinte anos atrás apresentaram como cura de todos nossos males e que agora reciclam como antídoto contra o veneno que eles mesmos atribuem à dose anterior?

Fora com todos esses enganos: alguns, bem-intencionados; outros, filhos do casamento entre o instinto reacionário e a ignorância emplumada. A nação quer descobrir como fazer prevalecer os interesses do trabalho e da produção e a eles subordinar os interesses financeiros, como capacitar os brasileiros melhorando a qualidade do ensino público e como romper os arranjos entre o poder e o dinheiro. Quer encontrar líderes que, ao tomarem posse em janeiro de 2007, não se deixem cooptar pelas forças contra as quais se terão insurgido. Miremos na tarefa. Aproxima-se a oportunidade para cumpri-la.

Com que forças podemos contar?
18/10/2005

Com que forças podemos contar os que queremos ver o país salvo, na próxima sucessão presidencial, da falsa alternância entre petistas e tucanos?

Quem define escolha de presidente no Brasil é o povão. Em eleição presidencial, o povão tenta penetrar a neblina das enganações e perceber quem é quem. Na falta de alternativa real, guia-se pela lógica do mal menor. Muito teria ainda de acontecer – a título de comprometimento do presidente nos escândalos e de revés econômico – antes que o eleitorado popular viesse a preferir um tucano que se apresente com o discurso careta do "choque de gestão" a um ex-operário que distribui ajuda a pobres ao mesmo tempo que distribui juros a endinheirados.

O povão, porém, não está contente. E não hesita em correr riscos na busca, penosa e frustrada, de uma saída. No exercício desse esforço, procura informação e referência nas duas classes médias do país: a tradicional e a dos emergentes e, sobretudo, nas minorias mais informadas, organizadas e atuantes de cada uma delas. Muitos nessas duas classes médias estão hoje despolitizados pelo desalento. Alguns, porém, já passaram do nojo para a inconformidade e da inconformidade para a militância.

Há, na classe média tradicional, uma minoria com imensa influência: a do aparato de segurança do Estado – juízes, procuradores, promotores, policiais federais e oficiais das Forças Armadas. Pequena parte dessa minoria se deixou corromper. O resto, íntegro e exasperado, insiste em juntar a afirmação do princípio republicano – a defesa de um Estado que não atue a serviço de interesses privados – com a construção de outro rumo nacional. Rumo que ponha o país para trabalhar, subordinando os interesses financeiros aos interesses do trabalho e da produção, e que capacite os brasileiros, efetivando uma revolução no ensino público. Em torno desse grupo central está o círculo concêntrico maior dos funcionários públicos e do professorado, também inconformados com o ataque que os governos tucano e petista desferiram contra o Estado e contra a universalidade de sua prestação social.

Há, na nova classe média – a dos emergentes –, uma minoria com influência potencial até maior: a dos movimentos sindicais que surgem fora das centrais estabelecidas, a dos movimentos religiosos, evangélicos ou católicos, que querem politizar seus filiados e resguardá-los do egoísmo familiar e a dos clubes e associações que formam o ambiente desconhecido em que se constrói nova cultura popular brasileira de autoajuda, iniciativa e cooperação.

Essas duas minorias, com papel de liderança em uma de nossas duas classes médias, não compartilham o cinismo comodista dos que desesperam da política. Não aceitam que o país tenha de optar entre duas vertentes do mesmo projeto antirrepublicano, antinacional, antiprodutivista, antitrabalhista e anticapacitador. E se dispõem a lutar para que o Brasil tenha, já, uma alternativa de projeto e de poder.

Aí estão as bases sobre as quais temos de construir. Aí está o caminho para dar à maioria popular o sinal que ela procura. Aí está a condição para providenciar em 2006 uma surpresa libertadora.

A obra do próximo presidente
14/02/2006

Esses meses aparentemente frustrantes e perdidos revelaram duas verdades preciosas. A primeira verdade é que já há base para amplo consenso em torno da obra que o futuro presidente precisa executar. Dele se exige que lidere mudança de rumo, de conteúdo definido, que nos resgate de uma mediocridade duradoura, ruinosa e desnecessária. A segunda verdade é que o descompasso entre partidos políticos e compromissos programáticos chegou a tal ponto que se tornou impossível distinguir quem possa ou deva ser o agente da mudança indispensável. Pode ser qualquer um, ou ninguém, qualquer partido ou nenhum, independentemente dos rótulos que hoje ostentam.

É muito claro o que o novo governo tem de fazer para que o Brasil se possa levantar. 1. Usar a persistência no sacrifício fiscal, a força de pressão do governo e a falta de opção dos rentistas para forçar baixa dramática do juro, sem romper nenhum contrato. 2. Acelerar, por iniciativas pontuais no mercado, a desvalorização cambial que esse rebaixamento do juro provocará. 3. Cercar os meses iniciais de tensionamento com controles mais fortes sobre as entradas e saídas de dinheiro, deixando, entretanto, claro que, superadas as dificuldades iniciais, o objetivo é caminhar em direção a uma moeda conversível – liberdade para o dinheiro ir e vir. 4. Eleger como a reforma tributária mais urgente a supressão de todos os encargos e impostos sobre a folha de salários, pagos os direitos trabalhistas com os impostos gerais, para golpear a informalidade a que continuam condenados 60 % de nossos trabalhadores. 5. Usar os órgãos paraestatais existentes, e criar outros, para adaptar e transferir tecnologias e práticas avançadas à multidão empreendedora que surge de baixo, proporcionado-lhes, com isso, meios para dar enorme salto de eficiência, inovação e produtividade. 6. Organizar investimento público e privado em fomento de energia de base hídrica e biológica, usando esse projeto energético para ocupar e soerguer a Amazônia brasileira. 7. Definir como prioridade da política social a melhora da qualidade do ensino público: a começar, pela universalização do segundo ciclo; pela construção de sistema de transferências, de recursos e de quadros, que assegure mínimos de investimento por aluno e de desempenho por escola em todo o país; pela formação dos instrumentos humanos e materiais de um ensino analítico e capacitador e pela multiplicação de oportunidades e de apoios extraordinários em favor dos alunos pobres mais talentosos e esforçados. 8. Acabar com as práticas, de financiamento eleitoral e de entendimento sorrateiro, por meio das quais endinheirados compram governantes e governantes achacam endinheirados.

Esse projeto não é revolucionário, nem sequer de esquerda. Mas é aquilo de que o Brasil precisa agora. Quem pode torná-lo realidade? Qualquer um, desde que tenha suficientes clareza e coragem. Maioria esmagadora de brasileiros o apoiaria. Dizer, porém, que pode ser qualquer um é a mesma coisa que dizer que nenhum dos visíveis é hoje o agente natural e inconteste dessa reorientação do caminho brasileiro. Precisamos de partido, sim. Dentro da anarquia programática e partidária a chegamos, contudo, os instrumentos partidários dessa obra terão de ser a consequência, não a condição, da luta pela mudança de rumo. É um convite à mais absoluta falta de preconceito e à mais inquebrantável determinação.

Voz ainda inaudível
06/07/2004

Recebo de toda a parte a mesma indagação angustiada. Quem devemos apoiar?, perguntam-me os inconformados com nossa estratégia nacional malograda. Ainda que acreditem na viabilidade de outro rumo, não vislumbram quem possam ser seus agentes em nossa política. Hoje no Brasil, esses inconformados não são milhares; são milhões. E milhões capazes de representar a alavanca de uma reviravolta.

Não se ouve, entretanto, a voz deles. Duas outras vozes dominam a discussão.

A primeira voz se identifica com o ideário que está há muitos anos no poder. Vê o governo do PT como caudatário, embora mais inepto e envergonhado, do único caminho possível: o de aceitar a disciplina da globalização, adaptando ao Brasil as mesmas instituições que deram certo nos países ricos, preparando um Estado mais enxuto e menos gastador, fortalecendo as "redes de proteção social" que resgatariam os que penam na miséria e resolvendo os problemas de infraestrutura e de formação de capital humano que estrangulam nosso desenvolvimento.

A segunda voz prima pela superioridade irônica. Atribui a semelhança de ideias e de práticas entre os governos de FHC e de Lula à pobreza inescapável da política contemporânea e às limitações intrínsecas do Brasil. Se esbanja ceticismo a respeito da trajetória atual, também descarta como fantasiosas as supostas saídas. E apresenta sua própria desesperança como título de sagacidade desiludida. Propõe-se a monitorar os desmandos das duas coalizões que comandam a política brasileira e a reconhecer exemplos isolados de competência e de honestidade. O país se desenvolveria aos trancos e barrancos graças à combinação da energia persistente que vem de baixo com a capacidade ocasional que vem de cima. Esperar mais do que isso seria, de acordo com esses desenganados, devaneio perigoso.

Há, porém, uma terceira voz. É a voz dos muitos que levam a sério a pregação em favor de um modelo de desenvolvimento baseado na mobilização forçada dos recursos nacionais, na democratização das oportunidades de trabalho e de ensino e na quebra dos vínculos entre o poder e dinheiro. Esses brasileiros acreditam, sim, que existe alternativa à política vigente. E constatam que todos os outros países grandes de renda média estão engajados na construção de tais alternativas. Por isso mesmo, pensam, essas outras economias crescem no sol e na chuva enquanto nós só crescemos quando o dinheiro fácil rola pelo mundo e quando nosso agronegócio se depara com novos mercados. Se acreditam, porém, haver outro rumo, não identificam quem o possa com credibilidade representar. Essa falta de agente confiável é hoje o bloqueio da política brasileira. E essa a origem da perplexidade que toma conta dos mais sérios e dos mais esperançosos.

E a solução? Persistir na crítica, na proposta, no recrutamento de quadros, na organização de forças. Essa voz ainda inaudível acabará por se fazer ouvir porque é ela que tem mensagem e autoridade. À medida que se fizer ouvir, encontrará, mesmo entre os partidos políticos existentes, os instrumentos de que precisa para disputar o poder. Ninguém pode saber se esse processo será rápido ou lento – se demorará dois anos ou vinte. Exige o recurso que mais nos costuma faltar: fidelidade a uma tarefa de longo prazo. Entretanto e apesar de tudo, essa luta já começou. Dela, só dela, podemos esperar o soerguimento do Brasil.

O modelo de desenvolvimento e sua reconstrução

Hora de dizer não
23/03/2004

Quando, há mais de duas décadas, o Brasil ingressou no rumo empobrecedor que vem trilhando, a nação tinha, entre os maiores países em desenvolvimento, companheiros nessa trajetória. Agora não tem nenhum. O país teima sozinho em caminho que os outros já rejeitaram com maior ou menor clareza. De todos eles, é hoje o que menos cresce.

O que temos pela frente? Recuperação medíocre, porque limitada por falta de renda e excesso de juro, e precária, porque sujeita a ser interrompida por qualquer choque externo. Um Estado que parou de investir para honrar sua dívida só consegue pagar metade do serviço dela. Caímos sob o domínio de ideia que esses anos de estagnação e conformismo já provaram falsa: que agrados sucessivos aos mercados financeiros – na condução das políticas monetária e fiscal e na definição da agenda de reformas – propiciam investimentos e empregos. A primazia dada à confiança financeira ajudou a levar o Brasil à breca.

Enquanto isso, o país se pergunta quantos escândalos ainda estão por transparecer, por conta de acertos político-empresariais negociados num ambiente em que se confundem hegemonismo, dirigismo e fisiologismo. Falta pouco para que o presidente – cada vez mais escapista e inconsequente – comece a ser vaiado por onde ande no país.

Com o enfraquecimento do governo, patenteia-se a relação de convergência e de comprometimento entre o PSDB e o PT: duas agremiações, sediadas em São Paulo, que, embora ricas em quadros que reivindicam o crescimento includente, se juntaram em defesa de estratégia pelo menos tão nociva aos paulistas quanto aos brasileiros em geral. Defesa impelida menos por interesse partidário ou empresarial do que por desorientação, a mesma desorientação que aflige a grande mídia, que, mendigando ajuda do Estado, continua, quase toda ela, a apoiar a política que a quebrou. Diante de tudo isso, é preciso afirmar três verdades que definem ponto de partida para a ação de que o Brasil necessita.

Em primeiro lugar, não falta alternativa de rumo. A alternativa está muito clara. Acarreta riscos e reações. Só mistura de confusão e covardia, porém, explica que se insista, em nome da prudência, em caminho que faz o Brasil minguar, econômica e espiritualmente.

Em segundo lugar, não atua como estadista quem, da suposta oposição, se apresente, em nome da "governabilidade", para escudar o governo. Trabalhar para derrotar, pelo esclarecimento e pelo voto, nossos governantes infiéis é hoje o dever mais premente de todos os cidadãos.

Em terceiro lugar, o país não deve optar entre um não-governo, que executa política que foi eleito para substituir, uma não-oposição, que só pode criticar o governo como executor menos competente da mesma política malograda que ela protagonizou, e um sectarismo de esquerda, que se contenta em fazer contraponto em vez de se esforçar por fazer diferença. Temos de construir, começando dentro da classe média e das organizações da sociedade brasileira, outra força. Força que represente a alternativa – capacitadora de energias e democratizadora de oportunidades – desejada pelos brasileiros. Que a construção dessa força pareça quase impossível, em meio aos constrangimentos que cercam nossa vida pública, só torna a tarefa mais atraente para os espíritos magnânimos e fortes.

Mistificação econômica
06/12/2005

Reina entre os defensores da falsa ortodoxia econômica a que se entregaram os governos do PT e do PSDB a mais completa confusão conceitual. Tornado patente o malogro da cartilha que abraçaram, os falsos ortodoxos não conseguem mais recorrer à fórmula consagrada: alegar que o remédio não funcionou porque a dose não foi suficiente. A dose foi cavalar.

Por que, então, deu errado, não só no Brasil, mas onde quer que se haja aplicado, o chamado "consenso de Washington"? Não se entendem. Cada um conta uma história diferente e todos juntos revelam a falência intelectual em que caíram. Só num ponto concordam: é preciso diminuir a parte da despesa pública que é gasto corrente e aumentar a parte que é investimento. O leitor desavisado talvez suponha que essa distinção entre investimento e custeio conte com base sólida na teoria das finanças públicas e nos fatos econômicos. Na verdade, é fraude a serviço de injustiça e de insensatez.

O conceito corriqueiro de investimento público associa, ilegitimamente, duas ideias distintas: a de despesa, não recorrente, por um ativo duradouro, sobretudo um ativo físico – uma coisa, e a de despesa para obter fonte de benefícios ou de renda futuros. Um instante de reflexão basta para mostrar que a relação entre essas ideias é apenas acidental. O ativo duradouro pode não produzir benefícios futuros: por exemplo, pirâmide construída para enaltecer o governante. E o benefício futuro pode resultar de despesa corrente: por exemplo, em salários de agentes de saúde pública. A associação forçada das duas ideias fundamenta a preferência por gasto em coisas sobre gasto em gente.

Exemplos esclarecem. Construção de escola seria investimento. Pagamento de professor seria custeio. Uma das maiores deformações do gasto em educação no Brasil tem sido preocupar-se mais com construção de escola do que com pagamento e formação de professor. Cingapura, admirada pelos falsos ortodoxos, sempre insistiu em pagar regiamente os funcionários públicos, mesmo quando era muito mais pobre do que é hoje, porque compreendeu que sem corpo funcional de alta qualidade não há como executar bem qualquer política pública. A distinção entre investimento público e despesa corrente não faz sentido. O que faz sentido é discutir e cobrar a eficiência do gasto público, ou seja, ele classificado, na terminologia contábil, como custeio ou investimento.

A distinção entre investimento e custeio nunca fez parte da teoria das finanças públicas, até que difundida, a partir das universidades americanas, em décadas recentes. Na época de Wicksell, de Keynes e de Schumpeter, houve esforço para livrar a análise econômica de fetiches jurídicos e contábeis como esse. No ambiente despolitizado de final do século 20, tudo regrediu. Na Europa, social-democratas conservadores passaram a usar a distinção entre investimento público e gasto corrente para reconciliar o ativismo dos governos com a prudência fiscal: o governo poderia tomar emprestado – mas só para investir. Mistificação medrosa.

No Brasil, é mais grave. País radicalmente desigual como o nosso, precisa gastar em gente mais do que em estradas e usinas. Entre nós, a distinção entre investimento e custeio serve para atacar o gasto na educação e na saúde dos brasileiros bem como nos salários e nas pensões dos funcionários do Estado. É como aquela bomba que mata as pessoas e deixa as coisas incólumes. Mistificação marota.

O tema secreto da sucessão
28/08/2001

O projeto que se tornou dominante no mundo em décadas recentes exige convergência com as instituições dos países ricos, incorporação passiva das economias nacionais à economia mundial (tal como organizada pelos Estados Unidos e seus aliados) e investimento compensatório no social. O discurso do social sempre fez parte desse projeto.

Sobre essa fórmula básica, que se convencionou chamar neoliberal, políticos, tecnocratas, banqueiros e economistas a serviço do império, do dinheiro ou do dogma ergueram uma fantasia passadista. Levaram alguns países em desenvolvimento a abdicar da soberania monetária, a tolerar baixo nível de poupança, a restringir a capacidade do Estado de investir e a liberar os movimentos do capital.

Como o antigo regime que lastreava a moeda no ouro, o sistema que criaram – um equivalente ao padrão-ouro – estreita a margem de manobra dos governos em política econômica. A consequente necessidade de depender dos mercados financeiros é vista como solução, não como problema: tem por missão impedir as heresias econômicas nacionais, acoimadas de aventureiras e populistas.

E agora? Tudo começa a mudar. Uma recessão se apodera das economias mais ricas. Mais do que refletir mero movimento cíclico, parece marcar o início de uma inflexão duradoura, dando sumiço ao dinheiro fácil. Restabelece-se agora a lição da história moderna: quem resiste e inventa, vai para cima; quem obedece e imita, vai para baixo.

As primeiras vítimas da nova situação são os países, como a Argentina, que embarcaram na versão exagerada da incorporação passiva à economia mundial. (O Brasil só embarcou pela metade.) O estrago, porém, não para por aí. É o próprio projeto dominante, não apenas sua excrescência financista e colonial, o que está em cheque. Em toda parte, surgem reformadores frustrados, como o presidente Fox no México, que procuram uma maneira de virar Roosevelt em vez de virar Hoover. Não sabem como escapar do fosso.

Qual a proposta programática que contestará o ideário combalido? Enganam-se os que preveem uma volta ao isolamento nacional e ao keynesianismo vulgar, o crescimento puxado pelo sacrifício da disciplina monetária e fiscal ao fortalecimento do poder aquisitivo popular.

O que está em gestação mundo afora é um rumo com três vertentes. Seu primeiro eixo é a invenção de novas maneiras de transmitir equipamento educativo e econômico às maiorias excluídas dos setores avançados da economia – uma intervenção progressista do lado da oferta, não da demanda. Seu segundo eixo é o aprofundamento da democracia através da combinação da democracia representativa com traços da democracia direta e participativa. Seu terceiro eixo é o reordenamento da globalização para facilitar uma diversidade maior de trajetórias nacionais e de formas de civilização.

Os problemas e as oportunidades que inspiram essa agenda compõem o subtexto da sucessão presidencial brasileira. Distantes do dia-a-dia trivial da política, definem a essência do que está em jogo. Falta traduzir esse sentido profundo do nosso momento em linguagem que fale a todos. Se construirmos os elos entre o que as pessoas sentem e querem e o que a circunstância permite e exige, abriremos caminho para o Brasil. E de repente veremos grande parte do mundo lutando para alargá-lo. Habituado a seguir, o Brasil terá passado, sem querer, a liderar.

Dínamo desconhecido
28/11/2006

Juro mais baixo e moeda menos valorizada são condições necessárias para que o Brasil rompa a camisa-de-força que o impede de caminhar. Necessárias, mas não suficientes. Há dínamo secreto na economia brasileira. Não é tema de nosso debate econômico. Transcorre o debate como se fossemos qualquer outro país que também sofra de juro alto: a Turquia, por exemplo. E oscila entre duas posições desacreditada no resto do mundo: o financismo, disposto a sacrificar a economia real à confiança financeira, e o keynesianismo vulgar, crente de que, para regressarmos ao paraíso perdido do crescimento, basta que o Estado e os consumidores gastem mais.

Traço marcante de nossa economia é sua extraordinária fragmentação. Comparado o Brasil com outros países em nível semelhante de desenvolvimento, logo ressalta o predomínio extremado entre nós de empreendimentos de pequena escala. Costumam operar na fronteira entre a legalidade e a ilegalidade, entre o emprego regularizado e o trabalho informal. Por carecer de acesso a crédito, a tecnologia, a conhecimento e a instrumentos para vencer as desvantagens da pequena escala (como seriam os mutirões de produtores para competir e cooperar ao mesmo tempo), ficam relegadas à periferia amorfa e desequipada de nossa economia. Respondem, contudo, pela vasta maioria dos empregos. E fervilham de energia, com pendor para o improviso engenhoso e ousado, que seria, se tivessem meios, a alavanca de grande reviravolta econômica.

Essa realidade econômica tem lado social. Ela representa o campo de uma classe média emergente, vinda de baixo e dedicada à cultura da autoajuda e da iniciativa, que está transformando, silenciosamente, o Brasil. Classe média que, indiferente aos preconceitos da direita e da esquerda, já virou a vanguarda que a maioria dos brasileiros quer seguir. Se o governo provê-la das oportunidades que lhe faltam, ele realizará, de uma só vez, revolução econômica e revolução social.

Essas duas revoluções conjugadas virão ao encontro de grande mudança no mundo. A produção padronizada, rígida e burra declina. A produção não padronizada, flexível e inteligente ascende. Resta saber se as novas práticas do experimentalismo produtivo irão expandir-se por larga parte de cada economia nacional ou ficar restritas a setores elitizados. Temos condições únicas para andar na frente dessa transformação mundial. Para isso, porém, falta-nos realismo, porque nos falta imaginação.

Como ter um empresariado nacional
02/10/2001

Pergunte a qualquer grande empresário brasileiro como vai o empresariado nacional. Em geral, responderá, constrangido, que quase não existe mais.

Muitos já venderam suas empresas a estrangeiros ou se preparam para fazê-lo. Trocaram ou trocarão produção por dinheiro. Quem cansa ou malogra como produtor pode viver de renda com os juros altos que só o governo pode pagar.

Entretanto, segundo um estudo que acaba de ser publicado pelo Banco Mundial, o Brasil é hoje o país campeão em características que medem o vigor da cultura empresarial, como a porcentagem de pessoas com empreendimento próprio. Uma nação de empreendedores cujos maiores empresários estão vendendo os negócios a estrangeiros e virando *rentiers*?

Não há um único caso na história contemporânea de um país que tenha conseguido enriquecer e democratizar oportunidades econômicas e educativas sem contar com grandes empresas nacionais. A razão profunda está na conjunção de três exigências do desenvolvimento que a presença de tais empresas ajuda a atender: escala de produção, autonomia para elaborar estratégias nacionais e fortalecimento da capacidade de combinar concorrência e cooperação, dentro e fora do sistema produtivo. Da arte de competir e cooperar, em todas as escalas, surgem as riquezas e as disposições que permitem cuidar do social. E da permanência de grandes empresas em mãos nacionais resulta maior poder de tomar no Brasil decisões que convenham ao Brasil.

A desnacionalização da nossa economia não é fatalidade da globalização e da abertura econômica. É consequência de um rumo errado. Há seis condições básicas para consolidar grandes empresas nacionais que nos ajudem a retomar e a reorientar o desenvolvimento brasileiro.

A primeira condição é diminuir nossa dependência de recursos externos, aprendendo a mobilizar nossa poupança para o financiamento da nossa produção. A segunda condição é substituir, nas grandes empresas, o nepotismo pela meritocracia e os caprichos do controlador pelo respeito a quem trabalha ou investe. A terceira condição é superar a escolha entre o modelo americano de um Estado que se limita a regular as empresas a distância e o modelo do nordeste asiático de um plano estratégico acertado entre burocratas e empresários. Políticas industriais e comerciais, sim, porém, submetidas a regras e a critérios de desempenho. Pluralistas, participativas e experimentais. E subordinadas ao princípio de que todo incentivo público se legitima pela ampliação do acesso ao crédito, ao conhecimento, à tecnologia e aos mercados. A quarta condição é negociar com as multinacionais os termos de sua atuação no país, para que elas sirvam de escolas e parceiras, não apenas de postos para reproduzir aqui os produtos atrasados que deixaram de fabricar alhures. A quinta condição é aprofundar nosso potencial tecnológico de ponta e torná-lo acessível a muitos. Temos de formar uma elite científica e tecnológica que nos ajude a substituir o hábito da cópia pela prática da inovação. A sexta condição é fechar a porta: quem vai à falência deve ficar pobre, não rico, e viver de trabalhar e produzir devem ser mais vantajoso do que viver de renda.

Nada de radical nos métodos. Tudo transformador nos efeitos. O Brasil precisa de um grande empresariado nacional. E o grande empresariado brasileiro precisa de um Estado atuante e de um Brasil inconformado e resistente.

O momento brasileiro
30/10/2001

"Farei tais coisas que eu nem sei", diz o Rei Lear na mais perturbadora das peças de Shakespeare. Assim estão hoje os quadros dirigentes e falantes do Brasil diante de uma conjuntura mundial que está inviabilizando o caminho seguido pelo país e por seu governo.

O rumo inviabilizado é o da integração passiva à economia globalizada, o do esforço para obedecer aos preceitos da pseudo-ortodoxia recomendada pelos países mais ricos aos outros e o da aposta de que a confiança assegurada pela obediência produziria enxurrada de investimentos. Nunca houve a menor possibilidade de que essa estratégia funcionasse, já que nunca funcionou em lugar algum.

Foi, porém, necessário que se iniciasse recessão internacional e que começassem a ficar evidentes as vantagens de países menos prostrados para que mudassem, também, os chavões em moda no Brasil. O governo brasileiro procura disfarçar a gravidade da situação, atribuindo-a a fatalidades passageiras. Não conseguiu, porém, impedir redirecionamento drástico das ideias que predominam na opinião brasileira.

Agora, quase todos propõem iniciativas do governo para retomar o crescimento econômico com compromisso social. Pregam postura crítica diante da globalização atual. Afirmam que precisamos de um Estado atuante. De um Estado que organize o desenvolvimento em parceria com a iniciativa privada, que diminua a dependência externa e que redistribua a renda. Grande consenso norteador dos nossos próximos passos?

Nada disso: grande nevoeiro de palavras edificantes, obscurecendo as opções duras que temos pela frente. Querem dourar a pílula antes de escolhê-la.

Não se reconciliarão a estabilidade monetária e a responsabilidade fiscal com a retomada do crescimento sem conflito e sacrifício: da parte do governo federal, o esforço para fazer mais com menos; da parte dos endinheirados, a perda da máscara das pessoas jurídicas e do esconderijo dos paraísos fiscais; e da parte de toda a população, a paciência para aceitar um regime de impostos que continuará por muito tempo a ser injusto. Não se combinarão mais exportação com substituição de importações sem que se condicione toda a ajuda pública a critérios de desempenho das empresas e de aprofundamento da concorrência que ameaçarão muitos interesses. Não se lançarão bases para desenvolvimento com justiça sem dar prioridade à massa de empreendedores e profissionais emergentes – não porque sejam os mais necessitados ou merecedores, mas porque são os que podem mais rapidamente mudar o país e abrir caminho para mudanças ainda mais profundas. Não se consolidarão um ensino público e uma medicina pública que prestem sem que se atraia a eles a classe média, mesmo a custa de diminuir a rapidez com que se expandem unidades e vagas. Não se resolverão os problemas internos do país sem que o Brasil se reposicione no mundo, enfrentando os riscos e os transtornos inerentes à reorientação de sua política externa minúscula e malograda.

Nada disso pode acontecer sem coragem e clareza para reconhecer verdades inconvenientes. Não se constrói sem aglutinar. Não se muda sem dividir. Para saber quando aglutinar e quando dividir não basta ter senso de oportunidade. É preciso ter visão.

Brasil, país de inovadores
27/11/2001

A fonte maior da prosperidade é a reunião da capacidade de inovar com a capacidade de cooperar. Enriquecem os países quando desenvolvem práticas e instituições que reconciliam melhor esses dois imperativos. É nesse mesmo solo que vicejam as democracias: o hábito de cooperar para inovar dissolve pouco a pouco hierarquias e preconceitos. E dá poder ao homem e à mulher comuns.

Falta ao debate econômico brasileiro o tema mais importante: a arte de trabalhar em equipe para imaginar e para criar o novo. Esse é o elemento decisivo nessa caixa-preta que os economistas chamam aumento de produtividade. Temos como dar grande salto no fortalecimento da nossa capacidade cooperativa e inovadora se soubermos aproveitar e combinar duas oportunidades.

A primeira oportunidade vem de fora, do mundo. É o surgimento nas sociedades contemporâneas de um conjunto de práticas que permite aliança mais íntima entre a cooperação e a inovação. Organizações pouco hierárquicas que atenuam os contrastes entre tarefas de supervisão e de execução, métodos para aprender fazendo, arranjos que combinam cooperação com concorrência, redefinição permanente de produtos e processos à luz das oportunidades que se vão revelando na prática – tudo isso faz parte de uma aceleração do experimentalismo. O sentido da tecnologia nessa cultura é encarnar em máquinas tudo o que se possa repetir. E permitir que a inteligência se desloque para a fronteira do novo, ainda não suscetível de repetição.

O problema é que essa transformação ocorre em pequenas ilhas sociais de privilégio e de conhecimento. Só pode difundir-se por um esforço que tem de ser coletivo e público, mas que não deve degenerar em dirigismo estatal.

A outra oportunidade vem de dentro, do Brasil. É o vigor da nossa nova cultura de iniciativa, reforçado pela flexibilidade do nosso trabalhador. Nenhum país, inclusive os Estados Unidos, conta com parte maior de sua população engajada em tentativas de empreendimento do que o Brasil.

O que falta para juntar essas duas oportunidades, a que vem de fora e a que vem de dentro, tornando o Brasil um país de inovadores? Falta reunir três iniciativas.

Em primeiro lugar, diminuir nossa dependência de financiamento externo, que periodicamente interrompe o crescimento da economia brasileira, tornando inacessível o crédito. A solução tem muitos aspectos. O mais importante de todos é a mobilização da poupança de longo prazo para o investimento de longo prazo.

Em segundo lugar, avançar na disponibilidade do ensino público de qualidade. Não basta investir mais em escola e professor. É preciso abandonar o enciclopedismo informativo em favor do cultivo das capacidades de analisar as ideias e de usar o conhecimento. Formar inovadores. Colocar a imaginação no trono do saber.

Em terceiro lugar, dar voz e vez a nossa cultura empreendedora emergente. O que significa rejeitar a escolha entre o modelo americano de um Estado que apenas regula as empresas à distância e o modelo asiático de um Estado que impõe de cima políticas industriais. E forjar uma parceria descentralizada entre governos e empreendedores, voltada para a ampliação do acesso ao crédito, à tecnologia e ao conhecimento. Obra de país de inovadores, como será o nosso.

Três dados da economia brasileira
15/01/2002

Há três dados da realidade econômica do Brasil que ultrapassam em importância todos os outros. Do correto entendimento da relação entre eles depende a formulação de novo rumo para o desenvolvimento brasileiro.

O primeiro dado crucial é que o juro real (o juro descontada a inflação) é maior do que a taxa média de retorno dos negócios. É maior se desconsiderarmos os bancos, os maiores beneficiários do regime atual, e as concessionárias de serviços públicos, com lucros mais ou menos garantidos pelo governo. Não há economia que possa crescer sob tal ônus.

A superioridade do juro real à taxa média de retorno dos negócios equivale a imposto que quem produz ou trabalha paga a quem empresta dinheiro ao Estado. O governo acaba sendo apenas o intermediário da operação, que representa, para inverter frase de Keynes, a eutanásia dos produtores.

Situação insustentável. Em primeiro lugar, porque viver de renda passa a ser melhor do que viver de trabalhar e produzir. Em segundo lugar, porque o próprio governo, já enfraquecido em sua capacidade de investimento em gente ou em base produtiva, não pode continuar pagando a festa dos que vivem de renda, emprestando dinheiro ao Estado. E tanto não pode, que não paga: a maior parte dos juros da dívida pública interna vem sendo acrescida ao principal devido. Um dia o medo falará mais alto do que a ganância: os mercados financeiros perceberão que o jogo não pode continuar.

O segundo dado básico da nossa economia é que ocorrem, pontualmente, milagres de renovação do nosso padrão produtivo. A difusão de conhecimentos e de capacidades, a descoberta de métodos para emular a ponta da produção internacional com os meios à mão e a substituição da alternância entre a cópia e o improviso por práticas de inovação permanente dão a algumas das nossas cadeias produtivas condições de iniciar salto para a frente.

A necessidade, mãe da invenção? O desafio é bom se não for demais: só se generalizará o avanço se o custo do dinheiro não inviabilizar a atividade empreendedora. Assentar as finanças públicas sobre a tributação de base maior de consumidores, desonerando a produção, mobilizar a poupança de longo prazo para o investimento de longo prazo, diminuindo a dependência do financiamento externo, e ampliar o acesso ao crédito, ao conhecimento e às tecnologias em proveito de uma multidão de empreendedores emergentes são as chaves para baixar os juros e aprofundar a renovação produtiva. Sem dar calote nem desorganizar o sistema financeiro.

O terceiro dado fundamental da nossa vida econômica é que metade dos brasileiros vive de biscate, presa no mercado informal de trabalho. O resultado é desperdiçar grande parte da energia da nação, reduzir a escala da produção e do consumo e permitir que o medo, a desesperança e a incapacitação envenenem tanto nosso dinamismo quanto nossa democracia. Qualquer política social que não ajude a trazer a metade descartada do país para a vida dos direitos, dos empregos e das capacitações será mentirosa e impotente. E deixará o crescimento capenga.

Quando começarmos a dar empregos aos biscateiros e primazia às exigências da produção, voltaremos a crescer, será dessa vez desenvolvimento com justiça. É o que o Brasil quer e o que a política – só a política – pode construir.

Como o Brasil voltará a crescer
23/04/2002

Apesar do suposto consenso que aponta a retomada do crescimento econômico com inclusão social como a prioridade do país, falta clareza sobre como pode isso ocorrer. As preliminares e os desdobramentos obscurecem o eixo.

O crescimento includente depende da superação recíproca e cumulativa de limites à oferta e à procura de bens e serviços. O segredo é democratizar o mercado, não apenas regulá-lo: ampliar o acesso às oportunidades da produção e do consumo. E, para isso, tornar o Estado atuante sem cair no estatismo.

Para ampliar a base social do crescimento e ancorar o social no produtivo, temos de romper três ordens de limites à oferta. Para as empresas da economia organizada, o limite decisivo é a disponibilidade de quadros capazes de liderar uma dinâmica de inovação. Governo e empresários têm de colaborar, promovendo a formação maciça de técnicos e de pesquisadores, dentro e fora do Brasil.

Para os empreendedores e profissionais emergentes, importa o acesso ao crédito e ao preparo. Ajudar os bancos privados a chegar aos emergentes. Fazer com que os bancos públicos, descentralizados, supram as ausências dos privados. E ensinar milhões de pessoas a lidar melhor com mercados, tecnologias e práticas de produção. É só alargar o caminho que o Sebrae já abriu.

Para a massa de trabalhadores sem carteira assinada, a tarefa é quebrar obstáculos ao emprego formal. Não basta desonerar os encargos que pesam sobre a folha. É preciso incentivar o empregador a empregar o operário desqualificado e a juntar-se ao governo no esforço de qualificá-lo.

A superação de limites de oferta exige, como contrapartida, a superação de limites de demanda. Precisa haver quem compre o que se produza. A consolidação de mercado de consumo em massa não passa pelo populismo econômico. Parte maior da renda nacional precisa, porém, caber aos salários. Para isso, consagrar o princípio de que os avanços salariais voltem a acompanhar os ganhos de produtividade. Generalizar a participação dos trabalhadores nos lucros das empresas. E insistir nos incentivos ao emprego e à capacitação dos trabalhadores desqualificados.

Há duas condições para que se instaure essa lógica dinamizadora e democratizante. A primeira condição é que o governo não gaste mais do que arrecade: não há salvamento fora do realismo fiscal. Se não podemos diminuir a tributação, podemos simplificá-la radicalmente. A segunda condição é mobilizar a poupança de longo prazo para o investimento de longo prazo. Organizar a previdência privada de massa e o mercado hipotecário para a compra da casa própria. Ficaremos, com isso, menos dependentes do capital estrangeiro. Preenchidas essas condições, o governo obterá do mercado a baixa dos juros, sem romper contratos.

Poderemos então prosseguir no esforço de exportar mais e melhor. E de substituir importações sem regredir ao isolamento. Essas iniciativas precisam estar calcadas no aprofundamento e na democratização do mercado interno. E ocorrer no marco de instituições econômicas que formulem políticas industriais e comerciais de maneira descentralizada, experimental e participativa, embora sob regras e critérios. Ainda não temos um Estado capaz de atuar dessa forma. Estamos, porém, a um passo de tê-lo.

É assim, em 508 palavras, que o Brasil pode voltar a crescer, aprendendo a aproveitar a energia de todos os brasileiros. Faltou descrever as lutas inevitáveis.

O problema e a solução
18/06/2002

Como pode o Brasil desatar os dois nós – o interno e o externo – que juntos estrangulam o crescimento econômico? As ideias dominantes a respeito do que fazer são enganosas porque incompletas e insuficientes.

O problema interno, segundo o conceito corrente, é que precisamos crescer para controlar a dívida pública e controlar a dívida – e, portanto, conseguir baixar os juros – para poder crescer. Para quebrar o círculo vicioso da dívida e dos juros, o governo tem de elevar o saldo primário da arrecadação: a sobra do que gasta. Só esse excedente fiscal maior nos permitiria frear o aumento da dívida e baixar os juros. Para elevar o superávit fiscal da maneira mais conveniente ao crescimento, o governo precisa gastar menos e melhorar a qualidade dos impostos, atenuando o efeito nocivo da tributação sobre a produção.

O problema externo, conforme o entendimento reinante, é que a fraqueza da nossa capacidade exportadora nos reduz as perspectivas. Limita o poder de importar as tecnologias de que precisamos. Aumenta a dependência do capital estrangeiro. E transforma qualquer surto de crescimento em ameaça de crise na balança de pagamentos. A estagnação econômica, já assegurada pelos juros da dívida, acaba sendo imposta também pelo desequilíbrio das contas externas. A solução seria exportar mais e melhor. E, como os mercados para os quais exportaríamos estão sendo organizados tanto em blocos regionais quanto num ordenamento global, temos de enfrentar como pudermos o mundo inescapável, orquestrando as negociações da Alca e as negociações na OMC.

Em resumo: as prioridades econômicas do país seriam aumentar o excedente fiscal e exportar. Errado? Não, correto. Só que superficial a ponto de ser irrealista. Não devemos, porém, rejeitar essas ideias superficiais. Precisamos, isso sim, aprofundá-las, completando-as para que sejam eficazes.

Ajuste fiscal não é preliminar contábil. É sacrifício coletivo. A nação só aceitará o sacrifício na dimensão necessária se ele ocorrer no bojo de estratégia de desenvolvimento que comece a democratizar as oportunidades de acesso ao ensino de qualidade, ao emprego e à produção. Essa ampliação do acesso contribui três vezes ao crescimento: legitima o sacrifício fiscal, multiplica os agentes da produção e fortalece a base do consumo. Nada de mais patético, escreveu Carlyle, do que uma pirâmide de trinta centímetros. Pirâmides de trinta centímetros têm sido e continuarão a ser todos os ajustes fiscais oferecidos ao país sem troca de sacrifício por oportunidade.

Não se reposiciona um país na economia mundial apenas por afã para vender e por esperteza em negociar. Precisa de Estado capaz de ajudar novas levas de empreendedores a exportar e de compensar os exportadores por desvantagens competitivas impostas pela política econômica. De governo capaz de aproveitar as contradições de interesses dentro dos Estados Unidos e da União Europeia. E de ação diplomática capaz de reunir outros grandes países periféricos para defender seus interesses comuns e para ampliar o espaço de trajetórias alternativas de desenvolvimento. Para o Brasil de hoje não há alternativa nacional de desenvolvimento sem a política exterior que não temos.

Onde está o problema? Na falta de projeto interno e de projeto externo, cada um apoiado no outro. E qual o começo da solução? Ter projeto, os dois projetos, e lutar para torná-los realidades.

Como quebrar o Brasil
25/02/2003

Imposta em nome da prudência, a política econômica atual arruína, desnecessariamente, o país. Por isso é vital compreender os equívocos sobre os quais ela repousa. E nada mais importante, no desfazimento desses equívocos, do que distinguir o indispensável realismo fiscal do recurso intolerável a uma recessão deliberadamente agravada.

O governo eleva os juros e corta o crédito, quando os salários já estão arrochados, porque diz que precisa combater a inflação. Mas de onde vem a pressão inflacionária? Da desvalorização cambial e do endividamento do Estado. Os títulos públicos, com os benefícios e os usos que ostentam no Brasil, funcionam como moeda indexada. Já que o governo se vê obrigado a adiar o pagamento da maior parte do que deve, esse "super dinheiro" se avoluma, realimentando, com força crescente, a inflação. E cada aumento dos juros piora a dinâmica da dívida pública.

Antes da volta da inflação, o Brasil já enfrentava o espectro, ainda mais urgente, de crise de balanço de pagamentos. Essa crise foi, e continua a ser, contida por desvalorização do câmbio, recessão interna (aviltamento dos salários e restrição do crédito) e consequente melhoria da balança comercial. A solução, porém, ajudou a fazer ressurgir a inflação ao mesmo tempo em que empobreceu o país. Em vez de produzir mais, ligando potência exportadora a aprofundamento do mercado interno, simplesmente ampliamos a parcela do produto nacional, estagnado, que transferimos para fora.

Adianta, para barrar a inflação de agora, ficar aumentando juros e cortando crédito? Só se for radicalizar na política recessiva. A aposta do governo é que não será preciso radicalizar: se o governo oferecer aos mercados financeiros, em nome da confiança, nossos braços, não terá de oferecer nossas pernas. Começará a chover dinheiro de novo. A confiança permitirá baixar os juros. Os juros mais baixos possibilitarão o crescimento. O crescimento nos deixará cuidar do social. Tudo muito insensato. Tudo repetidamente desmentido pelo que tem acontecido no mundo em volta. Vão querer as pernas também.

A insensatez ficará patente à medida em que os trabalhadores insistirem, como devem, por justiça e para o bem do Brasil, na reposição de seus salários. Não há como aceitá-la dentro da lógica da política vigente.

A reorientação deve começar no reconhecimento de cinco verdades. A primeira verdade é que nenhum país, nas condições atuais, enriquece com o dinheiro dos outros. A poupança estrangeira pode apenas suplementar nossos esforços. A segunda verdade é que a confiança financeira conta, porém menos do que as condições objetivas para recuperar a economia real. Educar e produzir é o que importa; o dinheiro que corra atrás da produção. A terceira verdade é que a valorização dos salários e a democratização de oportunidades – para aprender, trabalhar e produzir – são decisivas para que se retome o crescimento. Representam os vínculos mais fortes entre o econômico e o social. A quarta verdade é que, para poder atuar de acordo com as três verdades anteriores, é preciso estar pronto para impor, quando necessário, controles mais rigorosos sobre a saída de capital brasileiro. E para quedas-de-braço sobre juros e prazos com os credores do Estado, até onde o respeito aos contratos permitir. Não é o fim do mundo; fim do mundo é nos resignarmos à mistura venenosa da estagnação e da injustiça. A quinta verdade é que o instinto de sobrevivência sempre acaba por prevalecer sobre o sentimento de intimidação. Em algum momento, o autoflagelamento perderá o charme e o poder. Tomara que seja antes de quebrar o Brasil.

Qual o melhor negócio no Brasil?
25/03/2003

O melhor negócio no Brasil não pode ser qualquer atividade que envolva produção de bens ou serviços. Recentemente, os jornais publicaram estudo que confirma o que todos já suspeitavam: o juro real é superior à taxa média de retorno aos negócios em todos os setores da economia brasileira, exceto os bancos. Não faz sentido produzir qualquer bem ou serviço no

Brasil se o produtor pode vender seu empreendimento por dinheiro. Melhor vendê-lo para viver de renda.

Determinada empresa pode destoar da regra, obtendo, temporariamente, lucros compensadores. Opera, porém, contra a lógica da situação. Não pode nem pensar em tomar dinheiro emprestado dentro do país. Empréstimo, só se for do próprio Estado, e com juros especiais, para quem sabe se relacionar.

Dizem que as concessionárias de serviço público estariam em situação melhor. Teriam margem de lucro garantida pelo governo. Tenho minhas dúvidas. Essas empresas exigem vastos investimentos. Não podem recuperá-los numa economia em que tanto produtores quanto trabalhadores vivem no arrocho. Estão sujeitas à pressão do governo para não reajustar preço.

Parece evidente que o melhor negócio no Brasil é banco. Convém, entretanto, distinguir entre os banqueiros, que sempre acabarão por cima, e os bancos, cujo valor atual repousa sobre uma ilusão: a de que o Estado está pagando e pagará a dívida pública interna. Quem conhece o assunto sabe que nem está pagando mais do que parte dos juros, nem poderá devolver o principal. Quando isso ficar claro, o valor de mercado dos bancos desabará.

Há quem sustente que o melhor negócio no Brasil seja falir. É tese, porém, que só se aplica a alguns poucos magnatas, que ficam ainda mais ricos quando conseguem ir à falência. E essa opção tem a ver não com as empresas aparentes, mas com as quadrilhas subjacentes, que removem riquezas de pessoas jurídicas para pessoas físicas. Bebido o suco, deixam o bagaço com o Estado.

Trabalhar, nem se fale. É necessidade, quando se consegue emprego. Bom negócio, porém, não é, já que, há décadas, o aumento dos salários cai abaixo dos ganhos de produtividade das empresas.

Há, entretanto, negócio que representa exceção a esse quadro de debilidade. O alastramento vertiginoso desse negócio no país demonstra que ele corresponde à lógica profunda da política econômica praticada pela dupla Fernando Henrique Cardoso e Lula. Seu retorno ultrapassa em muito os juros. É imune à desestruturação de nossa infraestrutura produtiva. Não exige segurança; em troca da relutância em pagar imposto, gera, financia e impõe seu próprio aparato de proteção. Dispensa o esforço lento de formação intelectual. Reconcilia grandeza de escala com descentralização de operações, conforme as práticas empresariais mais avançadas. Combina o autofinanciamento típico das antigas estratégias nacionais de produção com a aceleração de prazos e com a flexibilidade de métodos que marcam os empreendimentos internacionalizados de última geração. Estreita vínculos com nossos vizinhos sul-americanos ao mesmo tempo que antecipa nossa integração no espaço econômico dos Estados Unidos, a ser consumada pela Alca. Relativiza soberania, como exige a globalização. Transforma desespero em prazer, prazer em dinheiro, dinheiro em força. O melhor negócio no Brasil é o narcotráfico.

Duas ilusões ruinosas
29/04/2003

O Brasil precisa crescer. Tudo o mais, em matéria de economia, é secundário. Serve apenas para desviar o foco do verdadeiro problema. Duas ilusões empobrecedoras, porém, preenchem o espaço do debate nacional a respeito da retomada do crescimento: o fiscalismo e o mercantilismo. Tratemos de dissipá-las. Tarefa delicada porque cada uma delas é vizinha de proposições acertadas.

O fiscalismo, a economia política dos rendidos, é a aceitação integral da cartilha dos mercados financeiros: não só austeridade fiscal, mas também tudo o que coloque o governo de mãos atadas diante do capital financeiro, a começar pela renúncia a políticas anticíclicas bem como ao aproveitamento máximo do poder de barganha do governo na política de juros. O objetivo da autonomia do Banco Central é institucionalizar essa abdicação. Foi para o mesmo fim que serviu, em outra época, o lastreamento da moeda em ouro. O prêmio seria a confiança dos endinheirados, dentro e fora do país, e, portanto, a expansão do investimento. O fiscalismo exprime descrença na capacidade de um Estado nacional periférico, como o nosso, de traçar políticas de desenvolvimento que contemplem o imperativo da confiança financeira sem se render a ele. Parece ser apenas realismo fiscal, mas não é. De fato, precisamos temporariamente de superávits fiscais, não para agradar aos interesses financeiros, mas para poder, em seguida, enquadrá-los. Resgatemos do fiscalismo só o que for útil para inverter-lhe os objetivos, desatando as mãos do governo e dos produtores. Joguemos o resto fora.

Contra o fiscalismo levanta-se, entre nós, o mercantilismo: tudo pela exportação, para poder superar o constrangimento externo ao crescimento. O primeiro equívoco é de conjuntura internacional: não seria possível escolher hora pior para iniciar ciclo de crescimento baseado em exportações. O segundo erro é de país: o Brasil está imprensado entre economias de trabalho barato e economias de alto saber. Por isso, produz pouco do que o mundo queira comprar. Só sairá dessa prensa por meio de revolução produtiva, baseada em novo regime de coordenação entre políticas públicas e iniciativa privada e em democratização de oportunidades econômicas e educativas. O terceiro engano é de teoria: se o mercantilismo tivesse razão, o jeito seria afundar os navios que nos trazem importações. O mercantilismo aproveita e distorce compromisso legítimo: aumentar a integração da economia brasileira no mundo em termos que convenham a nossa estratégia nacional. A tarefa, porém, não é exportar; é produzir mais e melhor, dando a dezenas de milhões de brasileiros desequipados condições para participar do esforço produtivo e para consumir-lhe os produtos. O aumento das exportações virá de quebra.

A julgar pela discussão brasileira, os fiscalistas e os mercantilistas são inimigos mortais. Que nada. Apesar de divergirem a respeito da melhor maneira de administrar a flutuação do câmbio, são parceiros na desorientação e na ruína do país. Tanto assim que o destino do atual governo, como foi o de seu antecessor, é combinar o projeto dos rentistas com o projeto dos caixeiros-viajantes.

Contra isso, precisamos de luz e de calor. Luz para demarcar o itinerário de um produtivismo democratizante. Calor para reunir os interessados em trabalhar e em produzir que acabarão por derrubar, na próxima etapa da política nacional, a ditadura do dinheiro e da ilusão.

Os dois obstáculos ao crescimento
09/11/2003

Uns dizem que o Brasil está às portas do crescimento econômico com inclusão social. Outros tratam a fórmula para começar a crescer como pedra filosofal misteriosa e perdida. Nem uns nem outros têm razão. O que precisamos fazer em curtíssimo prazo está claro embora não seja agradável. Dois obstáculos bloqueiam a retomada do crescimento hoje.

O primeiro problema é a dívida pública interna. O Brasil faz tremendo sacrifício fiscal, que o obriga a política pró-cíclica. Embora apazigue por enquanto os mercados financeiros, o sacrifício continuará a ser insuficiente para reverter a dinâmica da dívida. Nosso enorme superávit fiscal paga apenas metade dos juros da dívida. Só há duas maneiras de parar a degeneração: superávit fiscal grande demais para ser praticável ou enfrentamento dos credores até o limite do *default*. Com o risco inevitável de que se tenha de transpor esse limite.

Para poder torcer os braços dos credores, levando-os a aceitar juros mais baixos e prazos mais longos, o governo precisa aumentar seu poder de barganha. Para isso, convém mobilizar, mesmo compulsoriamente, poupança de longo prazo para investimento de longo prazo. E reconciliar, por meio de simplificação tributária mais arrojada, a manutenção da receita com a desoneração da produção. Quanto maior o poder de negociação do governo, menor o risco de que o jogo duro com o governo acabe em inadimplência. Jogar duro, com maior ou menor margem para negociar e com perspectiva de *default* ou sem ela, é, porém, o que o governo tem de fazer. Sem isso, não se levanta o jugo financeiro que pesa sobre o Estado e a produção.

Não adianta remover esse obstáculo ao crescimento sem remover também o outro: o constrangimento externo. Se o Brasil voltasse a crescer hoje, logo mais enfrentaria crise de balança de pagamentos. Para evitar que ela mate o crescimento no nascedouro, duas iniciativas são necessárias. Uma é controlar a saída de capital brasileiro e proteger nossas reservas. A outra, mais ambiciosa, é dar a qualquer novo surto de crescimento a profundidade e a amplidão que se possam traduzir em aumento de nossos fluxos de comércio. A tarefa é trabalhar, produzir e consumir mais e melhor, exportando e substituindo importações como consequência; não reconciliar depressão interna com exuberância exportadora.

O governo teria de negociar com os empresários a agenda de investimentos privados em troca de concessões tributárias e regulatórias. E de lançar-se, por meios que minimizassem o efeito inflacionário, na valorização do salário e na formalização do emprego. Dinheiro no bolso do trabalhador ajudaria a sustentar o ímpeto produtivo.

O Brasil já tem nos agronegócios setor de ponta da eficiência mundial. Não precisa escolher a dedo e a priori os setores industriais liderantes. Melhor desenvolver, a partir dos acordos de investimento com o empresariado, práticas e instituições que democratizem o acesso a crédito, tecnologia e conhecimento. Que compensem, graças a alianças estratégicas entre o Estado e os produtores, a escala insuficiente dos empreendimentos brasileiros. E que identifiquem, apoiem e difundam tudo o que for experiência exitosa entre nós, colocando esse experimentalismo no lugar dos dogmas e das clientelas.

São propostas banais, ainda que exijam clareza e coragem. Banais, porém factíveis e libertadoras, por essa porta estreita e rude passa hoje o futuro do Brasil.

Juro, dívida, câmbio
02/12/2003

Em 1960 a renda per capita do Brasil era duas vezes e meia a renda per capita da Coréia do Sul. Hoje a renda per capita da Coréia do Sul é duas vezes e meia a renda per capita do Brasil. O governo de um partido que se diz dos trabalhadores preside a aumento significativo do desemprego e a queda espetacular da renda dos trabalhadores. E radicaliza nas políticas do governo anterior a que, contraditoriamente, atribui a culpa por essa calamidade. Tudo em nome de transição sem fim.

O Brasil só pode sair dessa sob a liderança de nova força política que proponha outro rumo ao país. Hoje trato de três elementos da transição econômica: juro, dívida e câmbio. Não definem o caminho de que precisamos. Sem enfrentá-los, porém, não chegaremos lá.

A reorientação necessária exige persistência no enorme sacrifício fiscal que o Brasil vem fazendo. Sacrifício que deve ser usado, porém, não para servir aos mercados financeiros, mas para libertar o governo da dependência deles, sem trazer a inflação de volta.

O juro real precisa cair abaixo da taxa média de retorno dos negócios, o que significa que o juro nominal há de ser menos da metade do que é hoje. Só essa queda profunda do juro, junto com a elevação da renda popular, pode sustentar novo ciclo duradouro de crescimento. E como se eleva em pouco tempo a renda popular? Aumentando o salário mínimo, implementando o princípio constitucional de participação dos trabalhadores nos lucros das empresas, subsidiando diretamente ou por concessões tributárias o emprego e a qualificação dos trabalhadores mais pobres e quebrando o cartel dos bancos para democratizar o crédito.

Apesar das rendições do governo o mínimo de juro aceitável aos mercados financeiros continua mais alto do que o máximo de juro compatível com o crescimento. Daí a necessidade de renegociar a dívida pública. Não se trata nem de calote nem de "sim, senhor". Trata-se de torcer braços, tal como acontece no mundo real, sob condições de resguardo, inclusive controles sobre a saída do capital brasileiro. Não significa o apocalipse, como demonstram tantos exemplos contemporâneos. Reage a apocalipse que já instaurado entre nós.

E desvalorizar o câmbio. Qualquer retomada do crescimento econômico correria o risco de ser abortada no nascedouro por crise de balanço de pagamentos. O câmbio que nos convém é o mais baixo que conseguirmos sem que tenhamos de fixar a taxa cambial ou de expor o país a uma venda de ativos brasileiros a preço de banana. Os tutores-bajuladores de Lula repetem a lição de manual que ajudou a arruinar o país no primeiro mandato de FHC: desvalorizar o câmbio seria reduzir o salário real e premiar a ineficiência de nossos exportadores. Como se numa economia relativamente fechada e radicalmente desigual a valorização cambial, engendrada por muito juro e muita submissão, aproveitasse a massa trabalhadora em vez de prejudicá-la. E como se a desvalorização não fosse compensação modesta pelos ônus que pesam sobre a atividade produtiva no Brasil.

Tudo mero bom senso. Bom senso que não levaremos ao poder sem grande e generosa proposta que esclareça, anime e conquiste o Brasil. E que ponha no lugar da política criminosa de um governo perdido as ousadias de uma alternativa produtivista, moralizadora e democratizante.

Verdade econômica sem mentira agradável
22/11/2005

Nada de visão açucarada e enganosa das opções econômicas que o Brasil tem pela frente. Melhor dizer a verdade, ainda que áspera, ao país.

De um lado, o Brasil pode prosseguir no rumo em que está. Esse rumo continuará a nos trazer o que nos traz há vinte cinco anos: mediocridade.

Teremos crescimento baixo – muito aquém do obtido por todos os outros países continentais em desenvolvimento –, desde que não haja trauma na economia mundial. E teremos queda forte se houver trauma. Essas relações nada têm de inevitáveis. Resultam do modelo econômico adotado por nossos governos, que internaliza qualquer dissabor vindo de fora. Enquanto não vier tal dissabor – estamos ainda saindo do apogeu de um dos ciclos globais de liquidez –, tudo continuará na mesma, sem brilho e sem calamidade, a não ser a calamidade, lenta, gradual e progressiva, de transformar esse caldeirão de energia e de engenho que é o Brasil em marasmo.

De outro lado, o Brasil pode mudar de rumo. Mas para onde? Que há alternativa capaz de assentar novo ciclo de desenvolvimento em democratização de oportunidades econômicas e educativas e em rompimento dos vínculos entre governantes e endinheirados é a tese a que costumo dedicar esse espaço. O que sublinho agora é o valor prático da honestidade intelectual: não se opera essa reorientação sem a clareza de uma concepção abrangente e sem a coragem para enfrentar riscos e sacrifícios inescapáveis.

Não há como simplesmente anunciar a baixa dramática do juro. Se governo futuro não quiser impor reorganização unilateral da dívida, quer dizer: moratória ou calote – e ainda estamos longe de ter de fazê-lo –, precisa aumentar, não diminuir, seu poder de barganha com os mercados financeiros. Não se pode dar o luxo de baixar o superávit primário e começar a gastar. Aí está uma primeira e perigosa confusão do debate atual: misturar alternativa produtivista com gastança eleitoreira. Não nos convém política contracíclica tradicional, gastando para crescer; não porque tal política desobedeceria a fantasiosa lei econômica que regeria a relação entre superávits, dívidas e juros, mas porque ela enfraqueceria o governo diante dos mercados financeiros quando ele precisa fortalecer-se. O aumento da capacidade de investimento público precisa ocorrer depois, como efeito, não como preliminar, do declínio do juro.

A baixa radical do juro, ainda que facilitada pela persistência no sacrifício fiscal, implica tencionar com os mercados financeiros. Por isso, só se viabiliza sob o escudo de medidas destinadas a agravar, temporariamente, os controles exercidos sobre as entradas e saídas do dinheiro. Tais medidas não contradizem o objetivo de chegar, mais adiante, à conversibilidade da moeda – a livre troca entre moeda nacional e estrangeira; pelo contrário, abrem o caminho mais seguro para alcançá-lo.

Não adianta tencionar com os mercados financeiros para forçar a baixa do juro, num jogo de torcer braço, sob a proteção de controles dos movimentos do capital, sem que se formule estratégia de desenvolvimento. Juro baixo é pré-requisito, mas não é estratégia. A estratégia que a nação procura há de basear-se na democratização de oportunidades para aprender, trabalhar e produzir e, portanto, no aniquilamento de privilégios poderosos.

Aí está a verdade dura, sem a anestesia das mentiras agradáveis. Enfrentemo-la. Ela, só ela, nos libertará.

Como dar a volta por cima
07/02/2006

De repente os quadros dirigentes e a opinião informada no Brasil caíram na real: perdemos, dramaticamente, a dianteira do desenvolvimento não só para China e a Índia, mas também para muitos países menores. A inversão de ânimo fez ressurgir o fatalismo desenganado que sempre teve influência no Brasil. Perdemos a vez, dizem. Agora não há mais como competir com os produtos baratos da China ou com o trabalho qualificado da Índia. E a barafunda de 2005 demonstra, alegam, que, mesmo se existissem oportunidades para avançar, não haveria forças políticas capazes de aproveitá-las: todas se igualaram no descrédito e na mediocridade.

Afirmo ser falsa essa tese derrotista. O Brasil pode passar, rapidamente, da popa para a proa das estratégias contemporâneas de desenvolvimento. Em pouco tempo, sabendo usar os meios singulares de que dispõe, pode iniciar crescimento quantativamente comparável e qualitativamente superior ao da Índia e da China. Pode dar a volta por cima. Basta que tome as iniciativas certas em cinco áreas decisivas.

A primeira área é a do juro e do câmbio. Não há qualquer outra economia de país grande que desfrute da possibilidade de que nós desfrutamos de dar grande salto por meio de redução dramática do custo de capital e de consequente desvalorização do câmbio. As oportunidades empresariais e o impulso empreendedor vicejam entre nós em toda a parte; o que falta é impor relação razoável entre ganhos financeiros e não financeiros. Não há como fazê-lo sem combinar disciplina fiscal com reorientação do manejo da dívida pública.

A segunda área é a da estrutura energética. Nenhum país se compara com o nosso em meios quase ilimitados para construir base hídrica e de biomassa para o desenvolvimento. Construindo essa base, tomaremos, ao mesmo tempo, posse plena da Amazônia brasileira.

A terceira área é a difusão de práticas econômicas vanguardistas em grandes setores da economia brasileira. Novo paradigma de produção – flexível, experimentalista, vocacionado para a inovação permanente – está surgindo no mundo. Costuma, porém, firmar-se em setores relativamente isolados do resto da economia de cada país. No Brasil a predominância de empreendimentos de escala pequena ou média, a omnipresença do espírito empreendedor e a existência de exemplos vitoriosos de aliança entre o poder público e a iniciativa privada – como a Embrapa e a rede do Sebrae – tornam possível propagar amplamente as práticas produtivas que caracterizam a economia do futuro.

A quarta área é a da qualificação do ensino público. Agora que a escola de segundo grau está no caminho da universalização, uma melhora de qualidade do ensino, baseada na cobrança de mínimos de investimento por cada aluno e de desempenho por cada escola, poderia surtir efeito dramático.

A quinta área é a da do conserto da política. Farto dos acertos corruptos entre o poder e o dinheiro, o país está também pronto para enriquecer a democracia representativa com elementos de democracia participativa. Elementos que engajem a cidadania diretamente na solução dos problemas nacionais e na responsabilização dos governantes.

Essas iniciativas são factíveis com os meios à mão. Colocarão o Brasil na vanguarda do desenvolvimento atual da humanidade.

Agenda ainda não encontrada
14/03/2006

Há transformação das formas de produção e de aprendizagem em curso no mundo. É pouco compreendida. Tem implicações radicais para toda a humanidade. Coloca o Brasil diante de obstáculos graves e de oportunidades extraordinárias. Nossa paupérrima discussão de alternativas econômicas, vidrada em taxas de juros e de câmbio, em gasto público e esforço fiscal, passa longe do que deveria ser nossa preocupação maior.

A essência dessa mudança mundial não está em acúmulo de tecnologia ou sequer de conhecimento, como se costuma supor. Está no desdobramento de práticas de cooperação que favorecem a inovação permanente, a criação ininterrupta do novo. Entre tais práticas estão o enfraquecimento de divisões entre atividades de mando e de execução, a fluidez das especializações e a substituição delas por capacitações genéricas e multiformes, a insistência em misturar concorrência e cooperação e a busca incessante de alternativas – de método, de organização, de tecnologia, de produto – vasculhando, para encontrá-las, todo o mundo.

Nas melhores escolas instaura-se conjunto semelhante de práticas. Não se despreza a informação. Usa-se a informação, seletivamente aprofundada, como palco para o desenvolvimento de capacidades analíticas e sintéticas. Compreende-se, tanto nas ciências quanto nas humanidades, que o entendimento do existente depende da imaginação do possível.

A rede das vanguardas de produção e de ensino marcadas por essas práticas torna-se, cada vez mais, a força diretriz da economia e do saber, tanto em países mais ricos, como os Estados Unidos, a Alemanha e o Japão quanto na primeira linha das economias emergentes, como na China e na Índia. Há, porém, problema devastador. A maioria da humanidade – inclusive nos países desenvolvidos – continua excluída dessas vanguardas. E as duas estratégias disponíveis para moderar as desigualdades resultantes – as políticas compensatórias e a difusão da pequena propriedade – pouco podem contra os efeitos avassaladores dos contrastes entre vanguardas e retaguardas. Como generalizar as práticas vanguardistas de produção e de ensino, evitando que elas se restrinjam a setores relativamente isolados, porém ligados entre si, mundo afora?

Onde ficamos nisso? O Brasil tem a matéria prima para construir economia e sociedade beneficiadas por difusão ampla de tais práticas vanguardistas: ausência de divisões e de antagonismos arraigados, enorme e inexplicável energia e queda para a flexibilidade espontânea – forma inculta e desequipada do vanguardismo sério e generalizado que nos falta. Entretanto, estamos despreparados. Nossa indústria se organiza, quase toda ela, de acordo com o estilo antigo, de produção padronizada e rígida.

Nossas escolas, mesmo de elite, oferecem mistura paradoxal e insensata de decoreba e divagação. Vivemos sob a ditadura da mediocridade retrógrada tanto no micro quanto no macro.

Apelo a meus concidadãos para mudar radicalmente o foco do debate brasileiro. Juro e câmbio, déficits e superávits, são importantes, sim. São, porém, muito menos importantes do que a luta para transformar nosso gosto por novidades e nosso pendor para o improviso em instrumentos organizados e revolucionários de construção nacional.

Mensagem econômica incômoda
08/08/2006

Todas as principais correntes de opinião no país são corresponsáveis hoje pelo descaminho do debate a respeito de nosso rumo econômico. No meio dessa desorientação, confie a nação em si mesma.

Erram os ideólogos e economistas de esquerda quando bradam contra o superávit primário e clamam por menos disciplina fiscal para fazer o Brasil crescer. Esse keynesianismo vulgar, fora de época e de contexto, ignora verdade incômoda: não há alternativa produtivista que não exija margem de manobra do governo frente aos detentores do capital. Nas condições de hoje, o superávit tanto pode servir para efetuar rendição aos rentistas como pode servir para libertar o governo da dependência deles. Sem realismo fiscal, não há alternativa real.

Erram os economistas e ideólogos da pseudo-ortodoxia importada quando recomendam a agenda de “reformas” do agrado de investidores e credores. Esquecem outra verdade incômoda: nos últimos duzentos anos, nenhum país grande ascendeu sem dar primazia aos interesses da produção e do trabalho; sem capacitar, por meio da educação pública, sua população; sem ousar na criação de instituições inovadoras para mobilizar seus recursos e equipar seus cidadãos e sem rebelar-se contra as fórmulas patrocinadas pelas potências dominantes da época.

Erram os empresários quando exigem a queda dos impostos. Batem-se contra uma verdade incômoda: as dinâmicas da dívida pública interna e da desigualdade econômica e social convergem para inviabilizar, por enquanto, queda substancial da carga tributária. Arrecademos e gastemos melhor. Para termos, porém, governo com meios para investir em grande escala nos brasileiros, precisaremos continuar pagando muito imposto. Ainda que reduzamos drasticamente os juros da dívida pública. Faz parte do preço de nossa desigualdade.

Erram os que querem esquecer o presente para tratar só do futuro, por meio da educação. A verdade incômoda é que não haverá futuro que preste, nem dinheiro ou poder para educar, enquanto continuarmos dentro da camisa-de-força econômica em que estamos paralisados.

Cortemos a pseudo-ortodoxia ao meio. Reafirmemos a parte indispensável: o realismo fiscal. Joguemos fora a parte venenosa: o conformismo institucional. Usemos o poder e o dinheiro do Estado para construir novo modelo de desenvolvimento sobre a base da ampliação de oportunidades econômicas e educativas. Enfrentemos as verdades que, de incômodas, passarão a ser libertadoras.

Produtividade libertadora
17/10/2006

O que a nação mais quer é crescimento econômico com inclusão social. Há pré-requisito para que alcance o que deseja. Difícil exagerar seu relevo ou entender sua quase completa ausência do debate brasileiro.

Custo de unidade-trabalho é o nome dado à remuneração média do trabalho, por unidade de produto feita por aquele trabalho. Junta produtividade e custo da mão de obra num único critério de comparação.

Estudos recentemente publicados mostram algo que ajuda a explicar a mediocridade em que, há mais de 25 anos, vegetamos. Num desses estudos, em que se dá valor 100 à unidade-trabalho nos Estados Unidos, a China recebe 21 e a Índia, 19. Em seus setores organizados, têm, portanto, unidade-trabalho cinco vezes mais barata do que os Estados Unidos. Para o México, porém, o número é 97: o salário é muito mais baixo do que nos Estados Unidos, mas a produtividade também é. O país não tem como reduzir o custo da mão de obra a níveis chineses. E não conseguiu salto de produtividade. Falta informação suficiente para calcular a medida no Brasil. Há, porém, razões para crer que estamos próximos dessa situação mexicana.

Nem México nem China. Só ruína nos aguarda se insistirmos na tentativa insensata de nos tornarmos uma China menos populosa, menos equipada, menos ousada e mais cara. Ganho de produtividade, não aposta em trabalho desqualificado, desequipado e barato, é o caminho.

Algumas iniciativas factíveis nos poriam nesse rumo. No bojo do esforço prioritário para melhorar a qualidade da escola pública, ensino técnico e profissionalizante que não negue a qualquer criança brasileira, sob pretexto de profissionalizá-la, o domínio de capacitações conceituais básicas. Supressão de todos os encargos sobre a folha de salários e incentivos para empregar e qualificar os trabalhadores mais pobres. Associação entre governos, universidades e empresas, por meio de entidades autônomas como a Embrapa, para desenvolver, adaptar e transferir tecnologias apropriadas a nossa circunstância. Política industrial descentralizada, participativa, pluralista e experimental. Dedicada menos a favorecer alguns setores da economia sobre outros do que a difundir práticas que deram certo. E a ajudar milhares de empreendimentos emergentes a ganhar acesso aos mercados mundiais. Produtividade libertadora porque baseada na capacitação de muitos.

Dirão que estou pedindo muito. Estou pedindo o indispensável para que o Brasil se possa levantar.

5%
21/11/2006

O Brasil todo quer crescer a mais de 5% por ano. E quer crescimento com inclusão social. Ao contrário do que se diz, é possível. Uns exigem que o Estado gaste menos (a turma dos que pensam como se pensava em 1920); outros, que gaste mais (a turma de 1940). Não é por aí. Tratemos de aproveitar as lições da experiência mundial recente.

1. Reafirmar os compromissos com a responsabilidade fiscal e com a estabilidade monetária.

2. Sinalizar rigor fiscal. Depois do juro, o item que pesa é previdência. A anomalia brasileira é a falta de idade mínima para aposentar-se. Ao institui-la, evitemos que o ônus recaia sobre pobres que começam a trabalhar jovens.

3. Endurecer na pressão para baixar o juro, operando no limite com o mercado financeiro.

4. Cuidar para que o efeito repercuta mais em crédito para a produção do que em crédito para o consumo, atenuando o conflito entre os objetivos de crescimento e de estabilidade. Sobretaxar o crédito ao consumidor.

5. Aproveitar e facilitar o efeito que o tensionamento com o mercado financeiro terá na desvalorização cambial.

6. Providenciar desoneração tributária do investimento privado: abatimento para o investimento não financeiro, sobretudo em fundos que invistam em empreendimentos médios ou emergentes, e encurtamento do período de amortização.

7. Desobstruir juridicamente o investimento público, com emendas da Lei de Responsabilidade Fiscal que aumentem a capacidade dos Estados e municípios de endividar-se para investir em saneamento básico e em educação. E abrir caminho para o investimento público e privado em rodovia, porto, e energia – sobretudo em substitutos do petróleo.

8. Reformar a legislação ambiental para que siga o princípio das exigências crescentes, começando por baixo.

9. Desonerar os encargos que pesam sobre a folha de salários, mesmo que a base tenha de ser temporariamente o faturamento ou o valor acrescido.

10. Deixar de dar dinheiro de trabalhador, em forma de empréstimo subsidiado, a grandes empresas. Tudo de facilidade pública – em crédito, tecnologia e acesso a mercado–para qualificar os empreendimentos relativamente pequenos que empregam a maioria dos trabalhadores.

11. Estabelecer práticas contemporâneas de gestão no setor público. Organizar carreiras de Estado. E fundar núcleo administrativo de elite – braço direto do presidente – para cobrar resultados e fazer andar.

É só um começo, mas que começo!

Oportunidade primeiro
30/01/2007

Quando em resposta ao maior colapso econômico do século 20, o Presidente Roosevelt lançou projeto maciço de obras públicas na esperança de reativar a economia americana, o resultado foi quase nulo. Em 1937, a situação piorou. Valeram as novas garantias individuais contra os efeitos do desemprego e da pobreza. O que recuperou a economia americana, porém, não foram as obras de Roosevelt. Foi a guerra. Ela mobilizou, à força e em dimensão enorme, os recursos naturais, financeiros e, sobretudo, humanos do país. De 1941 a 1945, o PIB dos Estados Unidos dobrou.

Já na Alemanha, ao mesmo tempo que Roosevelt tentava sua estratégia, o governo de Hitler, livre dos limites impostos pela democracia, conseguiu o que Roosevelt não alcançara. Hitler impôs economia de guerra antes da guerra.

Grandes obras públicas, tipicamente voltadas para transporte e energia, podem justificar-se por si mesmas para derrubar obstáculos à expansão das atividades econômicas. Não devolvem, porém, qualquer economia moderna ao crescimento acelerado e includente se não ocorrerem em escala gigantesca, a escala característica das guerras. Como rumo ao crescimento, são insuficientes.

Transposta para a realidade brasileira, essa lição não significa que devamos deixar de empreender obras públicas de vulto. Elas formam componente indispensável de uma estratégia nacional de desenvolvimento, porém apenas isso. Em nossa circunstância, ajudarão a viabilizar o crescimento somente se combinadas com dois outros elementos: um foi preliminar; o outro, decisivo.

O elemento preliminar é o rebaixamento persistente do juro real. E, em parte por conta do tensionamento com o mercado financeiro que resulte do indispensável jogo de empurra entre o Tesouro e os representantes dos rentistas, a desvalorização do câmbio. Tudo sob a a condição, penosa e necessária, de reafirmar os compromissos com o realismo fiscal e com a estabilidade monetária.

O elemento decisivo é a ampliação de oportunidades econômicas e educativas. Tirar 60% dos trabalhadores da informalidade, abolindo os encargos sobre a folha de salários. Usar os poderes e os recursos do Estado para abrir acesso ao crédito, à tecnologia e ao conhecimento em favor de multidão de empreendedores emergentes. Fazer da melhora qualidade do ensino básico, sob responsabilidade federal, a causa sagrada e prioritária da nação.

Nessa convergência de preliminares, de obras e de oportunidades está hoje o caminho de nossa libertação.

Impostos e futuro
27/02/2007

Se há parte do debate nacional onde a clareza ajuda a produzir o avanço, é a da reforma tributária.

Compreendamos, em primeiro lugar, que tanto os impostos, do lado da arrecadação, quanto às transferências de renda do governo para pobres, do lado do gasto, são instrumentos acessórios, ainda que úteis, na diminuição das desigualdades. O que iguala mesmo é democratizar oportunidades econômicas e educativas.

Em segundo lugar, quando se quer avaliar a justiça de impostos, o que importa é o resultado, não a aparência. As democracias mais igualitárias – algumas das social-democracias europeias – obtém a maior parte de sua receita pública da tributação indireta do consumo, especialmente por meio do imposto sobre o valor agregado, apesar de ser esse um imposto regressivo. Diz-se regressivo porque incide mais sobre quem ganha menos e, portanto, sobre quem consome parte proporcionalmente maior de sua renda. A explicação do suposto paradoxo é que essa forma de tributação permite arrecadar mais, com menos desincentivo para poupar, investir e trabalhar. O que se perde de progressividade do lado da receita, ganha-se em dobro na hora do gasto social.

Em terceiro lugar, o tributo para o qual converge o mundo é um imposto abrangente, e de alíquota única, sobre o valor agregado, o IVA. É o que menos distorce os preços relativos. Minimiza, portanto, o trauma econômico. As alternativas, como o imposto sobre transações bancárias, não gozam da mesma neutralidade. Em regime federativo como o nosso, a União deve arrecadar todo o IVA, com participações pactuadas dos estados e dos municípios.

Em quarto lugar, por ser o IVA um imposto regressivo, só deve ser aceito como eixo quando instituído no bojo de um projeto maior de desenvolvimento com inclusão. Projeto que aumente o gasto social redistribuidor e que democratize as oportunidades para trabalhar e aprender.

Em quinto lugar, a melhor maneira de tornar o regime tributário mais justo é construir, sobre a base do IVA, dois outros impostos. O primeiro alcançaria a hierarquia dos padrões de vida, incidindo, em escala altamente progressiva, sobre a diferença entre a renda e a poupança de cada contribuinte. O segundo incidiria sobre a própria riqueza, sobretudo quando transmitida por meio de doação familiar ou de herança. Os obstáculos são políticos, não técnicos. Imprestável é o imposto de renda, antro de confusão. Na prática, serve apenas para tributar salários da classe média.

Tudo muito chato talvez, porém indispensável.

Os aparelhos e o ar
10/04/2007

Lutam no país duas ideias a respeito das condições macroeconômicas de novo modelo de crescimento econômico. Uma dessas ideias conta com cada vez menos aderentes; só a abraçam com entusiasmo os beneficiários do rentismo financeiro. Outros continuam a render-lhe homenagens apenas por não ver com clareza a alternativa ou por temer os riscos da travessia. A ideia contrastante é o objeto obscuro do desejo nacional. Seu problema é que ainda não conseguiu expressar-se em estratégia clara. Envolta em brumas, acaba parecendo mais difícil e arriscada do que de fato é.

De acordo com a primeira ideia, que continua a reinar por conta do interesse de alguns e da desorientação de muitos, o câmbio valorizado seria consequência natural de nosso próprio êxito bem como do juro alto. E o juro alto seria efeito inescapável de um passado de irresponsabilidade, e de um presente de desconfiança, nas finanças públicas. Desconfiança provocada por inveterado malogro na contenção do gasto público. O resultado, porém, não seria de todo ruim. Para sobreviver no ambiente hostil, dizem, as empresas precisam se tornar mais eficientes. Falta oxigênio. Têm de aumentar capacidade pulmonar. Para as mais ofegantes, permite-se o uso de aparelhos (desonerações tributárias pontuais).

Errado. Sobrepõem os interesses de grandes empresas estabelecidas, que se podem socorrer de financiamento próprio ou internacional, aos interesses dos empreendimentos emergentes, que representam a força maior de nossa economia. E desconsidera a tarefa prioritária da política industrial. Não é escolher os setores que devam prosperar. É contrabalançar, de um modo que respeite o imperativo da concorrência e que ajude a provocar o fervor de empreender, as inibições características do subdesenvolvimento.

Aí está o ponto de partida da outra ideia. Usar os poderes e os recursos do Estado não para dirigir ou suprimir os mercados, mas para tomar iniciativas que deem a mais gente mais acesso a mais mercados de mais maneiras. E combinar o incentivo ao espírito empreendedor com aquilo que o populismo e o estatismo econômicos costumam suprimir: o aguçamento da concorrência. À fecundidade empreendedora deve seguir-se o mecanismo seletivo da competição. Essa sequência é a fórmula do êxito.

Nada disso providencia solução fácil para os problemas conjugados do juro e do câmbio. Reforça, porém, as razões de nossa inconformidade. Comodismo fatalista, nesse campo como em outros, será ruinoso para o Brasil. Tragam o oxigênio, não nos aparelhos, mas no ar.

A capacitação dos brasileiros

Como cuidar do social
19/06/2001

Os três programas sociais que mais deram certo na história moderna do Brasil são, pela ordem de importância, a escola pública, o salário mínimo e a aposentadoria rural. Convém dar um momento de descanso às teorias e às ideologias e recolher as lições destas experiências. Seguindo o exemplo, por iniciativas simples e práticas, teremos como nos unir para livrar o Brasil da miséria.

Para ampliar o número de anos de escolarização das crianças brasileiras e para melhorar a qualidade do ensino temos de mudar o federalismo. Federalismo? Isso mesmo. Em tese, o governo federal deve cuidar das universidades, cada Estado de seus colégios de segundo grau e cada município de suas escolas de primeiro grau. Não pode, porém, funcionar assim, porque alguns estados e municípios são relativamente ricos e outros muito pobres.

Precisamos, por isso, continuar um processo, que já começou, de flexibilizar o federalismo. Os três níveis da federação devem associar-se em órgãos especiais para definir mínimos de investimento por aluno e de desempenho por escola, de primeiro ou segundo ciclo. Esses órgãos complementariam, por mecanismos de redistribuição dentro da federação, a receita dos estados e municípios que não conseguissem alcançar os mínimos de investimento. E interviriam, corretivamente, na rede escolar das unidades federadas que não cumprissem os mínimos de desempenho.

Em seguida, trataríamos do conteúdo do ensino. Começaríamos a qualificar os professores para dar aulas que substituíssem a abrangência enciclopédica pelo aprofundamento seletivo e a memorização de fatos pelo cultivo de capacidades analíticas e práticas.

O salário mínimo tem sido, no Brasil, a segunda melhor política social, perdendo só para a escola pública. Continua aviltado. Precisa e pode aumentar muito. Para isso, temos de acabar com os efeitos automáticos do salário mínimo sobre os outros salários e sobre as pensões.

Não basta. Precisamos criar empregos para os trabalhadores mais pobres, ao mesmo tempo que lhes elevamos o salário. A melhor maneira é acabar com todos os encargos sobre a folha de pagamentos, subsidiar, por concessões fiscais ao empregador, o salário mínimo maior e elevar, em troca, a tributação do consumo.

A aposentadoria rural é a mais bem-sucedida transferência de renda a um grupo grande de pobres no Brasil. Precisamos encontrar outras. Nem a renda-mínima generalizada, nem a bolsa-escola distinguem, com eficiência, os grandes bolsões de pobreza. Há, porém, alternativas que o fazem. Uma delas é regularizar a posse da terra nas periferias das metrópoles brasileiras, onde grande parte da população mora em situação irregular, e fornecer material de construção subsidiado e orientação sobre maneiras baratas de construir. Essa solução transfere propriedade e renda ao nosso maior bolsão de pobreza. O segundo maior são os lavradores, beneficiados pela aposentadoria rural. E estimula atividades econômicas onde são mais necessárias.

Estas ideias não são minhas. São nossas. Apenas dão continuidade às políticas sociais que mais fizeram diferença no Brasil. Aproveitam as melhores realizações tanto do governo atual quanto do PT. Definem bases de uma união nacional contra a pobreza, a ignorância e a crueldade.

Como melhorar o ensino
26/02/2002

Educação no Brasil não presta. Nosso problema de ensino não é apenas de quantidade – de mais vagas, escolas e professores. É de qualidade: em todos os níveis, tanto na maioria das escolas particulares quanto nas escolas públicas, o ensino é pior do que medíocre; é péssimo. Sua ruindade se torna mais patente à medida que as atenções do país se voltam para a difusão do ensino médio.

Péssima sob dois aspectos. Em primeiro lugar, porque falta a grande parte do professorado o domínio das matérias que ensina. Em segundo lugar, porque o ensino, mesmo nas escolas privadas frequentadas pelas classes abastadas, continua preocupado com a transmissão de informações. É enciclopédico em vez de ser seletivo. É factual em vez de ser analítico. É simultaneamente massificado, individualista e autoritário em vez de ser cooperativo. Sempre há o milagre dos talentos que se afirmam contra o meio. Mais importante é a tragédia das vocações, que, aos milhões, nunca se revelam, sufocadas no berço por falta de instrumentos e de inspiração.

A solução começa na convergência entre três séries de iniciativas. Todas se aplicam, com ajustes, às outras áreas da política social, inclusive a saúde e a segurança.

A primeira iniciativa é a organização de um núcleo de reformadores que dirija a reorientação do nosso ensino. E que nos dê escolas que, preferindo o aprofundamento instigante à abrangência superficial, usem a informação para desenvolver a capacidade de análise.

A segunda iniciativa é a formação do professorado. Ganhos de salário e melhores oportunidades devem estar condicionadas a todo um itinerário de qualificações progressivamente mais exigentes. Os estados e os municípios têm de participar. Só o governo federal, porém, pode bancar.

A terceira iniciativa é a associação do governo federal, dos estados e dos municípios em órgãos transfederais que vigiem e assegurem o preenchimento de mínimos de investimento por aluno e de desempenho por escola. É um sistema que exige para funcionar mecanismos de redistribuição de recursos dos estados e municípios mais ricos para os mais pobres. E que requer procedimentos para intervir, corretivamente, quando esses mínimos deixem de ser preenchidos. Ao cidadão deve caber recurso rápido ao Judiciário, à custa do Tesouro, sempre que os órgãos tansfederais malograrem em sua tarefa.

Dessas iniciativas pode resultar uma escola pública capaz de atrair a classe média. As melhores escolas devem ser as públicas, como ocorre em muitos países europeus. Beneficiária do ensino público, a classe média se tornará fiadora de sua qualidade, em proveito de toda a população.

A medida mais importante para alcançar os pobres é um programa federal maciço de bolsas de custeio que identifique em cada etapa do ensino as crianças mais dotadas ou aplicadas e que responda com ajuda pública generosa a cada demonstração de talento e de esforço. O resultado será revelar entre nossas crianças, sobretudo nas pobres e de cor, a genialidade oculta da nação.

Diz-se que a reforma da educação só surte efeito a longo prazo. Não é verdade. Um programa como esse produz efeitos imediatos e dramáticos. Desperta ambições e emulações em cada família brasileira. Respeita as crianças como gente grande. Fala às cabeças. Mas levanta o país pelos corações.

Uma tragédia brasileira
23/05/2006

Há um problema nacional que supera em urgência todos os outros. Liga o econômico ao social. Está no topo das preocupações populares segundo as sondagens de opinião. Esse problema é o emprego.

Entre um terço e pouco mais da metade da população adulta do país está no mercado informal de trabalho. Trabalha nas sombras, sem carteira assinada, sem direitos e sem perspectivas. Muitos são biscateiros, presos na zona entre o emprego e o desemprego: alguns mal alimentados, maltrapilhos e maltratados; outros relativamente remediados. Todos, porém, vivendo ao deus-dará, em trabalhos ocasionais. E dependentes, portanto, de apoio familiar.

A parte mais pobre atua, entretanto, num mundo em que as famílias são quase tão frágeis quanto os empregos. Nas periferias das grandes cidades brasileiras, uma mãe sozinha conduz uma de cada duas famílias. Os homens se revezam como companheiros temporários enquanto as mulheres cumprem a tarefa heroica de alimentar e de salvar os filhos.

Essa situação transforma as políticas sociais em esforço para compensar o incompensável. Reduz tanto a capacidade produtiva do país quanto a dimensão de seu mercado interno. E semeia o medo entre todos os brasileiros.

Consolidou-se a ideia de que a única resposta eficaz a essa tragédia nacional é retomar o crescimento econômico. E, para retomar o crescimento, superar o desequilíbrio das nossas contas externas, incentivando, por meio de políticas industriais e comerciais ativas, tanto as exportações quanto a substituição competitiva de importações. É uma meia verdade. Leva-nos a pensar de trás para a frente.

De fato, sem fazer crescer a economia não resgataremos metade da nação. O chavão "crescimento com inclusão" só ganha, porém, significado prático por meio de três compromissos.

O primeiro compromisso – dirigido aos que estão em cima – é o de garantir que viver de trabalhar e produzir seja melhor negócio, para quem tenha capital e conhecimento, do que viver de renda. Daí a necessidade de um juro real que seja menor do que a taxa média de retorno dos negócios. E que não seja usado para equilibrar nossas contas externas por meio de uma recessão programada. Antes de mudar a cabeça dos mercados a respeito do juro, é preciso mudar a cabeça do governo. A melhor maneira de fazê-lo é mudar o governo.

O segundo compromisso – endereçado aos que estão no meio – é o de assegurar a milhões de empreendedores e profissionais emergentes ou potenciais acesso ao crédito e às capacitações. E de fazer deles motor de crescimento.

O terceiro compromisso – destinado à maioria em baixo – é o de salvar essa maioria da vida de biscateiro. A unificação dos mercados formal e informal de trabalho passa por iniciativas como desonerar a folha salarial de todos os tributos e encargos e condicionar os direitos e as vantagens tanto do empregado quanto do empregador – inclusive o financiamento público ou privado – à legalização da força de trabalho de cada empreendimento.

Dando a número muito maior de brasileiros em condições para trabalhar e produzir com segurança é que resolveremos, pouco a pouco, nossos problemas, inclusive o do desequilíbrio externo. Fora daí, não haverá nem crescimento duradouro nem inclusão social. O país continuará dividido contra si mesmo. E injusto demais para ser livre, próspero ou grande.

Ensino já
18/03/2003

O país precisa tanto de controvérsia quanto de consenso. Há tema, mais importante do que qualquer outro, a respeito do qual podemos construir convergência fecunda: a maneira de melhorar a qualidade do ensino público.

Nenhuma realização do governo de Fernando Henrique Cardoso foi mais benéfica do que o aumento da escolaridade; especialmente, a difusão da escola média. Foi esforço de que participaram governadores, prefeitos e educadores de todos os partidos. Consolida-se nos quadros dirigentes do país a convicção de que a tarefa prioritária agora é dar salto qualitativo na educação.

Três conjuntos de iniciativas nos permitiriam fazer muito com pouco, obtendo resultados que logo começariam a transformar a vida brasileira, ainda que demorassem toda uma geração a surtir seus efeitos mais poderosos.

A primeira tarefa é assegurar o cumprimento de mínimos de investimento por aluno e de desempenho por escola, primária ou secundária, em todo o Brasil. O meio para fazê-lo é flexibilizar o federalismo, associando os governos federal, estaduais e municipais em órgãos colegiados, incumbidos de definir os mínimos, de supervisionar sua execução, de intervir corretivamente quando deixassem de ser satisfeitos e de suplementar os recursos financeiros e humanos dos estados e dos municípios mais pobres. É caminho que já começamos a percorrer. O ponto decisivo é a negociação de pacto federativo que distingue entre duas situações. Quando as faltas se originarem na incompetência dos governos locais, a solução é sequestrar, sob a vigilância dos tribunais, a parte pertinente do orçamento estadual ou municipal e usá-la para fazer cumprir os mínimos. Quando as faltas resultarem da pobreza das populações e dos governos locais, a solução é redistribuir recursos dos estados ou municípios mais ricos para os mais pobres. Seria facilitada pela transformação de um IVA federalizado, repartido entre os estados, em fonte maior da receita pública.

A segunda obra a realizar é mudar a natureza do ensino. Deve ter por orientação o aprofundamento seletivo em substituição ao enciclopedismo superficial, o cultivo de capacidades analíticas no lugar da memorização de fatos, e a cooperação construtiva na aprendizagem em vez da mistura de autoritarismo e de individualismo. Que o governo federal a ajude a formar professores capazes de praticar essa reorientação pedagógica, fornecendo a eles os materiais e os exemplos de que precisem e condicionando seus ganhos salariais a avanços de qualificação.

A terceira proposta é radicalizar a meritocracia por meio da educação. Temos de identificar, por critérios objetivos, os alunos mais aplicados ou talentosos em todos os níveis do ensino, desde os primeiros anos. E passar a dotá-los de estímulos especiais e de bolsas generosas, que suplementem um programa básico e universal de bolsa-escola. Serão – sobretudo os pobres e negros – herdeiros da República, em vez de serem herdeiros das famílias ricas que não têm. Formarão uma contraelite republicana para competir com a elite de herdeiros que ainda concentra em suas mãos riquezas e oportunidades. Abrirão caminho para todos. Quebraremos, com isso, o marasmo do nepotismo e do fatalismo. Daremos início à escalada de energia e de ambição. O Brasil não será apenas sacudido. Será inspirado.

Social fora de foco
16/12/2003

O governo Lula aderiu à ideia de "focalizar" as políticas sociais. Com isso, confirmou que está perdido.

Focalizar as políticas sociais significa dirigir apenas aos mais carentes os recursos disponíveis para o social. A focalização se opõe a políticas ditas universais: destinadas a todos. Segundo o raciocínio da focalização, como o orçamento é limitado, precisa haver fila. Os mais pobres devem ser os primeiros na fila. Grande mal do Brasil, dizem, é que os benefícios sociais vão em peso para quem menos precisa deles: a classe média, que, por exemplo, frequenta as universidades públicas.

Focalizar parece, portanto, exigência de bom senso e de equidade. Nos Estados Unidos, onde fraqueja agora a imaginação transformadora, os filósofos se juntam aos técnicos para alardear as excelências dessa orientação. Não falta no Brasil quem os siga.

Orientação errada. Política social é ramo da política, não da caridade. Nenhum dos países europeus em que se consolidou a social-democracia chegou lá priorizando políticas sociais focalizadas. Todos se dedicaram à construção de políticas universais de educação, saúde e previdência. Apenas sobre essa base ofereceram ajuda maior aos mais pobres. Reformaram instituições para conseguir mais igualdade. Usaram política social para capacitar seus cidadãos, não para atenuar os efeitos da falta de democratização de oportunidades.

Um dos objetivos da opção pela universalidade é formar maioria que defenda o Estado social por se beneficiar com ele. Outro é formar cidadania que tenha a segurança social necessária para constituir nação unida, capaz e inovadora. Política social não é distribuição de esmola a necessitados enfileirados por ordem de suas necessidades. É construção nacional. Programas só para os mais pobres – ao invés de programas que incluam os mais pobres – não resistem aos ciclos econômicos e políticos. Nos Estados Unidos, sede da propaganda em prol da focalização, as políticas sociais universalizantes do presidente Roosevelt perduram. A "guerra contra a pobreza" do presidente Johnson sumiu.

Esse debate tem significado especial para nós. O Brasil só muda quando a classe média se desgarra da plutocracia de viés colonial e passa a liderar reorientação do país em proveito de todos. Entre nós, focalização das políticas sociais é referência cifrada a guerra contra a classe média. Guerra que o governo atual conduz com afinco, convencido de ter na aliança entre financistas e famintos base melhor para hegemonia política duradoura. O exemplo mais claro do lado que o governo tomou será a campanha que ele está prestes a deslanchar contra a já destruída universidade pública e seus já arruinados professores.

Política séria é tragédia e transformação. É trágico não poder concentrar no atendimento dos mais sofridos os recursos limitados do Estado. Só por meio dessa tragédia, porém, é que se transforma sociedade de dependentes em república de cidadãos.

Não culpemos pelo desvio da focalização os tecnocratas que fazem no governo o que sempre apregoaram. Responsável é quem os chamou: o homem que – sem clareza, sem coragem e sem fidelidade a compromissos históricos e eleitorais – ocupa a Presidência da República.

Ensino e futuro
04/04/2006

Nada é mais importante no Brasil de nossos dias do que a capacitação dos brasileiros por meio da melhora da qualidade da educação. E no esforço para melhorar-lhe a qualidade nada é mais fundamental – ou menos discutido – do que o conteúdo e o método do ensino. Entre nós, porém, debate-se qualquer coisa acerca do ensino menos o ensino em si mesmo. A controvérsia a respeito da orientação pedagógica continua desdenhada como luxo e divagação. Está errado, tragicamente errado.

O Brasil não ascenderá no mundo na trilha da China, como país de trabalho barato e descartável. Não temos centenas de milhões de lavradores dispostos a fazer tudo por nada. O que nós temos, em meio a uma riqueza natural singular, são dezenas de milhões de trabalhadores, a maioria sem emprego seguro ou legal, marcados por energia desmedida e desequipada, em busca de oportunidade para subir a escada da qualificação educativa e da oportunidade econômica. Precisamos transformar o improviso acidental em flexibilidade pensada. Para isso, só há um jeito: mostrar aos jovens como fazer, ministrando-lhes ensino que, mais do que informativo, seja capacitador.

Permito-me traduzir essa tese em depoimento pessoal. O maior educador da nação que tivemos foi Anísio Teixeira. Quando ele tinha mais de sessenta anos e eu menos de vinte, tornei-me seu amigo e interlocutor. Como secretário de educação do governo de meu avô na Bahia ele havia implantado a escola-parque, depois divulgado por mãos de seu discípulo Darcy Ribeiro sob o nome de escola integral. O que ficou claro em minhas conversas incessantes com Anísio é que a escola de tempo integral, com apoio amplo ao aluno, destinava-se a ser apenas o arcabouço físico e social de uma educação revolucionária no método e no conteúdo. Enciclopedismo superficial e inconsequente cederia lugar a ensino que mobilizasse a informação seletiva e aprofundada como palco para o desenvolvimento de capacidades analíticas. Na Universidade de Columbia, Anísio se havia debruçado sobre os escritos de John Dewey e encontrado na filosofia do pragmatismo americano incitamento para a revolução de ensino que preconizava no Brasil. Julgava-se derrotado. Esquecera a advertência de Unamuno: por serem vitoriosos os que se adaptam às ideias do mundo e derrotados os que exigem que o mundo se adapte a suas ideias, é dos derrotados que depende o avanço da humanidade.

Tomei como minha a causa do Anísio. Não há futuro para nós sem que se instaure em nosso país um ensino que substitua o enciclopedismo pelo aprofundamento, a informação morta pela análise viva, o individualismo e o autoritarismo na sala de aula pela cooperação e a transmissão de um conhecimento tido por canônico pela experiência da dialética de pontos de vista contrastantes. De todas essas formas, o que se impõe é a antecipação para cada estágio da aprendizagem, desde os primeiros, de características do trabalho científico e crítico mais alto.

Meu malogro na defesa dessa tese tem sido acachapante. Apesar dos muitos anos e dos numerosos contextos em que luto por ela, não consegui trazer para ela um único dos meus concidadãos. Afirmo, entretanto, que nisso erram eles gravemente. Por isso, persistirei. Consolo-me com a observação do poeta Blake: se o tolo persistisse em sua tolice, ficaria sábio.

Revolucionar o ensino público
04/10/2005

Aprofundar a democracia, mudar o modelo econômico, revolucionar o ensino público – essas as diretrizes da alternativa de que precisa o Brasil. Nenhuma das três irá longe se não puder apoiar-se nas outras duas.

A reflexão sobre o ensino deve começar na apreciação de um aparente paradoxo: o Brasil gasta muito em educação, à luz de comparações internacionais, e pouco parece obter em troca. A aparência de paradoxo, porém, logo se dissipa quando se levam em conta as vastas desigualdades da sociedade brasileira – entre as mais extremas de toda a história humana – e a falta entre nós de uma cultura familiar que preze o estudo e que exalte a excelência acadêmica. O resultado é que um engenho assombroso costuma perder-se em improviso inculto. Num país com essas características, o investimento em educação não pode seguir a média internacional; precisa ser prioritário e maciço.

Proponho que essa obra – que não seria exagero chamar de libertadora – se desenvolva simultaneamente em dois planos: o do esforço diuturno para expandir a abrangência e melhorar a qualidade do sistema público e o da reorientação radical desse sistema.

No primeiro plano, as prioridades hoje são: universalizar o ensino médio; reconstruir e refinanciar o regime de formação inicial e de requalificação periódica do professorado, assegurando, com apoio federal, os incentivos econômicos adequados; disponibilizar materiais pedagógicos muito mais ricos na sala de aula; fazer a transição para a escola em turno integral; evitar que "progressão continuada" degenere em aprovação automática e monitorar obsessivamente a qualidade do desempenho de escolas, alunos e professores. Não para punir e cercear, mas para compreender, ajudar e corrigir. Adversário dos governos Fernando Henrique Cardoso e Lula, reconheço que eles iniciaram parte dessa agenda.

O trabalho nesse primeiro plano só será fecundo, porém, se for combinado com o trabalho no segundo, de reorientação audaciosa. Em primeiro lugar, associação dos governos federal, estaduais e municipais em órgãos conjuntos para definir mínimos de investimento por aluno e de desempenho por escola em todo o país e para redistribuir fundos e quadros dos lugares mais ricos para os mais pobres. Recurso do cidadão ao judiciário quando esse mecanismo transfederal malograr e poderes para o juiz sequestrar recursos orçamentárias e nomear administradores profissionais independentes de escolas. Em segundo lugar, revolução no paradigma pedagógico: aprofundamento seletivo em vez de enciclopedismo superficial; análise em vez de memorização ou divagação; capacitações, métodos e ideias em vez de fatos; cooperação no ensino e na pesquisa em vez de combinação do autoritarismo com o individualismo na sala de aula. As práticas do saber mais avançado antecipadas para os primeiros estágios do ensino. Em terceiro lugar, oportunidades intelectuais e apoios financeiros extraordinários para os alunos pobres mais talentosos e esforçados, desde o ensino fundamental até a pós-graduação, formados como contraelite republicana para rivalizar com nossa elite de apadrinhados. Surte efeito já. Inspira ambição onde havia resignação. Dá asas à energia frustrada do país e visão a um engenho cego.

Essa é uma causa factível e sagrada. Seu objetivo é colocar o brasileiro na posse de si mesmo e fazer de sua capacitação a base de nosso engrandecimento nacional.

Reinventar o social
29/11/2005

Nesses 25 anos de mediocridade imposta, passou a vigorar no Brasil uma ideia perversa do social, recomendada por nossos tutores estrangeiros. O social não teria por tarefa capacitar a maioria assalariada do país. Seria espécie de caridade destinada a atenuar o sofrimento dos mais pobres enquanto o país segue a cartilha da confiança financeira e da imitação institucional a que se renderam seus quadros dirigentes.

Proponho reorientação radical. Em todos os campos garantir o básico de oportunidades para todos – um primeiro trilho. E combinar essa universalização de oportunidades com um segundo trilho, de oportunidades especiais para os mais talentosos e esforçados. Exemplifico a ideia nos dois campos mais importantes: emprego e ensino.

Na área do emprego, o primeiro trilho é acabar com a informalidade em massa e estimular a contratação e a qualificação dos trabalhadores mais pobres. Para isso, abolir todos os encargos sobre a folha de salários, financiando os direitos trabalhistas por meio dos impostos gerais. E assegurar incentivo tributário a quem empregue e qualifique trabalhador menos qualificado. Medidas que só se viabilizam no quadro de uma política econômica que substitua gastança em juros por gasto em brasileiro.

O segundo trilho consiste em usar os poderes e os recursos do Estado para instrumentalizar a multidão empreendedora, imensa e desequipada, que emerge de baixo. Em vez de usar dinheiro de trabalhador e de contribuinte para subsidiar graúdo, difundir, entre os empreendedores emergentes, tecnologias e práticas avançadas e maneiras de ganhar escala de produção e acesso a mercados. Muitas Emprabas, muitos Sebraes, muitas novas maneiras de baratear crédito e tecnologia, ativamente promovidas pelo governo – esse é o caminho.

No domínio do ensino, o primeiro trilho é garantir mínimos de investimento por aluno e de desempenho por escola em todo o país, monitorar intensivamente os resultados, flexibilizar o regime federativo para facilitar a transferência de recursos e quadros dos lugares mais ricos para os mais pobres e formar professores aptos a ministrar ensino analítico e capacitador.

O segundo trilho passa pelo esforço de identificar os alunos mais talentosos e esforçados e de lhes oferecer oportunidades acadêmicas extraordinárias e apoios econômicos abrangentes. Vocês que não têm heranças ou padrinhos, sejam herdeiros da República e vanguarda do povo brasileiro, dirá a eles um Estado que não mais esteja no bolso dos endinheirados.

Tanto na economia quanto na educação, essa política social em dois trilhos – o fundamental e o extra – surtirá o máximo de efeito com o mínimo de recursos. Reconciliará as urgências do presente com as exigências do futuro. Dará braços para todos: base de oportunidade e de capacitação. E asas para quem possa e queira voar: vez para o talento, para a tenacidade, para a obsessão criadora e construtiva.

O impacto dessa reorientação será revolucionário e imediato, ainda que alguns de seus frutos demorarem a amadurecer. O país trocará a inibição pelo dinamismo. O povo brasileiro será sacudido por onda de ambição e de esperança. O Brasil continuará vergado sob o peso de muitos de seus defeitos. Passará, porém, a ter o uso de algumas de suas virtudes.

Prioridade nacional
27/06/2006

O que precisa para traduzir em obra transformadora nosso aparente e ainda vazio consenso a respeito da necessidade de fazer da educação prioridade nacional? Três revoluções factíveis e entusiasmantes.

Revolução de responsabilidade. O governo federal, trabalhando em conjunto com os estados e os municípios, tem de ser responsabilizado pela disponibilidade e pela qualidade do ensino básico em todo o país. O alvo é substituir em pouco tempo nossos 6 anos de escolaridade média por 12 e construir escola pública boa o bastante para atrair a classe média, como fiadora e reivindicadora de sua qualidade. Mínimos nacionais, sistematicamente monitorados, de investimento por aluno e de desempenhos por escola. E poderes e recursos para intervir, sob vigilância judicial, quando e onde os mínimos deixem de ser cumpridos. O Fundeb é um começo. Efetivada na educação, essa flexibilização do regime federativo serve para tudo na política social.

Revolução de abrangência. Escola que ocupa o aluno 4 horas por dia não é séria. Precisa ocupar o dia todo. E fornecer alimento e cuidado médico e dentário, engajando famílias e comunidades. Não temos de começar por construir prédios nem ir, num só salto, de 4 horas para 8. Avancemos pragmaticamente, de acordo com as possibilidades: o rumo importa mais do que o tamanho de cada passo.

Revolução de conteúdo. Não é verdade que a alternativa ao ensino enciclopédico e memorizador seja a falta de rigor travestida de modernismo pedagógico. Não se aprende matemática aprendendo a analisar e a resolver problemas? Pois o mesmo se dá em qualquer campo do conhecimento: desenvolver capacitações para analisar, sintetizar, reformular e reconstruir é o que importa. Para isso, é preciso qualificar o professorado, com incentivos de avanço profissional providenciados pelo governo federal. E garantir oportunidades acadêmicas e apoios econômicos especiais para os alunos pobres mais talentosos e esforçados. Sejam eles formados como vanguarda republicana para tomar o lugar de uma elite de herdeiros e de apadrinhados.

Aí está a essência de um projeto com potencial para mudar o futuro e o presente do país se a tarefa for imaginada com ousadia, defendida com autoridade intelectual e política e executada com a necessária combinação de ardor, eficiência e realismo. Mudará o futuro graças às capacidades que constrói. Mudará o presente por meio da esperança e da energia que desperta. É a libertação do Brasil.

Educação: escolhas
18/07/2006

Faz sentido federalizar o ensino básico, tirando as escolas das mãos de prefeitos e governadores? A federalização pura não é factível ou conveniente. Fortaleçamos a responsabilidade da União para que, trabalhando em conjunto com os estados e os municípios, assegure mínimos de investimento por aluno e de desempenho por escola em todo o Brasil. O Fundef e o Fundeb são pontos de partida. Faltam mecanismos para intervir quando os mínimos deixarem de ser atendidos. Flexibilizar o federalismo, sim; suprimi-lo, não.

Já não gastamos muito em educação em comparação com outros países ricos ou pobres? Nosso problema não seria de eficiência do gasto? Gastamos muito, mas temos de gastar mais, mesmo melhorando a eficiência do gasto. Sociedade muito desigual tem de gastar muito mais em educação do que sociedade menos desigual: a escola luta contra o meio.

É preciso construir escolas novas e diferentes para implantar turno integral e assistência alimentar e médica abrangente? Menos atenção para prédios, por favor, e mais atenção para gente. Na maior parte do país, podemos começar a ampliar tanto o horário do ensino como a ajuda aos alunos sem construir nada, a não ser pessoas.

E que espécie de ensino se deve ministrar na escola pública melhorada? O foco tem de ser ensino analítico e capacitador, priorizando operações conceituais básicas, como análise matemática e leitura crítica. Ao invés da mistura de decoreba com fantasia. Nada de especializações rígidas e de profissionalizações precoces. Ensino do século 21 é transmitir a milhões de pessoas capacitações genéricas. Com isso, estarão prontas para tudo.

E de onde vem os professores para tal aprendizagem? O sistema de requalificação em meio de carreira, de incentivos econômicos para buscá-la e de disponibilização de materiais pedagógicos só pode vir do governo central.

Não demoraria 30 anos para termos uma escola pública que não seja só para pobre, porque consiga atrair a classe média? Não demora mais do que 4 anos, se fizermos direito. Um atalho é o seguinte: programas escolares especiais e apoios econômicos extraordinários para os estudantes pobres mais talentosos e esforçados. Eles viram elite de merecimento, preparada para frequentar depois as melhores universidades, dentro e fora do país. A classe média vai querer ficar junta. Aí muda a educação. Muda o Brasil.

É difícil de viabilizar esse projeto? Não, os componentes são até fáceis de executar; o que assombra é o conjunto da obra. Exige tenacidade quase insana.

Educação sem romantismo
03/10/2006

A causa da melhora da qualidade do ensino básico foi sacralizada no Brasil: todos lhe professam devoção. Não se teve a paciência de encontrar ideias para fazer da devoção uma realidade.

Comecemos pelo começo: dinheiro. Sem aumentar em muito o investimento em educação – dos poucos mais de 4% do PIB que gastamos hoje para cerca de 7% – não resolveremos. E dinheiro, no tempo e na quantidade necessários, só pode vir, na realidade fiscal atual, de duas fontes: rebaixamento dramático dos juros que o governo paga aos credores da dívida pública interna e aumento da idade da aposentadoria. Outras fontes possíveis são tão complicadas, política e juridicamente, que não atendem o objetivo imediato.

Depois de dinheiro, vêm poder e responsabilidade. Transferir a gestão das escolas básicas ao governo federal seria impraticável mesmo que fosse (e não é) conveniente. Deixar tudo nas mãos de prefeitos e governadores, porém, é aceitar que escola de qualidade dependa de governante local com recursos, competência e boa-fé. Impor padrões nacionais, monitorar, redistribuir recursos e quadros dos lugares mais ricos para os mais pobres e intervir corretivamente quando necessário. O Fundeb representa apenas primeiro passo.

Assegurados dinheiro e poder, acertar a relação entre o público e o privado. Abaixo o preconceito ideológico: experiências como a de alguns estados da Índia mostram que reforma do ensino público pode caminhar junto com facilidades para melhorar o ensino particular, tornado acessível aos pobres, com apoio do governo.

E o conteúdo? Dar prioridade ao domínio de operações conceituais, exercitadas em dia escolar que se alongue: aprender como resolver problemas em matemática; como ler textos; como analisar, formular e escrever ideias; como buscar o conhecimento. Nada de enciclopedismo informativo ou de modismos pedagógicos. Professores formados, equipados e incentivados por iniciativas do governo federal – inclusive rede de "escolas normais" para qualificá-los.

Depois de tudo isso, ir fundo no esforço de identificar, em todos os níveis do ensino, os alunos pobres mais talentosos e esforçados. E oferecer-lhes apoios econômicos abrangentes e oportunidades acadêmicas extraordinárias. Serão os bolsistas da república. Sua chegada sacudirá a nação, porque lhe dará esperança.

Despi a causa de seu romantismo. Ficou só o essencial, de problemas e de soluções. Haveria enorme apoio nacional e internacional. Por que não fazer?

Educação para valer
14/11/2006

Vamos ou não vamos afirmar a responsabilidade federal pela qualidade do ensino básico? Enquanto o governo federal cuidar só de universidade e de escola técnica, e se limitar a transferir recursos para que estados e municípios cuidem do resto, não avançaremos. É impraticável colocar o ensino básico sob gestão federal. A solução é impor padrões nacionais mínimos de investimento e de desempenho. Compensar, com recursos federais, as desigualdades dentro da federação. Monitorar de perto os resultados. E construir mecanismos para intervir e corrigir quando os mínimos deixem de ser alcançados.

Vamos ou não vamos universalizar o ensino médio dentro de quatro anos e ampliar o alcance do pré-primário, dirigido à população pobre? Esses são hoje os dois pontos críticos da escolarização no Brasil. Menos prioritária é a expansão do ensino técnico e profissionalizante. Os países que deram ênfase a ele abandonam essa ênfase; hoje, o que conta e o que perdura, mesmo para as empresas, são as capacitações genéricas, não as especializações rígidas.

Vamos ou não vamos repensar a relação entre governo, escola pública e escola privada? Nada de preconceito ideológico. Façamos como fazem governos, inclusive de esquerda, em muitas partes do mundo: oferecer financiamento parcial a famílias pobres que prefiram matricular os filhos em escolas particulares, desde que essas escolas desenvolvam materiais e práticas pedagógicos que a escola pública possa depois aproveitar.

Vamos ou não vamos mudar o conteúdo e o método do ensino brasileiro? Abaixo o enciclopedismo informativo. Foco nas operações conceituais básicas, de análise, interpretação e formulação, em todos os campos do conhecimento. Para os professores, piso salarial, incentivos de qualificação e oportunidades para estudo ao longo da carreira.

Vamos ou não vamos tratar com especial atenção os alunos pobres mais talentosos e esforçados? Bolsas abrangentes e programas extraordinários para fazer deles uma contraelite de merecimento e sacudir o Brasil.

Vamos ou não vamos assegurar dinheiro para tudo isso? Não basta gastar melhor. É preciso gastar mais: 6% do PIB em vez dos 4% que gastamos hoje. Faz parte do preço de nossa desigualdade.

É para valer ou não é? Falta pretexto para não valer: nenhuma das outras transformações de que precisamos suscitaria apoio tão amplo e entusiasmado, no Brasil e no mundo. Seria o começo da libertação do povo brasileiro.

Oito medidas para educar
12/12/2006

Para a educação, assim como para o desenvolvimento, é preciso ter visão e projeto. Projeto e visão podem, porém, induzir vertigem e desânimo. Aqui vai, em troca, elenco de iniciativas pontuais, inspiradas no que deu certo no mundo.

Começo com duas preliminares. A primeira preliminar é que precisamos gastar mais. Quanto mais desigual o país e menos forte nele a tradição de cultivar o estudo em casa, maior tem de ser o gasto em educação. É nosso caso; precisamos gastar muito mais do que a média mundial. A segunda preliminar é reconhecer que melhora de qualidade da educação surte efeito imediato, não só a longo prazo. Nenhum país que se endividou para financiar salto de qualidade em seu ensino foi por isso castigado pelos mercados; sabem que a educação presente é a garantia mais certa da riqueza futura. Mais importante ainda é o impacto sobre o ânimo da nação. Inquietação, emulação, energia são tudo na vida de um povo.

1. Assegurar piso salarial e plano de carreira aos professores em todo o país. O governo federal tem de se acertar com os estados e municípios e completar a diferença para as entidades federadas mais pobres.

2. Construir sistema nacional de "escolas normais" e de faculdades de educação para formar e atualizar os professores ao longo de suas carreiras, não só no início.

3. Medir várias vezes por ano o desempenho de todas as escolas. Discutir os resultados no país e em cada comunidade. O monitoramento não é apenas para suprir falhas. É também para propagar as inovações locais bem-sucedidas.

4. Ter o governo federal como intervir e consertar quando, em períodos seguidos, o desempenho seja inaceitável.

5. Focar a formação dos professores e os textos escolares na pedagogia das operações conceituais básicas: análise de problemas, interpretação de textos, formulação de argumentos, uso de fontes de pesquisa.

6. Engajar as associações de pais no trabalho das escolas e na execução de um plano de estudo para cada criança. E quando a família não tiver condições para participar, designar professor ou membro da comunidade que faça as vezes desse acompanhamento familiar.

7. Combinar o ensino direto com o ensino à distância e com a comunicação entre escolas. Cada estudante deve receber computador simplificado, ligado a rede nacional de internet pública dedicada à educação.

8. Oferecer programas especiais aos alunos, sobretudo pobres, mais talentosos e esforçados. Tais programas sacodem a mediocridade satisfeita. Acordam a genialidade calada.

Essas medidas representariam uma revolução.

Redistribuir a renda?
01/08/2006

Se há algo sobre o qual quase todos parecem concordar no debate brasileiro, é a necessidade de redistribuir a renda. Nada mais natural num país que é um dos mais desiguais do mundo. Há, porém, um problema: o aparente consenso esconde uma ambiguidade. E a ambiguidade ajuda a ocultar um engano. Enquanto não resolvermos a ambiguidade e superarmos o engano, não avançaremos naquilo que mais reivindica a nação: desenvolvimento com justiça.

Redistribuição de renda pode ocorrer de duas maneiras diferentes. Uma maneira é por transferências compensatórias de recursos. O governo tributa e usa a receita pública, quer para transmitir dinheiro diretamente aos mais pobres, como nos casos da Aposentadoria Rural ou da Bolsa Família, quer para financiar políticas sociais que lhes melhorem o padrão de vida. Contrariamente ao que se supõe, a forma mais eficaz dessa transferência compensatória de recursos, tal como praticada, por exemplo, nas social-democracias europeias, não depende da tributação progressiva: aquela que incide sobre os mais ricos para beneficiar os mais pobres. Por mais desejável que seja essa tributação progressiva, ela nunca consegue dar conta do recado: causa muita confusão econômica para relativamente pouca receita. É por isso que mesmo os países mais igualitários acabam por se socorrer em peso de uma forma de tributação – o imposto sobre o valor agregado – que incide, em última instância, sobre o consumo de todos. Tem uma enorme vantagem: permite muita arrecadação em troca de relativamente pouco desincentivo econômico. O que se perde, de efeito redistribuidor, na hora de arrecadar, ganha-se em dobro na hora de investir mais dinheiro no social.

A outra maneira de redistribuir a renda é por meio da democratização de oportunidades econômicas e educativas. E de todas as mudanças institucionais que contribuam, direta ou indiretamente, a esse efeito. Por exemplo, ampliar o acesso dos empreendedores emergentes ao crédito e à tecnologia; melhorar a qualidade do ensino público; tomar medidas, como a supressão dos encargos sobre a folha de salários, que deixem de castigar quem empregue e qualifique o trabalhador.

A lição da experiência mundial é inequívoca. A transferência compensatória de recursos é útil e até imprescindível, porém como assessória da democratização de oportunidades econômicas e educativas. A democratização de oportunidades é sempre a base. A transferência compensatória é só o complemento. Compreender isso é revolucionar a discussão nacional e abrir caminho para outro futuro.

Ensino que ensine
09/01/2007

Jogar com as ambiguidades, cultivar o improviso, juntar o que se pretende irreconciliável e dividir o que se supõe unitário, usar falta de método como método, tratar enigmas como soluções e o inesperado como o caminho – são traços da cultura do povo brasileiro. Estratégias de sobrevivência? Porque não também manancial de grandes feitos, tanto na prática como no pensamento?

A orientação de nosso ensino costuma ser o oposto dessa fecundidade indisciplinada: dogmas confundidos com ideias, informações sobrepostas a capacitações, insistência em métodos "corretos" e em respostas "certas", ditadura da falta de imaginação. Nega-se voz aos talentos, difusos e frustrados, da nação. Essa contradição nunca foi tema de nosso debate nacional. Entre nós, educação é assunto para economistas e engenheiros, não para educadores, como se o alvo fosse construir escolas, não construir pessoas.

Preconizo revolução na orientação do ensino brasileiro. Nada tem a ver com falta de rigor ou com modismo pedagógico. E exige professorado formado, equipado e remunerado para cumprir essa tarefa libertadora.

Em matemática, por exemplo, em vez de enfoque nas soluções únicas, atenção para as formulações alternativas, as soluções múltiplas ou inexistentes e a descoberta de problemas, tão importante quanto o encontro de soluções. Em leitura e escrita, análise de textos com a preocupação de aprofundar, não de suprimir, possibilidades de interpretação; defesa, crítica e revisão de ideias; obrigação de escrever todos os dias, formulando e reformulando sem fim. Em ciência, o despertar para a dialética entre explicações e experimentos e para os mistérios da relação entre os nexos de causa e efeito e sua representação matemática. Em história, e em todas as disciplinas, as transformações analisadas de pontos de vista contrastantes.

Nada disso se parece com o objetivo – cretino – de fazer do aluno um simulacro humano da enciclopédia. Tudo se destina a capacitá-lo a compreender realidades, a mobilizar saber e a usar e desenvolver ideias. O mesmo objetivo vale desde o pré-primário até a pós-graduação universitária.

Isso é educação. O resto é perda de tempo. O resto absorve os esforços da maioria das escolas no Brasil e em muitos outros países. Os pais se dão por satisfeitos quando seus filhos tiram boas pontuações em provas nacionais e internacionais voltadas para a informação e a destreza. Quem lutará para que a educação no Brasil eduque?

A reinvenção da democracia brasileira

O Estado, a classe média e os pobres
19/02/2002

O falso consenso em torno do lema "retomada do crescimento com inclusão social" esconde as escolhas decisivas que o Brasil enfrenta.

Arraigou-se sob o atual governo a ideia – característica da pregação que os países mais ricos fazem às outras nações – de centrar o esforço do Estado em dois compromissos. O primeiro compromisso é a adoção de políticas que ganhariam a confiança dos mercados financeiros internacionais embora sacrificando a produção e o emprego. Por conta da confiança viria o investimento. Já conhecemos as consequências. Os países que rejeitaram essa miragem – progresso por meio de conformismo – foram os que mais avançaram. Os países obedientes estagnaram ou regrediram.

O segundo compromisso ortodoxo é o de construir em favor dos pobres "redes de proteção social". A defesa pelo PT de propostas como a renda mínima e a bolsa-escola convergiu com a anunciada disposição do governo de dedicar as sobras do dinheiro público a programas sociais para os pobres. A classe média, ansiosa para fugir do sistema público de saúde, educação e previdência, seria atendida pelo exercício do poder regulador do Estado. O governo regularia com maior zelo os planos privados de saúde e as escolas particulares. E criaria facilidades para a previdência privada. A pedra de toque da política social seria, portanto, a divisão da política social em duas linhas de ação separadas: uma, compensatória, destinada aos carentes; a outra, reguladora, dirigida à classe média.

Parece lógico, mas está tragicamente errado. A lição mais importante do último século de medidas sociais em todo o mundo é que a política social se fortalece quando a classe média participa do sistema público. E se enfraquece quando os projetos sociais se reduzem à tentativa de ajudar os pobres. Num país tão desigual quanto o nosso, aumentam as razões para evitar a bifurcação da política social.

Em primeiro lugar, porque escola pública, hospital público e previdência pública só para pobres não servem para ninguém. Em segundo lugar, porque a classe média continuará fragilizada enquanto tiver de pagar o plano privado de saúde, a mensalidade escolar e a previdência particular. Em terceiro lugar, porque não se avança na política social sem converter a classe média em defensora dela e da tributação necessária para financiá-la. Essa conversão foi e é a base do modelo social europeu.

A alternativa é resgatar o sistema público de educação, saúde e previdência, povoando-o de centros de excelência, embora à custa de diminuir a rapidez de sua ampliação. Atrair para ele a classe média. E complementar o resgate com iniciativas que incorporem os pobres ao sistema. Para isso, flexibilizar o federalismo, associando o governo federal, os estados e os municípios em órgãos transfederais que assegurem mínimos de investimento e de qualidade. E construir no professorado, na medicina e na administração de fundos de pensão carreiras paraestatais. Nessas carreiras, compensações e promoções estariam condicionadas a qualificações e a resultados.

Nas próximas semanas, em meio aos temas do momento, mostrarei ser esse o caminho para cumprir a tarefa social, como querem todos os brasileiros. Tratemos de aliar esse desejo forte a uma ideia clara e fecunda. A aliança entre o desejo e a ideia soerguerá o Brasil e libertará a criatividade brasileira, ainda refém da injustiça e do medo.

A encruzilhada
27/03/2001

O Brasil espera, aflito, para saber se virará um país de verdade. Um país que, como todos os grandes países, se opõe aos interesses e às ilusões dominantes na época de sua ascensão.

O centro recomenda à periferia aceitar o inevitável e humanizá-lo.

Aceita-se o inevitável pela integração passiva à economia mundial, garantida pela adoção de um equivalente ao padrão-ouro do século dezenove. Seus ditames são poupança interna baixa, empobrecimento do Estado, abandono de políticas ativas de desenvolvimento, abertura irrestrita aos movimentos do capital e, como resultado de tudo isso, busca da confiança dos endinheirados, dentro e fora do país. Em vez de parecer problema, a primazia da confiança parece solução: antídoto ao aventureirismo dos governos.

Humaniza-se o inevitável com o recurso a políticas sociais compensatórias. Migalhas da mesa do crescimento lento, gradual e seguro.

Todos os países ricos e poderosos de hoje foram advertidos, no século dezenove, a seguir um rumo como este. Todos ouviram que a globalização daquela época o exigia. Todos rejeitaram o conselho fatalista, e nenhum o rejeitou mais decisivamente do que os Estados Unidos.

O Brasil, ao contrário de seu governo, nunca se conformou como a rendição. O problema é que também ainda não encontrou uma alternativa.

Difundem-se no Brasil dois discursos de resistência. Um propõe jogar tudo nas políticas sociais. O outro quer que o governo force a retomada do crescimento econômico. Nenhum dos dois resolve.

Devemos sacrificar tudo a iniciativas como a bolsa-escola e a renda mínima, enquanto mantemos o rumo atual na economia? Não, porque, embora as políticas sociais ajudem a aliviar e a capacitar, poucos podem contra o viés das estruturas. Sempre faltarão dinheiro e poder. Funcionam as políticas sociais para complementar a democratização das oportunidades econômicas, não para substituí-la.

Ou devemos forçar o crescimento, insistindo em baixar juros e a mobilizar recursos, públicos e privados, para a produção? Não, porque, no nosso sistema, ameaçaria provocar crise no balanço de pagamentos. A tentativa de superá-la obrigaria o governo a acertos casuísticos com as empresas. Em vez da ortodoxia atenuada pelo favor, o regime vigente, teríamos o favor sem o freio da ortodoxia. E, em seguida, o risco de escolha ruinosa entre o fechamento de nossa economia e o abandono de nossa rebeldia.

A mobilização dos recursos nacionais para o crescimento só será fecunda se aprendermos a coordenar sem favorecer, reconstruindo o Estado no ato de democratizar o mercado. E se descobrirmos como nos abrir ao mundo sem renunciar a uma estratégia de desenvolvimento, fundada num projeto de país.

Somados, os dois discursos de resistência – cuidar do social e retomar o crescimento – não apontam o caminho. Levam-nos, porém, ao lugar onde ele começa. Tratemos de demarcá-lo e abri-lo.

Como conter o crime
19/01/2002

O crime no Brasil tem resposta. A resposta tem duas partes.

Por que um país mais pobre do que o nosso e quase tão desigual como é a Índia apresenta índices bem menores de criminalidade violenta? A razão está no vigor e na abrangência da organização comunitária de base. O povo indiano está quase todo organizado. Muitas das associações, maculadas pela aceitação do sistema de castas, são autoritárias e excludentes. Possibilitam, contudo, a cooperação na vigilância: onde há olhos abertos, a criminalidade desaba. Assim ocorre em todo o mundo.

Aumentou o nível de organização no Brasil tanto entre os trabalhadores quanto na nova classe média emergente. A maioria da população nos bairros pobres das grandes cidades continua, porém, desorganizada. E, portanto, vulnerável ao alastramento da criminalidade.

O policiamento comunitário potencializa a organização comunitária como arma contra o crime. Policiamento comunitário não significa apenas colaboração entre a polícia e as comunidades organizadas. Significa também a prática da vigilância pelas comunidades e o recrutamento de vigilantes comunitários, treinados, remunerados e aparelhados com instrumentos de comunicação.

Se a organização comunitária e sua complementação por meio do policiamento comunitário formam o primeiro elemento do antídoto à criminalidade, o segundo elemento é o reforço decisivo da capacidade de atuação da polícia e do judiciário. São raríssimos no mundo crimes de violência impunes contra autoridades públicas, como aqueles a que estamos assistindo no Brasil, a não ser em situações de guerra revolucionária ou de desintegração do Estado. Revelam grau de impotência governamental que nenhum país tolera. Os males da repressão, ainda que excessiva, são incomparavelmente menores do que os males da impunidade.

Só se quebra o crime organizado na marra. Melhor a força inteligente do que a força burra. O que importa é qualificar a polícia, como carreira valorizada, e equipá-la com o que haja de melhor. Outras iniciativas complementam a qualificação do aparato policial. Federalizar o combate ao crime organizado e aos crimes de colarinho branco. Desarmar a população e estatizar a indústria de armamentos. Unificar as polícias civis e militares e multiplicar os recursos humanos e técnicos da Polícia Federal. Reformar o processo penal para impedir os criminosos bem representados de zombar de todos nós. Agravar as penas e humanizar as prisões.

Organizações nas comunidades e capacitações nas polícias são a fórmula básica. Cada uma das duas partes dessa fórmula torna fecunda a outra parte. E cada uma exemplifica um dos lados da condição para começar a resolver todos os problemas do país: adensamento da vida associativa e recuperação da capacidade estratégica do Estado.

O avanço nesse projeto permitirá ao país ascender. Os brasileiros já são criativos. Agora precisam ser e sentir-se seguros. Da segurança – segurança contra o crime, contra o desemprego, contra o desamparo, contra a falta de meios para praticar a iniciativa e a autoajuda – resultará a ressurreição do Brasil.

Democracia direta?
06/08/2002

No Brasil, como em todo o mundo, não há como avançar na reconciliação do crescimento econômico com a inclusão social sem democratizar a economia de mercado. E não há como democratizar o mercado sem aprofundar a democracia. Para crescer de maneira mais justa e, portanto, mais sustentável é preciso ampliar o acesso a oportunidades econômicas e educativas. Para ampliá-las, inovar nas instituições de mercado. E para inovar nelas, criar instituições políticas que facilitem a tradução de aspirações coletivas em reformas práticas.

Explica-se nesse quadro tendência crescente nas democracias contemporâneas: o esforço de enriquecer a democracia representativa com traços de democracia direta – isto é, de participação direta do eleitorado em decisões que afetem o futuro nacional e a vida quotidiana. É uma das preocupações mais candentes da assembleia que se está reunindo para formular a constituição da União Europeia. Basta abrir as revistas noticiosas do Primeiro Mundo para constatar como se banalizou essa ideia.

No Brasil a retórica oficial indicaria que estamos prontos para esse debate. A constituição de 1988, logo em seu preâmbulo, prevê que o povo exercerá o poder tanto por meio dos seus representantes quanto diretamente, inclusive por plebiscitos e referendos. O atual presidente se diz partidário da "radicalização da democracia". E os que se têm na conta de centro-esquerda moderna no Brasil vem há anos pregando a conveniência de complementar a democracia representativa com traços de democracia direta. Era da boca para fora?

Há agora razão para levar tais compromissos a sério. Não construiremos saída para o Brasil sem continuar a exigir imensos sacrifícios do povo brasileiro. Para exigir esses sacrifícios, não basta insistir que o novo modelo de desenvolvimento democratize o acesso às oportunidades. É preciso também assegurar que ele se baseie em fortalecimento da participação popular.

A sucessão presidencial ofereceria momento privilegiado para avançar nessa discussão. Entretanto, o ambiente venenoso da campanha eleitoral ameaça sufocar o debate antes de ele começar.

A tarefa mais urgente é sanear a política por meio do financiamento público das campanhas eleitorais. Em seguida, promover reformas que construam bases para um regime de partidos políticos fortes, condição preliminar a qualquer esforço sério de caminhar em direção ao parlamentarismo – parlamentarismo que não sirva para enfraquecer a soberania popular. Melhor nos aproximarmos de um sistema de "listas fechadas", pelo qual o eleitor opte por partido em vez de optar por candidato. Mais adiante, tratemos de equipar o regime presidencial com mecanismos para resolver, de comum acordo entre o presidente e o Congresso, os impasses que surjam entre eles. Entre as soluções a considerar estão o recurso aos plebiscitos e aos referendos previstos na constituição – sempre condicionados à concordância do Congresso – e a possibilidade de convocar eleições antecipadas, como se faz no regime parlamentar. Eleições sempre simultâneas para os dois poderes políticos – presidente e Congresso – e, portanto, incapazes de servir como instrumento de pressão unilateral daquele sobre este. Não é reforma para já: há muito que fazer antes. Fechar a mente para a discussão das alternativas, porém, é ajudar a acorrentar e a apequenar o país.

O foco da corrupção
14/06/2005

Dois perigos rondam o Brasil. Um perigo é que a reação contra a corrupção nos desvie da tarefa mais importante: construir alternativa política e programática. Alternativa que ancore nosso desenvolvimento em democratização irreversível de oportunidades, que defina a melhora da qualidade do ensino público como primeira prioridade e que liberte a democracia brasileira do domínio do dinheiro e obrigue os capitalistas a enfrentar o capitalismo. O outro perigo é que o esforço para pôr fim ao vale-tudo fique na periferia da corrupção em vez de alcançar seu centro. A atenção da imprensa – e, portanto, do país – está ainda voltada para os pobres diabos com as malas pretas, para os negocinhos sujos e para os políticos venais.

Primeiro, foi o tráfico de influência e de negócios, feito com cargos distribuídos a políticos como botim de pilhagem. Depois foi a compra de Congressistas, sistematizando e radicalizando prática ensaiada para facilitar a reeleição do Presidente anterior. Silêncio conivente continua a pairar sobre o terceiro e mais importante nível da corrupção: os acertos entre governantes (ou seu partido) e grandes empresários.

Não se traz à luz da averiguação o que é voz corrente na alta classe empresarial e profissional brasileira: que todos os grandes negócios no país que dependam, direta ou indiretamente, do beneplácito do governo vem servindo como base para governante exigir dinheiro – muito dinheiro – de grande empresário. Dinheiro que parece destinar-se por enquanto a partido e a campanha, não a bolso individual. Corrupção mais, não menos, nociva por ser impessoal e, portanto, sistêmica. Ocupando lugar privilegiado nesse sistema de compra e de achacamento estariam uma grande empresa privada e um grande banco privado, muito ligados. Ao lado de outras empresas, inclusive as incansáveis empreiteiras, experientes em trocar intimidade política por vantagem econômica. Sem esquecer os fundos de pensão, dirigidos por operadores de carreira desse regime político-empresarial e célebres por seu tino para investir mal e para angariar financiamentos eleitorais bem.

Não sou policial, promotor, ou sequer jornalista investigativo. Sei, porém, ser intolerável que se generalizem esses relatos em nossas elites econômicas e profissionais sem que sejam trazidas à luz, investigadas e por fim desmentidas ou confirmadas. O assunto vai direto ao coração da vida republicana. A quem pertence o poder no Brasil – à nação ou à plutocracia?

Responder a essa angústia com proposta de reforma política é diversionismo. Todo o mundo sabe que precisamos mudar as regras e o regime da política no Brasil. Das mudanças contempladas, porém, a única que surtiria efeito imediato e tangível sobre a corrupção é o financiamento público das campanhas eleitorais. Pela reforma política que hoje diz querer tinha o Presidente tanto descaso, até descobrir anteontem que lhe seria conveniente propô-la, que nem sabia estar ela há tempo bloqueada na Câmara dos Deputados pela própria base de seu governo.

O foco da corrupção é viverem amasiados o poder central e o dinheiro graúdo dos graúdos. Concubinato agravado pelo deslumbramento, pelo despudor e pela desorientação de homens que confundiram retórica com pensamento e que colocaram projeto de poder em lugar de projeto de país. Vamos ou não vamos acabar com isso agora?

As Forças Armadas e a Nação
23/08/2005

Em hora de desalento é mais importante do que nunca insistir no resguardo dos instrumentos necessários à construção do futuro nacional. Um deles – quase esquecido – são as Forças Armadas.

O mundo vive paz frágil e inquieta. Não consegue organizar pluralismo de poder militar, econômico e cultural. Retrospectivamente, esse momento de hegemonia americana parecerá breve intervalo entre o antigo antagonismo dos Estados Unidos com a União Soviética e sua rivalidade nova com a China. Travessia cheia de perigos, vastos em dimensão, mas imprevisíveis em suas feições específicas. A anarquia violenta pode irromper de uma maneira ou de outra, em espaços mais amplos ou mais restritos, mais distantes ou mais próximos de nós. Desenvolver os meios tecnológicos e humanos que nos permitam reagir com o máximo de flexibilidade contra esse caos potencial é a primeira responsabilidade das Forças Armadas hoje.

A segunda responsabilidade é defender nossa soberania desde já. O país desconhece a penetração insidiosa de nossas fronteiras, sobretudo das fronteiras amazônicas, pelo narcotráfico e pelo contrabando. Combinada com os protestos internacionais contra nossa passividade na defesa do meio-ambiente, representa um convite aberto à relativização da soberania brasileira. A solução é reafirmar nossa soberania com vigor, não em palavras, mas em atos.

As Forças Armadas capazes de cumprirem essas duas tarefas precisam contar com quadros de elite que desenvolvam tecnologias avançadas livres do controle de empresas multinacionais ou de potências estrangeiras. Só se consolida tal vanguarda quando há circulação flexível entre tecnologias de ponta de uso militar e de uso civil, quando escolas militares viram instituições acadêmicas do mais exigente rigor intelectual, quando se recrutam os futuros oficiais em todas as classes e quando eles são dignificados e bem remunerados. Remunerados de acordo com os padrões da alta classe média profissional.

Não basta, porém, contar com efetivo pequeno e qualificado. Ambas as tarefas exigem também uma base numerosa, capaz de ser penetrada pelos ensinamentos e pelas práticas do núcleo de vanguarda. Base que sirva de ponto de partida para o crescimento rápido dos contingentes quando se deflagrar no mundo uma guerra que não seja apenas local. Base que viabilize a ocupação proveitosa das regiões de fronteira. Entretanto, manter milhões de jovens em armas não faz sentido estratégico ou econômico.

A solução para esse dilema é organizar, ao lado do serviço militar clássico, uma série de serviços de natureza mista – militar, social e ambiental. Dezenas de milhares de jovens que querem prestar o serviço militar para se qualificarem são dispensados "por excesso de contingente". Buscam nas Forças Armadas um nivelador republicano de classes sociais e uma fábrica republicana de aptidões pessoais. Tratemos de aproveitá-los e de prepará-los, fazendo deles ao mesmo tempo soldados do conserto da nação, no trabalho social ou ambiental, e reserva, em caso de necessidade, de efetivo militar de grande dimensão.

Insistir no soerguimento, no refinanciamento e na reorganização das Forças Armadas, propondo debate a que todos se furtam, será sinal de seriedade na demarcação de nosso rumo nacional e de reverência pelo papel que o Brasil tem a desempenhar dentro da humanidade.

Aprofundar a democracia
27/09/2005

A alternativa de que precisa o Brasil tem três componentes: mudar o modelo econômico, revolucionar o ensino público e construir democracia capaz de acabar com o controle oligárquico do poder. Nenhum dos três pode ir longe sem os outros dois. Erram gravemente os se aferram a um em prejuízo dos outros.

É no terceiro desses três pontos que o debate brasileiro mais vem avançando. Difunde-se a convicção de que o país não conseguirá mudar de rumo sem adotar instituições que facilitem e organizem a participação do povo na política. E que permitam aos cidadãos comuns trocar o sentimento de impotência pela convicção do potencial transformador da ação cívica.

É daí que vem a reivindicação – já esboçada, mas deixada como letra morta, na Constituição de 1988 – de enriquecer a democracia representativa com elementos de democracia direta. Um desses elementos seria o direito dos eleitores de cassar os mandatos de mandatários infiéis. Outro elemento seria a faculdade dos eleitores de intervir, por meio de plebiscitos, nos impasses entre Poderes do Estado. Tais plebiscitos seriam convocados por proposta de um dos Poderes ou por iniciativa de qualquer movimento que demonstre contar, para isso, com apoio forte no país. Falseiam a tese da radicalização democrática os que a denunciam como ataque contra a democracia representativa. O que ela quer é tornar essa democracia efetiva, em meio aos extremos de desigualdade de que sofremos.

Dois equívocos são comuns entre os defensores da democracia radical no Brasil. O primeiro equívoco é supor que ela seja uma preliminar às outras partes da alternativa nacional. A experiência histórica mostra o contrário: um país só muda suas instituições políticas quando se convence de que precisa mudá-las para quebrar camisa-de-força que a impede de andar. A reorganização política do país só pode ocorrer no curso da luta para democratizar oportunidades econômicas e educativas. Preliminar mesmo, e capaz de ser consensual, apenas a necessidade de tirar da política a sombra do dinheiro, reformando o financiamento eleitoral e proibindo entendimentos secretos entre governantes e endinheirados.

O segundo equívoco é deduzir do compromisso de enriquecer a democracia representativa com elementos de democracia direta e participativa a conveniência de instaurar o parlamentarismo já. Formas de governo são invenções humanas; seu significado depende do contexto em que funcionam. Pequenas diferenças em sua construção podem surtir vastos efeitos. O eleitorado brasileiro já intuiu, nas repetidas tentativas de lhe impor o parlamentarismo, esforço para confiscar o pouco que nos resta de soberania popular. Se tivéssemos parlamentarismo hoje, todos nossos chefes de governo seriam políticos especializados em cuidar para nada acontecer. O presidencialismo que copiamos dos Estados Unidos, porém, também, não nos serve: foi desenhado para dificultar a transformação da sociedade por meio da política. O caminho é corrigi-lo, dotando-o de mecanismos para a resolução pronta dos impasses tais como plebiscitos abrangentes ou eleições antecipadas. Criam-se, com isso, condições para adotar, na etapa seguinte, um parlamentarismo que não seja de enganação e de esbulho.

Não há salvamento sem política. Não há democracia sem participação. Não há mudança sem calor e sem luz.

Revolução já
20/06/2006

Sim, revolução na política brasileira. É disso que o Brasil precisa. Resultaria de três inflexões. Nenhuma das três pode avançar sem as outras duas.

A primeira inflexão é mudança do eixo organizador da política brasileira. De um lado, estão hoje todas as grandes forças dizendo o mesmo: evitar descontrole fiscal, aliviar o ônus tributário e previdenciário sobre a produção, baixar o juro e o câmbio de forma apenas suave, focar ajuda nos mais pobres e tratar de educar o povo sem mexer em sistema que reserva ao governo federal responsabilidade direta somente por universidade pública. De outro lado, está franja de esquerdistas desorientados dizendo que quer redistribuir a renda, a riqueza e o poder, e mostrando não saber como. Falta critério divisor que faça sentido. Tudo mudará quando surgir novo conjunto de forças que proponha cortar a ortodoxia ao meio. Resguardar – e até aumentar – o superávit fiscal. Usar, porém, a margem de manobra resultante para substituir agenda de "reformas" do agrado de investidores e credores por outra, destinada a derrubar o juro e o câmbio, a democratizar o acesso ao crédito e à tecnologia, a aumentar em marcha forçada a produtividade do trabalhador e a elevar dramaticamente, sob responsabilidade federal, a qualidade do ensino público básico. Os que apostam apenas em confiança financeira e em assistência social ficarão de um lado; os comprometidos com essa reorientação produtivista e capacitadora, de outro.

A segunda inflexão é mudança de paradigma na relação entre partidos e governos. Financiamento público das campanhas eleitorais. Adoção de orçamento de verdade, impositivo, incompatível com negociações contínuas e corruptoras. Abolição de quase todos os cargos de confiança, substituídos por administração profissional e suprapartidária. Reconstrói a cultura política do país.

A terceira inflexão é mudança na maneira de organizar e de gerir o Estado para que ele possa executar aquilo que se pactue na política. Organizar carreiras de Estado recrutadas por concorrência feroz, qualificadas por preparo requintado e remuneradas por salários atraentes. Monitorar intensamente as práticas e os resultados, difundindo, sem preconceito, o que melhor funcionar. Estimular, experimentalmente, alternativas, de políticas públicas e de métodos de gestão, em cada setor. E colocar o Estado na vanguarda de novas maneiras de prover serviços.

Essa é uma revolução necessária e possível. Já.

Eficiência transformadora
25/07/2006

No debate brasileiro a direita reivindica maior eficiência do Estado. A esquerda costuma fingir-se de desentendida. O sinal está trocado; ninguém tem mais razão para preocupar-se com a eficácia do ativismo governamental do que os que queiram usá-lo para mudar o Brasil. A reorientação de rumo de que precisamos tem de vir acompanhada de requalificação da maneira de operar do Estado. Será a resultante de dois vetores: um, de reformas institucionais; outro, de práticas inovadoras.

Das três reformas políticas prioritárias – financiamento público das campanhas eleitorais, adoção de orçamento impositivo, imune ao troca-troca permanente, e supressão da vasta maioria de cargos comissionados, preenchidos por indicação política, a serem substituídos por carreiras de

Estado – as duas últimas constituem bases de um ativismo governamental eficaz no Brasil.

Tais reformas precisam ter como contrapartida revolução na maneira pela qual funcione a administração pública. Essa revolução precisa inspirar-se em modelos de gestão privada, mas não deve apenas copiá-las. (Acompanhei de perto o malogro do Presidente Fox no México em transferir mecanicamente para o setor público métodos de comprovada eficiência no setor privado.) A experiência do que há de melhor no mundo contemporâneo em matéria de administração pública indica o caminho a seguir. Metas e monitoramento sempre são importantes. O estilo de liderança na administração há de ter a abertura necessária para rever constantemente práticas à luz de resultados. Essas obviedades exigentes, porém, não bastam.

Em todos os setores – educação, saúde, assistência social, transferência de tecnologia ou segurança – a administração pública deve trabalhar em dois planos. Num plano, o do básico, o Estado proverá serviços padronizados aos cidadãos em geral. Noutro plano, o do vanguardismo experimental, o Estado experimentará com novas e melhores maneiras de prover os mesmos serviços, ou outros, sem pôr o básico em risco. Fá-lo-á, para públicos menores, ora por meio de quadros especiais dentro da administração, ora instigando e remunerando provedores privados – empresas e organizações não governamentais. O que der melhor resultado será adaptado e transferido para o primeiro plano, o da provisão básica. O que o Estado fizer no primeiro plano ganhará, aos poucos, a flexibilidade experimental do que ele houver feito no segundo.

Aí, sim, haverá como pôr alternativas nacionais em prática.

Reconstruir o Estado
06/02/2007

Tudo que o Brasil mais quer depende de algo que mal figura no debate brasileiro. Depende de reconstruir o Estado, seus quadros e suas práticas de gestão. Sem Estado capaz de dar seguimento prático ao que for, em cada momento, a vontade política da nação, a política perde seriedade. De todos os legados que o governo pode deixar para o país, nenhum é mais importante. Em vez de ajudar a abrir um só caminho, ajuda a abrir todos.

Ao estudar, à luz de nossas realidades, as mudanças em matéria de gestão pública que ocorrem mundo afora, é fácil constatar a importância de três conjuntos de práticas.

O primeiro conjunto tem a ver com meios para cobrar resultados. Todo grande projeto ou programa público deve contar com dois executivos públicos: um para geri-lo; outro, de fora do ministério respectivo, especialmente designado para acompanhar o desempenho de acordo com metas e prazos publicamente anunciados. Esse inspetor deve ter poder para superar obstáculos corriqueiros ou reportar-se a quem o tenha. E todos os responsáveis por cobrança devem integrar aparato formado pela parte do governo que coordene junto ao presidente e sob os olhos do Congresso, da imprensa e da sociedade, as políticas públicas.

O segundo conjunto diz respeito à relação entre o hoje e o amanhã do trabalho do Estado. Não basta prover serviços públicos padronizados de baixa qualidade. E esperar que novidade e qualidade venham do mercado. O Estado precisa ser ao mesmo tempo retaguarda e vanguarda: experimentar, sem dogma ou preconceito, novas maneiras de prover serviços. Pode fazê-lo, sem pôr em risco os serviços existentes, ora por meio de quadros especiais dentro da administração pública, ora por contratos com provedores privados. Incorporam-se depois as inovações bem-sucedidas à prática geral. Reconcilia-se, assim, cautela e ousadia.

O tema do terceiro conjunto é o corpo de funcionários. Diminuir o número de cargos comissionados e formar carreiras de Estado, a partir de setores estratégicos dentro da administração pública, com menos funcionários, porém melhor qualificados e remunerados. Tais quadros públicos de elite dentro do Estado serviram tradicionalmente entre nós como celeiro dos melhores gestores da iniciativa privada. E permitiram que uma classe média, fiada no mérito e no esforço, ascendesse em sociedade ainda dominada por herdeiros e apadrinhados. Não se renova essa tradição de noite para o dia. Mas o esforço tem de começar já.

Pode parecer árida essa discussão. Trata, porém, de medidas que nos permitiriam trocar palavras por atos, dando conteúdo à política e autoconfiança à nação. Isso é fazer futuro.

Aprofundamento do mercado pelo Estado
21/09/2008

Quando o Estado brasileiro quer assegurar o aproveitamento de alguma riqueza potencial ou latente do país, defronta-se com um dilema. Dilema que reaparece em quase todos os setores da economia. A descoberta desse problema e de sua importância para nossa estratégia de desenvolvimento nacional foi uma das muitas surpresas que vivi nesses meses iniciais de trabalho em minha pasta. Construir solução, em colaboração com meus colegas ministros, é agora uma de minhas preocupações.

Vejam exemplo característico. Serei franco: escolho esse exemplo a dedo porque, ao contrário de muitos outros exemplos que poderia dar, ele é *lite*. Não perturba interesses consolidados e poderosos. A tecnologia disponível no mundo para a indústria madeireira evoluiu para trabalhar com as florestas temperadas: especialmente as de grandes países florestais do hemisfério norte, como os Estados Unidos, o Canadá e a Finlândia. Tais florestas são mais homogêneas e menos ricas do que a mata úmida. Não se adequa essa tecnologia ao manejo controlado e sustentável de florestas como as que temos, em dimensão gigantesca, na Amazônia.

A tecnologia apropriada, porém, ainda não existe, nem no Brasil nem em lugar algum. Teria de ser inventada e fabricada. Essa é uma das várias razões pelas quais nossa indústria florestal tem eficiência tão baixa quando comparada, por exemplo, com a indústria madeireira da Finlândia. O que devemos fazer?

Ao abordar problema como esse, debatem-se os governos com dois modelos insuficientes de atuação do Estado na economia. O primeiro modelo é o da indução do investimento privado por favor fiscal (isenção ou estímulo tributários) e por crédito subsidiado. O problema é que o investidor privado, destinatário do estímulo, pode pretender fazer o mínimo – de esforço, de investimento ou de inovação – para credenciar-se, em troca, ao máximo de ajuda pública. Pode candidatar-se a ser protagonista de nosso regime tradicional de capitalização do lucro e de socialização do risco.

A única alternativa que o Estado tem agora é fabricar diretamente dentro do setor público, substituindo o agente privado pelo próprio Estado. A ação governamental fica enfaixada dentro da camisa-de-força das regras que incidem sobre o setor público, incompatíveis com a flexibilidade que o empreendedorismo exige. E, se a ação do Estado vier acompanhada de oligopólio ou monopólio público, o resultado é suprimir a economia de mercado em vez de abri-la para mais gente.

Por que nos satisfazermos com essa escolha entre dois modelos insuficientes? Há alternativas. O problema é que requerem o que nos tem faltado: disposição para inovar na maneira de organizar a relação entre o Estado e a iniciativa privada e de estruturar a própria economia de mercado.

Por exemplo, pode o Estado fundar e capitalizar empreendimento dentro das regras de mercado, aguçando a concorrência em vez de restringi-la. Pode colocar tal empreendimento sob gestão profissional independente. Pode vocacioná-lo para fazer as inovações – como as de tecnologia florestal – que as empresas existentes, nos mercados atuais, não fazem. Pode decompor o processo produtivo em etapas. E tão logo quanto possível pode substituir-se, em cada uma das etapas, por agente privado em troca de um preço: seja o preço de compra que o agente privado pagaria, seja a participação acionária do Estado, a ser mantida por um fundo público também independente, nas empresas privadas subsequentes. É exatamente o que faria um *venture capitalist* – um investidor em empreendimentos emergentes.

Ao atuar dessa forma, o Estado não suprimiria o mercado. Ajudaria a construir ou a aprofundar o mercado: radicalizando a concorrência, provocando a inovação e abrindo mais oportunidade econômica para mais gente e de mais maneiras. Custa dinheiro, porém muito menos dinheiro do que custam isenção tributária e crédito subsidiado.

Para isso, é preciso quebrar o molde de disputas ideológicas tradicionais. Há dois séculos que a fórmula central dessas disputas é o Estado contra o mercado. De acordo com essa fórmula, mais Estado significa menos mercado. Mais mercado significa menos Estado. É concepção que no mundo começa a ceder lugar a outra diretriz capaz de organizar as controvérsias ideológicas do futuro próximo: o debate a respeito das formas institucionais alternativas do pluralismo econômico, político e social, isto é, da economia de mercado, da democracia política e da sociedade civil livre.

As formas estabelecidas agora nos países ricos e poderosos – sempre nossas referências – fazem parte de universo mais amplo de possibilidades.

Para resolver os problemas das sociedades contemporâneas, é preciso abrir esse universo. Para abri-lo, é preciso aliar a política transformadora à imaginação institucional.

Ideias, atitudes, emoções

Grandeza do Brasil
20/03/2001

De repente, o Brasil se levantará. A ascensão do Brasil não passará por ódios e guerras, nem se fundará sobre novidades deslumbrantes na maneira de organizar a sociedade. As novidades – instituições diferentes – virão, porém só depois. Será um milagre de iniciativas óbvias e singelas, por falta das quais uma vitalidade desmedida não conseguia, até então, ser fecunda.

Juntando homens e mulheres que não confundem o realismo com a rendição, o Brasil reinventará o desenvolvimento no ato de retomá-lo. Democratizará o mercado, descentralizando o acesso aos recursos da produção. Com isso, dará oportunidade aos dois terços da população adulta que hoje tentam sobreviver na economia informal.

O Brasil rejeitará a escolha entre um Estado que pouco faz pela produção e um Estado que, em nome da produção, distribui favores entre apaniguados. Governos e empresas trabalharão juntos, sem favorecimentos, para identificar o que falta. Em vez de impor uma única estratégia de cima, deixarão que muitas estratégias convivam. Não teremos medo de crescer, porque teremos aprendido a diminuir nossa dependência de importações e dinheiro de fora, sem nos fechar ao mundo.

A chegada do Brasil ao concerto das grandes nações forçará a substituição de um consenso autoritário por uma diversidade libertadora. Acercando-nos de outros grandes países, como a China e Índia, e construindo com os Estados Unidos uma relação não desnorteada pelo medo, trabalharemos por uma ordem mundial que ajude os países a manter e construir, por rumos próprios, civilizações diferentes.

Nossos impostos, ainda altos, deixarão de onerar a produção. Nossas poupanças serão organizadas para servir aos produtores e para nos dar os meios de nos integrar no mundo sem deixar de desbravar nosso caminho.

Haverá ordem no Brasil. Os criminosos, sejam brancos ricos ou pretos pobres, cumprirão penas mais longas em prisões humanizadas.

Nesse ambiente ordeiro, nossa obsessão nacional será consolidar um ensino público que capacite os brasileiros e aproveite seus talentos. E que prepare uma sociedade sem classes.

Entre nossas crianças pobres e morenas, serão revelados gênios, até aquele dia ocultos e mudos, que acordarão a humanidade do torpor do desencanto. Imaginando o possível, nossos pensadores compreenderão melhor o existente. Nossos artistas criarão uma arte visionária, que nos abrirá os olhos para a magia do mundo.

Continuaremos tão tortos quanto éramos antes. Entretanto, menos temerosos de tornar o Brasil brasileiro e menos dispostos a tolerar as injustiças que nos dividem e abatem, seremos mais fortes. E, por isso, mais magnânimos. Não mais teremos de escolher entre a decência e a doçura.

O engrandecimento do Brasil soará, em todos os recantos da terra, como o grito de uma criança ao nascer, prometendo novo começo para o mundo. Presos em seus afazeres, tentando esquecer que morrerão, homens e mulheres pararão, por um instante, perturbados por uma esperança inesperada. Ouvirão nesse grito a profecia do casamento da grandeza com o amor.

Suécia tropical
30/08/2005

A ilusão que domina o discurso político brasileiro é supor que o objetivo de nossos esforços deva ser fundar no Brasil uma Suécia tropical. Nada tem a ver com a Suécia real ou com o Brasil real; só com uma ideia falsa de ambos. Enquanto continuarmos a perseguir essa miragem, não construiremos o país.

Descrever essa ilusão é resumir em um parágrafo a quase totalidade das ideias programáticas em evidência no Brasil. O binômio perverso – juros altos, câmbio baixo – deve ser substituído pelo binômio virtuoso – juros baixos, câmbio alto. A condição para isso é reduzir drasticamente o gasto público, sem deixar de pagar os juros da dívida pública. Essa mudança deve ser combinada com reforma tributária que extraia renda dos endinheirados para financiar política social compensatória, dirigida aos brasileiros mais pobres. Afora isso, basta educar o povo e melhorar a eficiência do governo. O mercado e o social produzirão juntos a Suécia tropical.

Tudo nesse projeto é enganoso. Não é possível passar de juros altos e câmbio baixo para o oposto por meio da simples redução abrupta da despesa pública. A nação recusar-se-á a trabalhar, sem ter governo que invista nela, só para enriquecer os rentistas, os credores da dívida pública. A única maneira realista de executar a transição é tencionar com os mercados financeiros (evitando ao máximo ruptura dos contratos), preparar-se para controlar movimentos de capital quando for necessário controlá-los e organizar bases de crescimento econômico socialmente includente que não dependam apenas da confiança financeira, desvinculada do financiamento da produção. Uma dessas bases é a mobilização da poupança de longo prazo para o investimento de longo, graças a reformas e inovações no mercado de capitais. Outra base é o aprofundamento do mercado interno, calcado na valorização e na qualificação dos assalariados por meio de iniciativas que não ameacem a estabilidade da moeda. E que acabem com o predomínio do trabalho sem carteira assinada. Entre tais iniciativas figuram participação dos assalariados nos lucros das empresas, incentivos tributários ao emprego e à qualificação dos trabalhadores mais pobres e abolição de todos encargos sobre a folha de salários.

Não é possível promover redistribuição de renda usando o sistema tributário e o gasto social focado nos mais pobres para anular os efeitos de desigualdades gigantescas de acesso às oportunidades econômicas e educativas. As transferências compensatórias teriam que ser maciças para serem eficazes. Nunca chegariam lá. A maneira de chegar lá é democratizar radicalmente oportunidades econômicas e educativas. Usar os poderes e os recursos do Estado para instrumentalizar o empreendedorismo que emerge de baixo na sociedade brasileira. E, para oferecer a todos, ensino público de qualidade. Ensino capaz de atrair a classe média à escola pública, em proveito de todos.

Vivo angustiado com o seguinte problema. Não há no pensamento brasileiro alternativa clara ao devaneio da Suécia tropical, que fascina os social-democratas e os social liberais brasileiros: proposta de rumo pronta para ser traduzida em projeto de poder. Daí a necessidade de fazer o caminho inverso. Entrar na luta pelo poder. Apelar para a intuição do povo brasileiro: seu instinto de sobrevivência e sua vontade de afirmação. E organizar o ideário no curso da construção coletiva de outro futuro.

Uma vida humana
11/09/2001

Cada um de nós nasce enquadrado. Acordamos do nada e nos encontramos jogados dentro de uma classe, de uma raça, de uma nação, de uma cultura, de uma época. Nunca mais conseguimos nos desvencilhar completamente desse enquadramento. Ele nos faz o que somos.

Mas não tudo o que somos. O indivíduo sente e sabe, também, ser mais do que essa situação ao mesmo tempo definidora e acidental. Ela nos quer aprisionar num destino específico. Contra este, rebela-se, em cada pessoa, o espírito, que se reconhece como infinito acorrentado pelo finito. E tudo o que quer o espírito é encontrar uma moradia no mundo que lhe faça justiça, respeitando-lhe a vocação para transgredir e transcender. Por isso, as raízes de um ser humano deitam mais no futuro do que no passado.

Entretanto, o indivíduo cedo precisa abandonar a ideia de ser tudo para que possa ser alguém. Escolhendo e abrindo um caminho, ou aceitando o caminho que lhe é imposto, ele se mutila. Suprime muitas vidas possíveis para construir uma vida real. Essa mutilação é o preço de qualquer engajamento fecundo. Para que ela não nos desumanize temos de continuar a senti-la: a dor no ponto da amputação e os movimentos fantasmas dos membros que cortamos fora. Precisamos imaginar a experiência das pessoas que poderíamos ter sido.

Depois, já mutilados e lutando, vemo-nos novamente presos dentro de uma posição que, por melhor que seja, ainda não faz jus àquele espírito dentro de cada pessoa que é o infinito preso no finito. Rendendo-nos, por descrença e desesperança, a essa circunstância, começamos a morrer. Uma múmia se vai formando em volta de cada de nós. Para continuar a viver até morrer de uma só vez, em vez de morrer muitas vezes e aos poucos, temos de romper a múmia de dentro para fora. A única maneira de fazê-lo é nos desproteger, provocando embates que nos devolvam à condição de incerteza e abertura que abandonamos quando aceitamos nos mutilar.

É do hábito de imaginar como outros sofrem a mesma trajetória que surge a compaixão. Aliada ao interesse prático, ela nos permite cooperar no enfrentamento das condições que tornam o mundo inóspito ao espírito. E é para torná-lo mais hospitaleiro ao espírito que precisamos democratizar sociedades e reinventar instituições. Temos de desrespeitar e reconstruir as estruturas para poder respeitar e divinizar as pessoas.

Vivemos, porém, em tempo biográfico, não em tempo histórico. Precisamos de soluções que nos atendam no espaço das vidas que temos para viver. Qualquer construção institucional precisa, para avançar, beber na seiva de frustrações e aspirações pessoais.

Uma doçura gratuita, calor misterioso, já une o Brasil. Será que nasce da sabedoria a respeito das coisas mais importantes? A maioria dos brasileiros parece saber, instintivamente, a verdade sobre o drama do espírito – tudo que eu trabalhei tão penosa e tardiamente para descobrir. Não conseguimos, porém, passar da intuição da realidade existencial à imaginação das possibilidades coletivas. Ainda nos faltam clareza sobre um rumo para o país e confiança em nossa capacidade para desbravá-lo. Desiludidos da vida pública, temos de passar pela desilusão da desilusão e nos fazer profetas de nossa própria grandeza.

Natal
25/12/2001

O cristianismo não é, como supôs Nietzsche, a religião dos ressentidos. Mais razão teve Unamuno ao defini-lo como a religião dos derrotados. Vitoriosos, compreendeu ele, são os que se adaptam ao mundo, aceitando como horizonte a circunstância que encontram. Derrotados, de início, são aqueles que exigem que o mundo se adapte a eles. Desses derrotados, derrotados porque inconformados, depende o avanço da humanidade.

Se há sinal de que a vida não é o que parece ser é a carreira do cristianismo. Não há mensagem que contradiga mais o bom senso mundano do que a mensagem cristã. Ela surge de acontecimentos enigmáticos e paradoxais.

Um jovem judeu de periferia começa a ensinar um caminho de salvação. Intransigente e mal cercado, preocupa as autoridades políticas e religiosas, que se acertam para matá-lo. As expectativas que acalentou se frustram. Seus seguidores o renegam. Depois, sua existência e suas palavras são entendidas como prenúncios de vida maior para todos. Acabam virando diretriz de uma civilização que inventa mil maneiras de descaracterizá-las para poder domá-las.

O cristianismo recolheu do judaísmo a ideia da transcendência radical de Deus sobre o mundo e da supremacia da personalidade humana, feita à imagem e semelhança de Deus, sobre o bem impessoal. Há mais em nós – mais em cada indivíduo e mais na raça humana – do que há em todas as sociedades e culturas. Elas são o finito. Nós, em comparação com elas, somos o infinito preso no finito. Temos de quebrar os ídolos – inclusive as instituições estabelecidas e as ideias reinantes – para poder respeitar as pessoas, o espírito inexaurível enjaulado dentro de cada um de nós. Temos de construir ideias e instituições mais compatíveis com a condição do espírito.

A reafirmação da transcendência convive no cristianismo, entretanto, com a ideia que está associada ao Natal. O espírito se encarnou no mundo porque o espírito é amor. Embora transcendentes sobre o mundo, somos carentes das outras pessoas.

O mundo, porém, não está preparado para a primazia do amor porque no mundo cada um de nós está crucificado, em separado, na cruz das limitações que nosso destino social e genético nos impôs. Temos, por isso, de mudar o mundo, começando por transformar nossa relação com ele. Para isso, precisamos romper a múmia de rotinas e rendições que se vai formando em torno de cada um de nós. Desproteger-nos para poder imaginar o possível e aceitar os outros é a essência da sabedoria e o rumo da divinização.

No ambiente de semicrença e confusão em que habitualmente vivemos, as fórmulas e os rituais da religião convencional não exprimem adesão a esse ideário. Servem apenas como encantamento para espantar o medo da morte e para compensar a incontrolabilidade da vida.

Melhor faríamos se rejeitássemos essa falsa religião, camada da múmia que nos sufoca, e passássemos, apóstatas intranquilos, a ver o ensinamento de Cristo como a doutrina desestabilizadora que ele é. Melhor se, desprovidos do encantamento, tivéssemos de enfrentar o contraste, que o cristianismo nos revelou, entre o espírito ilimitado e a situação constrangedora. A hora da nossa apostasia seria o momento da nossa conversão. Isso sim seria Natal.

Adeus, Godot
18/09/2001

Nos Estados Unidos, o assunto é quase sempre o futuro dos Estados Unidos. No Brasil, quase nunca o assunto é o futuro do Brasil. Até mudarmos essa situação, não haverá esperança para nós.

Durante meses, o tema que fascinou os informados e os endinheirados no Brasil foi a agonia da Argentina. Como um condenado aguardando a vez na fila do cadafalso, nossas elites falantes, paralisadas pelo medo e pela desorientação, contemplavam o destino do vizinho. Agora, essa matéria foi trocada por outra: o ataque terrorista contra os Estados Unidos. Qual será o próximo episódio a nos eximir de cuidar do salvamento do nosso próprio país? Sofremos uma desvantagem crucial em relação aos americanos: ao contrário deles, ainda não nos levamos a sério.

Enquanto isso, o prefeito de Campinas foi assassinado. O crime vem sendo tratado como ocorrência policial corriqueira. Estivesse o Brasil na posse espiritual e prática de si mesmo, esse assassinato teria levantado o país num movimento, indignado e resoluto, de autopreservação. O Estado brasileiro, desafiado impunemente pelos assassinos, estaria mobilizado para encontrar, prender e punir os culpados. Os poderes da República colaborariam para mudar a legislação penal e processual e para fortalecer a capacidade efetiva de proteção e investigação. Em vez de conversar ociosamente sobre o Taliban, estaríamos tratando de fazer justiça, e assegurar a ordem, no Brasil.

Daqui a um ano teremos uma eleição que poderá abrir um período de reorientação nacional. Um conjunto de medidas sensatas e moderadas de política interna e externa poderá dar início a novo padrão de desenvolvimento. Um padrão que difunda oportunidades econômicas e educativas, que unifique os mercados formal e informal de trabalho e que reduza a pequenos resíduos nossos dois grandes bolsões de miséria, nas periferias das grandes cidades e no campo.

Já há uma cultura de autoajuda e iniciativa no Brasil. O que nos falta é um governo que tenha como projeto dar a essa cultura braços e asas.

A realização desse projeto não exige mágica. A mobilização da poupança de longo prazo para o investimento de longo prazo, a desoneração tributária da produção e da folha salarial, a consolidação de um núcleo de excelência na educação pública e na saúde pública com o engajamento e a liderança da classe média, a ampliação do acesso ao conhecimento, ao crédito, à tecnologia e aos mercados em favor de milhões de brasileiros sedentos de oportunidades para trabalhar e produzir e o aproveitamento do nosso extraordinário potencial para ação diplomática que nos abra espaços em todo o mundo são os instrumentos básicos.

Com isso, problemas como o do desequilíbrio das nossas contas externas se resolvem. Sem isso, eles se tornam insolúveis.

Nenhum país reúne hoje melhores condições do que o Brasil para uma experiência inovadora e exemplar de reconstrução social, econômica e política. E nunca houve momento mais favorável: enquanto esperamos por Godot, muitos no mundo esperam por nós. Colegas meus que visitam o Brasil e compartilham minha visão das nossas possibilidades voltam chocados: encontram-nos acorrentados com correntes invisíveis e conceituais que nos impedem de reagir e atuar. Quebrá-las é nossa tarefa mais urgente.

Religião e política
20/12/2005

Ao contrário das democracias europeias, as três maiores democracias do mundo – a Índia, os Estados Unidos e o Brasil – compõem-se majoritariamente de crentes em Deus. Em todas as três, é crucial a relação entre religião e política. Em todas as três, essa relação representa tema desgostoso para as elites do dinheiro e da cultura.

Tratemos de fazer diferente da Índia e dos Estados Unidos. Na Índia, a democracia contemporânea mais vibrante, religião e política misturam-se como maneiras convergentes de expressar as aspirações mais poderosas; não se confunde lealdade aos princípios republicanos com tentativa de isolar a política da religião. O mal é que a abertura da fronteira entre religião e política tem servido na Índia para insuflar ressentimentos sectários e violentos: embate de temores as vezes substitui concurso de esperanças.

Nos Estados Unidos, as convicções religiosas também influem decisivamente nos posicionamentos políticos. O dogma constitucional, porém, é fechar a fronteira entre religião e política e tratar religião como matéria apenas privada. Há tabu contra a crítica religiosa das religiões dos outros. Cada um pode esconder-se atrás de um escudo, dizendo: aqui não mexa; é minha religião, sem expor-se a luta aberta de formas de consciência. O resultado é empobrecer imensamente a experiência religiosa e política dos americanos.

E o Brasil? A vida política do povo brasileiro é pobre, mas sua vida religiosa é rica. Trava-se hoje entre nós conflito desconhecido de formas de fé. Surge nova cultura de autoajuda e de iniciativa. Seu maior protagonista social é uma classe média de emergentes, que desenvolve, longe da política, exemplos de vida que representam a antítese daquela mistura de subjugação e de doçura – aquela sentimentalização das trocas desiguais – que marcou a sociedade brasileira tradicional. Cultuam o esforço e a responsabilidade individuais ao mesmo tempo que revelam pendor para as práticas de associação. Abraçam uma fé que dispensa intermediários entre Deus e a humanidade e que insiste no sacerdócio de todos. Procuram uma teologia de sacrifício e de libertação que não se esgote em sectarismo de esquerda. Avançam tanto por obra do movimento evangélico quanto por meio de uma tentativa, ainda sem voz ou doutrina, para reconstruir o catolicismo brasileiro.

Que maneira de ligar religião e política convém a um povo de crentes que vive tais transformações? Comprometamo-nos com uma república laica. Evitemos partidos políticos confessionais, instrumentos de igrejas. Ampliemos o espaço republicano no qual cidadãos de convicções divergentes possam conviver e cooperar. Não confundamos, porém, república laica com privatização da religião. Nossa construção nacional exige confronto vigoroso de concepções do mundo – em política e em religião, em discurso secular e em discurso profético.

Ao contrário dos Estados Unidos, derrubemos as muralhas entre política e religião que cerceiam o aprofundamento do debate nacional e que impedem a mobilização declarada – e, portanto, também sujeita a crítica e a confronto – da energia religiosa na vida pública. Ao contrário da Índia, ponhamos tais muralhas abaixo sem transigir com ódios, confiando em nossa capacidade, repetidamente demonstrada, para combinar diversidade com tolerância. Construindo uma república que não exija de seus cidadãos calar em público sobre as coisas mais importantes, daremos liberdade a nós mesmos e exemplo para a humanidade.

Cartilha do inconformado
30/12/2003

É verdade que quem ataca o governo ("popular", "de esquerda") do PT ajuda a direita?

Ninguém é de esquerda ou de direita como é de tipo sanguíneo. Depende do que faz, de como evolui. O PT virou a maior força de direita da política brasileira. Um governo do PFL não seria tão hostil aos interesses do trabalho e da produção nem tão resignado a política social retrógrada.

Mas o governo não opera apenas transição necessária?

A ideia de que era preciso ser Hoover para poder ser Roosevelt sempre foi absurda. Já pararam de falar em transição e passaram a falar em colheita. A transição acabou antes de começar.

Foi erro eleger Lula?

Que o candidato do PT seria como presidente o mais conservador dos quatro candidatos principais alguns pensávamos e escrevíamos. O próprio candidato situacionista teria conduzido governo mais comprometido com a produção nacional e com a capacitação dos brasileiros. O continuísmo, porém, vinha eivado de veneno autoritário e negocista. Reduzidas as candidaturas viáveis a Lula e Serra, era preciso deixar o país respirar. República é ainda mais importante do que crescimento econômico.

O governo Lula não faz o que disse que faria?

A "Carta aos Brasileiros" diz que o governo do PT honraria compromissos e evitaria aventuras, não que subordinaria a economia real à confiança financeira. É vital distinguir. Não temos como crescer por meio de populismo inflacionário ou mesmo de política anticíclica convencional. O sacrifício fiscal continua imprescindível para recuperar a capacidade de ação do Estado. Nada disso, porém, justifica a política do governo. Entregou-se acorrentado aos mercados financeiros.

O governo Lula se apoia sobre nova base social?

Trocou de base. Colocou os endinheirados, que chantageiam o governo e são por ele chantageados, e os pobres, que têm muito voto, pouca informação e baixa expectativa, no lugar do operariado e da classe média organizados, que só criam problemas. No centro e nos arredores do governo, um bando de arrivistas usa ministérios, bancos públicos e fundos de pensão para misturar dirigismo e fisiologismo.

O governo não se curva às realidades da época?

Poucos países ainda exemplificam e pouca gente – afora a turma de sempre – ainda defende o tipo de opção que fez o governo brasileiro. É surto regressivo, movido por mescla de medo, ignorância e deslumbramento. E facultado pela falência da mídia, pela desmoralização dos partidos e pela falta no Brasil de tradições intelectuais fortes.

E agora?

O PT foi um desvio na história do Brasil. Temos de retomar o fio dessa história. Como vivemos todos em tempo biográfico, não em tempo histórico, é fácil cair no desalento. Comecemos mais uma vez a esclarecer ideias e a reunir forças. As lideranças e os partidos aparecerão no curso da luta. Quando o efeito lento do desemprego e do arrocho salarial convergir com o impacto rápido dos escândalos que a nova/velha prática do poder acabará por produzir, o humor do país mudará radicalmente. Preparemo-nos para organizar as consequências políticas desse momento de inversão. O inconformado não chora; atua. Ele sabe que a esperança não é condição da iniciativa; é seu resultado.

Dois votos de ano novo
03/01/2006

Só um voto de ano novo? Peço licença para fazer dois. Meu pretexto é que são dois lados da mesma transformação. Apenas iniciadas essas mudanças, trariam em seguida todas as outras. A primeira custaria pouco; a segunda, nada.

O Brasil é pujança frustrada. De todas as fontes dessa frustração nenhuma é mais poderosa e menos percebida do que o sufocamento da genialidade dentro da nação. Onde estão nossos Darwins e Einsteins, nossos Pascals e Leibnizs, nossos Rembrandts e Beethovens? Jazem em suas sepulturas, para onde desceram, mudos e cegos quando ainda viviam, sem serem conhecidos por si mesmos ou pelo mundo.

Quando o papel da genialidade na vida nacional se reduz a escassíssimos lampejos, produtos isolados do privilégio, da sorte e do sofrimento, perde-se sua luz, sem benefício imediato. Quando se multiplicam os exemplos, tudo começa a mudar. A luz vira clarão. O clarão transforma.

Não precisamos aguardar o trabalho lento e indispensável de melhorar a qualidade da educação pública para começar a identificar, em todos as etapas do ensino, os alunos pobres mais talentosos e esforçados; para lhes oferecer apoios econômicos abrangentes e oportunidades acadêmicas extraordinárias, desde o ensino fundamental até a pós-graduação no Brasil ou no exterior, e para fazer dessa vanguarda republicana terreno fértil em que possa medrar a inspiração genial. Essa iniciativa – ao mesmo tempo modesta e revolucionária – começaria a surtir seus efeitos desde o primeiro dia: a nação pressentiria o poder de transformar sua energia vã em clarividência criadora. Ganharia aquela fé em si mesma sem a qual ficam fracos os fortes. Que nos comprometamos com essa obra é meu primeiro voto de ano novo.

Esse compromisso seria menos difícil e menos importante se não nos acorrentasse a perda da esperança, se não vingasse entre nós brasileiros, que continuamos a depender desesperadamente de política, o horror à vida pública, se a confusão do realismo com a mediocridade não fosse hoje o princípio que norteia nosso governo e nossa sociedade e se toda a nação não estivesse tentada a cometer aquele pecado contra o espírito, para o qual, advertem as escrituras, não haver perdão. Renovação de nossa vida interior e coletiva, que nos sacuda de cima a baixo e que nos faça sentir vergonha de nossa tristeza e medo de nossa pequenez, é o de que mais precisamos.

Nenhum de nós tem o poder e a autoridade para inspirar esse levante do espírito. Formulo, por isso, meu segundo voto de ano novo. Que, dentro de uma de nossas selvas, onde a imagem da grandeza se contrapõe a nossa mesquinharia, mão invisível e irresistível desfira, de um arco feito de nossas falhas evidentes e de nossas aspirações secretas, uma flecha; que ela voe silenciosa na noite de nossa desesperança, carregada pelos ventos do amor e da imaginação; que, no meio da escuridão, ela se parta em 180 milhões de flechas e que todas caiam no país, ferindo, ao caírem, um dos olhos de cada brasileiro; que a ferida, em vez de cegar, desvende, fazendo-nos não apenas ver o Brasil que há, mas também vislumbrar o Brasil que pode haver; que essa visão inesperada e perturbadora acenda em cada de um nós ardor sem fim e que desse ardor nasça para o povo brasileiro, no ano novo, nova vida.

Paz sem marasmo
03/01/2006

Proponho um tema obscuro e inconveniente, de importância capital para o entendimento do que o Brasil é, e pode a vir a ser, no mundo que está surgindo: guerra e paz.

A maior diferença entre o Brasil e as nações ricas e poderosas de hoje é que todas elas foram formadas pela guerra enquanto o Brasil não foi. Ao contrário do que escreveram os pensadores sociais mais influentes dos últimos dois séculos, a guerra foi muito mais do que um acidente sanguinário na história das sociedades modernas. Funcionou como detonador das grandes transformações.

Foi graças à guerra que as nações mobilizaram seus recursos: a mobilização militar, não o keynesianismo, venceu, tanto nos Estados Unidos, quanto na Europa, a depressão da década de 30. Na guerra e para a guerra, fortaleceu-se o sentimento nacional e enfraqueceram-se as hierarquias de classe. E da guerra surgiu um antídoto selvagem ao marasmo a que uma sociedade comercial, dedicada ao consumo e ao dinheiro, parecia condenar a humanidade.

Duas vezes no século passado, pais e mães, ricos e pobres, apresentaram seus filhos para morrer. Foi como se Deus não houvesse poupado Abraão de sacrificar Isaac. Muitos dos que lutaram viveram a experiência como uma libertação, em meio à matança, do apequenamento a que as rotinas do trabalho e da família ameaçavam reduzi-los.

Agora, essas mesmas sociedades, sacudidas e acordadas pela guerra, parecem desorientadas e mumificadas pela paz. Não encontraram ainda outra maneira de tornar a vida ardorosa e de credenciar o ardor com o sacrifício.

Cristo e Buda ofereceram uma solução. A solução deles, porém, é exigente demais para dispensar preparativos, já que é mais difícil amar o outro do que enfrentar a morte.

O mundo precisa de uma etapa intermediária entre o heroísmo profano da guerra e o heroísmo sagrado da compaixão. Daí a necessidade de instituições e de ideias que multipliquem as oportunidades de inovação no dia-a-dia, capacitando as pessoas para viverem mais intensamente. Devemos organizar a sociedade para que ela ajude cada um de nós a morrer só uma vez, como quem morre na guerra, e não morrer aos poucos muitas mortes pequenas.

O Brasil é um país semicristão, avesso à guerra, embora acostumado com a violência. Vivemos longe dos dois heroísmos, do profano e do sagrado. Quem aqui emerge da pobreza arrisca perder-se entre trabalhos embrutecidos e diversões embrutecedoras: quando não somos vítimas da falta de justiça, somos vítimas da falta de imaginação. Agora, toda a humanidade começa a compartilhar conosco uma situação que sempre foi nossa.

A cultura brasileira, sobretudo a cultura popular, resiste a essa degradação: sua mensagem é uma promessa de casar a pujança com a ternura. Nossa tarefa é cumprir essa promessa por meio de soluções sociais que, acabando com a miséria e diminuindo as desigualdades, também confiram maior poder às pessoas comuns e maior intensidade à experiência quotidiana. Soluções que facilitem o experimentalismo na economia, na política e no pensamento e que tornem a guerra desnecessária como parteira da mudança.

Ao mostrar como se pode viver a paz perpétua sem sofrer o marasmo moral, o Brasil dará luz e esperança à humanidade. Essa será a base da nossa grandeza.

A civilização brasileira e seu futuro
21/05/2002

Pode o Brasil construir civilização original que traga proveito e alento à humanidade?

Não importa que nos falte uma cultura secular e centrada em si, como a da China ou a da Índia. Nossa cultura é a do Ocidente. A mensagem emancipadora da cultura ocidental se renova pelo aprofundamento de suas variações nacionais e pela rebelião contra as ideologias caras às potências dominantes de cada época. Em época de democracia, a profecia fala mais alto do que a memória: a originalidade a construir conta mais do que as diferenças herdadas.

O cerne da civilização brasileira está na insistência em reconciliar a vitalidade com a ternura. É uma variante da dialética mais importante na formação da cultura ocidental: a luta entre a ideia pagã da grandeza e a ideia cristã do amor. A tentativa de juntá-las está na raiz de todas as maiores realizações do gênio brasileiro. E ajuda a decifrar o enigma decisivo da nossa vida nacional: a coexistência de uma energia imensa, difusa, frustrada, quase cega, com uma doçura, um calor humano, que sobrevive, misteriosamente, aos traumas da vida quotidiana no Brasil.

A sentimentalização das trocas desiguais, que pautou a vida social brasileira, foi uma maneira mentirosa e opressora de reconciliar a vitalidade com a ternura. Agora que o Brasil começa a destruir o regime do favor e da prepotência no dia-a-dia, teremos de ver esfriado nosso calor e contida – porque disciplinada – nossa energia? Ou será possível afinal celebrar o casamento do ardor com a suavidade, com quer o coração brasileiro?

Depende das respostas que dermos a três conjuntos de problemas práticos.

A energia está sem meios. Ela irradia das práticas de autoajuda econômica, educativa, física e espiritual que vem transformando silenciosamente o Brasil. A massa popular aspira ascender à condição do pequeno empreendedor, do técnico, do profissional. A tarefa é dar aos emergentes, atuais ou potenciais, acesso ao ensino capacitador, ao crédito e à tecnologia. Assegurar-lhes as vantagens da escala produtiva, quer pela associação com grandes empresas, quer pela aliança com o Estado, quer pelos mutirões de recursos e de esforços. E engajá-los em responsabilidades sociais que os afastem do egoísmo familiar.

A doçura está sob ameaça. Ela assenta na vida da família, precária e desestruturada para parte cada vez maior da população. Dar apoio à mãe e a seus filhos. Ampliar as redes de creches e de escolas de apoio integral que envolvam as crianças num manto protetor. Fazer do associativismo comunitário o complemento da família desfalcada. Reformar leis e pagar subsídios para que as mães possam trabalhar em empregos de tempo parcial e cuidar dos filhos.

E tanto a energia quanto a doçura estão envenenadas pela mistura da desigualdade com o racismo. Identificar, em todos os níveis do ensino, as crianças pobres e de cor mais aplicadas e talentosas e promovê-las é a iniciativa de maior impacto. Impacto imediato, pela revolução de expectativas que geraria. E potencializado pela proliferação de escolas públicas que sejam melhores que as particulares.

Não, não é preciso esfriar o calor nem cercear a energia para instaurar a decência e a justiça no Brasil. Com pouco, poderemos fazer muito para reconciliar a pujança com a ternura, se soubermos onde começar o trabalho de reorganização nacional. E se tivermos diante dos olhos uma visão do nosso engrandecimento.

A tarefa do jornalismo brasileiro
01/01/2002

Aos jornalistas, num dia em que talvez só eles leiam jornal, dedico essa reflexão sumária acerca do presente e do futuro do jornalismo brasileiro.

Nossa imprensa continua constrangida por três forças: o controle exercido por dinastias empresariais preocupadas em manter boas relações com os detentores do poder, a precariedade das empresas jornalísticas, quase sempre encalacradas e sedentas de dinheiro e, para a imprensa escrita, a estreiteza do meio social a que se dirige, parte reduzida da população adulta do país.

Dentro dessas limitações, o jornalismo brasileiro espelha os talentos e as debilidades da nação. Nossos jornais são cheios de vida. E temos alguns jornalistas quase geniais que desvendam um pouco desse país escondido de si mesmo que é o Brasil.

Sofre, porém, o jornalismo brasileiro de três defeitos que negam ao país um meio indispensável de autoconhecimento e libertação. O primeiro defeito é o triunfo das opiniões sobre as informações. Os jornais brasileiros estão repletos das opiniões de jornalistas que têm pouco a dizer. Opiniões são baratas e, em geral, valem o que custam.

O segundo defeito, a contrapartida do primeiro, é a pobreza e a inconfiabilidade das informações. A maior parte do que se publica como informação relata ou fantasia as conversas e as conspirações dos membros vitalícios de um pequeno clube de pessoas que só morrem politicamente quando morrem fisicamente. Difícil, ao ler nossos jornais, chegar a qualquer conclusão a respeito de fatos decisivos. Por exemplo, paga o governo ao menos os juros de sua dívida ou toma cada vez mais emprestado para não pagar a maior parte, adiando, calamitosamente, o dia do acerto? Ainda mais difícil saber o que está mudando, ou deixando de mudar, na sociedade brasileira. No lugar das informações, primam as colunas de fofocas políticas, em que fatos, invenções e intrigas se confundem e o jornalista se reduz a mensageiro maledicente do clube, debochando dos outros para aliviar o apequenamento de si mesmo.

O terceiro defeito, embora comum no jornalismo mundial, é intolerável numa democracia como a nossa que precisa de uma imprensa que seja melhor do que ela. Quem, como o jornalista, observa a luta sem poder lutar, conhece os defeitos dos lutadores melhor do que seus ideais. Trata os operadores do sistema como aproveitadores e os inimigos do sistema como aventureiros. Do distanciamento irônico e passivo nascem a descrença e o fatalismo. Para combatê-los é preciso cultivar a imaginação disciplinada. Só ela nos deixa ver mais possibilidade e, portanto, mais realidade: só compreendemos o que existe à luz do que pode vir a ser.

Essa crítica indica o rumo de um jornalismo que sirva ao Brasil. Privilegiará a informação, representando-a de muitos ângulos diferentes e chegando, graças à multiplicação dessas perspectivas, a uma verdade mais completa. Tratará os poderosos como as figuras efêmeras que são. Revelará ao país sua variedade oculta e os fatos sociais e econômicos de que dependam seu futuro. Sacrificará o prazer de opinar ao esforço para entender. Aprofundará a compreensão do existente ampliando a visão do possível.

A leitura do jornal, escreveu Hegel, é a oração matinal do realista. Numa democracia precisa ser também uma profissão de fé no nosso poder coletivo de mudar o mundo.

Morte e legado da terceira via
28/05/2002

A "terceira via" é um dos rótulos que descrevem a suposta modernização da social-democracia no Atlântico Norte. Reconciliaria a flexibilidade econômica dos americanos com a proteção social dos europeus. Os partidos e os governos que a abraçaram vem sendo derrotados em toda a parte. Por quê? Que legado deixarão? E o que tem isso a ver com o Brasil? Participando de encontro entre líderes e administradores da social-democracia europeia, deparo-me com experiência rica em ensinamentos para nós.

A terceira via não foi avanço. Foi retirada – motivada por imperativos de eficiência e de justiça. De eficiência, porque era preciso reformular os direitos sociais de maneira que facilitasse a renovação econômica, estimulasse a autoajuda individual e limitasse o crescimento do gasto público. De justiça, para impedir que esses direitos beneficiassem alguns – os trabalhadores relativamente privilegiados – à custa de excluir outros.

O resultado, porém, foi menos a síntese da flexibilidade econômica com a proteção social do que a generalização da insegurança social e econômica. Relativamente seguras ficaram apenas as elites internacionalizadas. Contra a insegurança generalizada rebelam-se agora esses civilizados prósperos, desiludidos e temerosos que são os europeus de hoje.

Para fazer diferente, não basta flexibilizar os direitos sociais, como quiseram os governos da terceira via. É preciso atenuar as divisões entre setores adiantados e atrasados da economia. Capacitar todos os cidadãos. E obrigar cada um a combinar responsabilidades produtivas com responsabilidades sociais: sustentar-se e cuidar dos outros.

Só acontecerá sob a pressão de novas instituições políticas que engajem as pessoas, sem a provocação de crises ou de guerras, no encaminhamento coletivo dos problemas coletivos. Para chegar a isso, os social-democratas teriam de retomar a tarefa que abandonaram no início do século 20, quando trocaram o esforço de reorganizar a economia e a política pelo compromisso de regular o mercado e de diminuir, por via compensatória, as desigualdades.

Ao soçobrar, porém, a terceira via deixa herança que precisa ser salva do malogro de seu projeto maior. Implícita em suas realizações mais bem-sucedidas está uma prática revolucionária de administração pública. Prática definida por três traços. O Estado delega a provedores privados competitivos e fiscalizados a prestação dos serviços sociais corriqueiros. O Estado organiza a participação das comunidades organizadas na formulação e na execução das políticas públicas: representações da sociedade civil passam a atuar ora em parceria com os provedores privados, ora como vigias deles. E o Estado concentra sua atuação direta em iniciativas que ainda não se deixam padronizar: soluções desconhecidas para problemas que pareciam insolúveis. Com isso, assume o Estado a lógica da inovação permanente e do experimentalismo prático, vinda dos setores mais avançados da economia e do conhecimento. Passa a operar na fronteira do novo.

Não precisávamos ter assistido ao desmanche da terceira via na Europa para saber que não humanizaremos o Brasil sem reorganizá-lo. Não executaremos, porém, a obra reorganizadora sem avançar naquilo que os militantes da terceira via vislumbraram: a possibilidade de construir um Estado inovador e provocador de inovações. Não é luxo de país rico. É, para nós, exigência de soerguimento nacional.

Contra a corrente
17/12/2002

Como se pode acreditar em reconstrução da sociedade após um século de derrocada das utopias? O mundo assiste à vitória do conformismo, travestido de realismo. Não se formulou projeto que ultrapasse os limites da social-democracia europeia, cada vez mais esvaziada de conteúdo e carente de impulso. A esquerda atua e fala como se escondesse um plano que não tem. Temerosa da reação econômica a qualquer iniciativa transformadora, esforça-se para parecer confiável aos que manejam o dinheiro. As vantagens dessa aceitação são tão palpáveis, e o risco de perdê-la tão ameaçador, que a pressão para conformar parece irresistível.

Os perigos da reorientação são reais. Exigem medidas acauteladoras, como o fortalecimento da situação fiscal, que ampliam a margem de manobra dos governos. Não justificam, porém, o encolhimento dos progressistas, reduzidos hoje à condição de proponentes de políticas sociais compensatórias. As lições da experiência contemporânea são inequívocas: os países que avançam são os que insistem em fazer diferente, os que inovam nas práticas e nas instituições. Foi assim com as economias do nordeste asiático em gerações recentes. É assim com a China hoje. Quem faz o que mandam a ciência constituída e as autoridades imperiais não se estabelece.

O conformismo é inexplicável sem a confusão. Todas as forças mundanas seriam insuficientes para obter a rendição íntima dos progressistas se elas não contassem, como aliada, com o silêncio das ideias. É também por falta de confiança e de clareza a respeito de outro rumo, que os progressistas se entregam. Daí a importância da situação retrógrada e mistificadora em que se encontram as disciplinas sociais, a começar pela teoria econômica. Destituídas de consciência crítica de suas próprias premissas institucionais, essas disciplinas tendem a racionalizar a ordem existente. Só se comovem diante das mudanças e das crises que não conseguem entender ou controlar.

Dois movimentos convergem, entretanto, para reverter o triunfo do conformismo: um vem do pensamento; o outro, da experiência. Pouco a pouco, as doutrinas que justificam como necessária a organização atual das sociedades estão sendo desacreditadas dentro de cada disciplina. E as vantagens da heresia se vão tornando patentes na experiência comparada dos países. Descobre-se, por exemplo, que, para uma nação latino-americana, não há meio termo entre ser Porto Rico e ser país de verdade. Falta agora juntar o pensamento com a política. Aconteceu nos grandes momentos de transformação. Acontecerá de novo.

O problema é a distância entre a imaginação do amanhã e o sofrimento de hoje, e entre o tempo histórico das alternativas e o tempo biográfico em que vivemos. A solução é lutar para construir elos entre a visão programática e a prática política: nenhuma alternativa merece fé se não puder ser traduzida em exemplos atuais, ainda que fragmentários e imperfeitos, do que se propõe. E qualquer serviço a uma tarefa transformadora desumaniza e desorienta seu agente, se ele não se submete, corajosamente, aos desapontamentos da ação e aos encantamentos das pessoas que encontra pelo caminho.

A obra do pensamento é compreender o mundo e mudá-lo. A primeira tarefa de um homem, porém, é não morrer aos poucos: viver de tal maneira que possa morrer de uma vez só. O preço da vitalidade é a renúncia às defesas com que nos protegemos contra a desilusão e a derrota. Quem pagar esse preço, pagará pouco por muito.

Mudar o Brasil de vez
08/04/2003

Hoje ponho o noticiário de lado e trato de fatos – obscuros e até misteriosos – que decidirão nosso destino nacional. Para isso, é preciso armar o espírito contra algumas das obsessões que marcaram as disputas ideológicas dos últimos dois séculos.

Uma dessas disputas foi o contraste entre práticas de mercado e práticas dirigistas. Como explicar, à luz desse contraste, que as nações mais bem-sucedidas são aquelas que parecem manejar bem tanto o mercado quanto o dirigismo? Países atrasados costumam oscilar entre orientações liberais e estatizantes, com resultados igualmente ruins.

Os Estados Unidos, por exemplo, cedo se identificaram com a fé na anarquia organizada das forças de mercado. Ao se lançarem à guerra em 1941, entretanto, descartaram os preconceitos ideológicos. Reorganizaram toda sua economia sob regime de coordenação planejada, porém flexível, entre o governo e o setor privado. Confiscaram grande parte da renda privada: a alíquota superior do imposto sobre a renda da pessoa física chegou a 92%. O resultado foi espetacular: em quatro anos, o PIB quase dobrou. É a implosão do debate ideológico: quem for bom de mercado, será bom também de estatismo. Mudará de modelo de acordo com as circunstâncias.

Três fatores são determinantes para explicar essa capacidade de usar qualquer modelo bem. O primeiro fator é o êxito em atenuar a contradição entre os dois imperativos básicos do progresso prático: a cooperação e a inovação. Qualquer atividade produtiva é cooperativa. O próprio mercado representa forma simplificada de cooperação entre estranhos; exige generalização da confiança. É preciso privilegiar as formas de cooperação mais hospitaleiras à inovação. Para que isso aconteça, impõe-se um segundo fator: difundir na população, tão amplamente quanto possível, o acesso às oportunidades educacionais e econômicas para poder aproveitar a energia de todos. E esses dois fatores são potencializados por um terceiro: atitude despreconcebida, de experimentalismo irrequieto, que penetre toda a cultura e toda a sociedade.

O que tem isso a ver com o Brasil? A mudança mais importante ocorrida no Brasil nos últimos quarenta anos foi a difusão, no meio popular, de nova cultura de iniciativa e de autoajuda. Mais pequeno-burguesa do que proletária, essa cultura procura, instintivamente, formas de cooperação abertas à inovação. Reivindica equipamento econômico e educativo. Rebela-se contra os dogmas. Falta-lhe, porém, tudo.

A tarefa pública mais importante a executar hoje no Brasil é ir ao encontro desse espírito, por todos os meios, inspirados em todos os figurinos, dotando-o dos instrumentos de que carece, resgatando-o do egoísmo familiar e da fórmula restritiva da pequena propriedade isolada e munindo-o de universo mais amplo de opções. A condição mais importante para que se dê esse encontro entre a nação e o Estado é a radicalização da meritocracia: a promoção dos esforçados e dos talentosos. Para isso, é preciso travar guerra incansável contra o privilégio, a influência, o favor, o nepotismo, em todos os departamentos da vida nacional. Tratemos de descobrir ou de inventar as instituições e as práticas mais capazes de instrumentalizar a energia frustrada desse Brasil emergente. Tratemos de imaginar nossa própria grandeza.

Humilhação
02/09/2003

O Brasil continua a ser sociedade de pequenos déspotas e de suas vítimas – no trabalho, na família e nas atividades do dia a dia. A humilhação é o estigma da vida brasileira: o mal secreto que tudo penetra e envenena.

Forças subterrâneas movimentam-se, porém, para derrubar os pequenos déspotas e para livrar os brasileiros da humilhação. Esse conflito onipresente e invisível ajuda a decifrar nossa realidade e nossas possibilidades. O objetivo a que os políticos alegam dar prioridade agora – crescimento econômico com inclusão social – não se efetivará sem que consigamos traduzir em ação construtiva e em prática cooperativa o esforço nacional para acordar do pesadelo da humilhação.

A lógica das relações sociais no Brasil costumava e ainda costuma misturar dominação, troca e sentimento. Sua fórmula característica é a sentimentalização das trocas desiguais. E seu protagonista típico, homem branco de classe média que, inibido e frustrado em quase tudo, esbanja prepotência sobre a mulher negra que lava seus pratos e sua roupa. Submisso a seus superiores, arrogante para com seus subalternos, desconfortável em todas as relações que pressuponham igualdade de tratamento, o pequeno déspota, inseguro e postiço, sofre obscuramente enquanto faz sofrer.

A humilhação é a emoção que acompanha como sombra o pequeno despotismo. O desejo de escapar da humilhação é hoje a força mais poderosa no país. Quem entendê-la e servi-la falará pelo Brasil.

Todas as transformações mais marcantes que vem ocorrendo na prática e na consciência dos brasileiros representam episódios na revolta nacional contra a experiência banal da humilhação. Derrotados e perplexos na tentativa de reimaginar e de refazer a organização do país, os brasileiros se refugiam em pequenos mundos sociais que servem de contramodelos à estrutura e à cultura gerais do Brasil: mundos em que cada um descarrega os fardos da prepotência e da humilhação. E os movimentos religiosos constroem narrativas que dão sentido a essa reorientação.

A revolta contra a humilhação exigiria, para consumar-se, que a conversão dos corações convergisse com a reconstrução das instituições. Um direito que conseguisse disciplinar o exercício do poder tanto na sociedade quanto no Estado. Um ensino que adotasse os alunos pobres mais talentosos e aplicados como herdeiros da República e os conduzisse às alturas da inteligência e da influência. Uma estratégia de desenvolvimento que ampliasse radicalmente os espaços em que os brasileiros pudessem cooperar e competir sem humilharem ou serem humilhados: portanto, o uso do poder do Estado para forçar a democratização do mercado.

E para que tudo isso? Para que, com mais frequência e com maior intensidade, brasileiros e brasileiras comuns descubram quanto de vida e de espírito guardam escondidos dentro de si.

Essa é a única tarefa digna de servir de foco hoje para a vida nacional: a única com o peso que teve a abolição da escravatura. Indiferentes à pequenez anti-heróica e antivisionária de nosso tempo, levantemos os olhos para o que nos pode fazer grandes.

Soco em cara de americano
20/01/2004

Se nós, brasileiros, não sentíssemos o peso da humilhação nacional, se não desejássemos, com tanto ardor secreto e desorientado, ver o país ficar de pé, se não julgássemos intolerável o grau de dependência dos Estados Unidos em que o Brasil caiu, não teríamos apreciado com mal disfarçado espírito de vingança (também chamado de reciprocidade) a identificação de visitantes americanos e a prisão do piloto desaforado. Humano, humano demais.

O sentimento da humilhação pode abrir ou fechar caminhos. Quando, por exemplo, no final do século 19, a China começou a reagir contra as indignidades a que a sujeitavam as potências ocidentais, as emoções mobilizadas ajudaram a inspirar movimentos que desembocaram em república e revolução. No Brasil de hoje, ocorre, por enquanto, o inverso. Os gestos de revide – bem mais custosos para os mandantes do que para os destinatários – servem de compensação para nossas abdicações. É como se disséssemos: já que os endinheirados comemoram o sepultamento da ideia de uma alternativa nacional pela agremiação política que supostamente a representava, já que a nação continua indiferente à cooptação das forças capazes de contestar as opções retrógadas do atual governo, já que a mensagem do Brasil para a humanidade ficou reduzida a usar lamentações a respeito das injustiças da globalização para tentar arrancar pequenas vantagens para nossos exportadores, já que a Alca, embora encolhida, bate à porta, já que, enfim, tudo isso custa tão caro, material e moralmente, ao povo brasileiro, que tal dar soco em cara de americano? Pagando tanto para nos render, por que não pagarmos um pouco mais para usufruir o prazer momentâneo da desforra?

Mais clarividente e corajoso seria reconhecer o problema de fundo nesses episódios miúdos: a movimentação internacional dos brasileiros em particular e das pessoas em geral. Formado como país de imigração, o Brasil não se consegue imaginar como o país de emigração que hoje, por conta da estagnação econômica e da opressão social, de fato é. Algumas centenas de milhares de brasileiros já trabalham ilegalmente nos Estados Unidos. Centenas de brasileiros correm nas caladas da noite na fronteira do México com o Texas, tentando escapar da falta de oportunidade e da falta de respeito no Brasil. Enquanto isso, nossos orfanatos continuam abarrotados de crianças (muitas abandonadas pelos pais) que os brasileiros não adotamos nem deixamos estrangeiros adotar. Preferimos aprisioná-las e escondê-las de nós mesmos a permitir que estrangeiros façam por elas o que não fazemos.

Essa problemática nos remete a tema vital para a humanidade. Nenhuma reforma da ordem global surtiria maior efeito igualizador e daria contribuição maior ao despontar de consciência humana universal do que o fortalecimento gradativo do direito das pessoas de se movimentarem pelo mundo e de trabalharem onde quiserem. Nossos interesses materiais e morais mais profundos estão empenhados nessa causa. O Brasil deve estar à frente dela, aproveitando as oportunidades que os fatos não cessarão de produzir. Uma destas resulta da transformação dos Estados Unidos pelos fluxos migratórios, refletida na proposta do governo americano de facultar licenças temporárias de trabalho aos imigrantes ilegais.

Para reorientar o debate nacional nessa direção e enfrentar essas realidades, não basta brigar na esquina. É preciso ter grandeza – ou querê-la.

Dois países
09/03/2004

Havia no século 19 dois países cujas histórias tinham sido semelhantes. Essas duas nações, entretanto, divergiram.

Chamemos uma delas de protoneoliberal; logo ficará clara a justificativa da alcunha. Nesse país as elites do poder, do dinheiro e da cultura acreditavam que o progresso exigia convergência com as instituições e as práticas das nações mais adiantadas. A técnica para atrasado avançar era – supunham – imitar o que dera certo em países ricos e poderosos. Daí a veneração com que recebiam as fórmulas que emanavam da potência predominante daquela época, a Grã-Bretanha, desde que sua execução não lhes exigisse o sacrifício de seus interesses. Abraçavam o livre comércio absoluto. A tarefa do Estado era resguardar o direito de propriedade, abrir estradas e, se sobrasse receita, prover a instrução pública. Democracia só lenta, gradual e segura: para não despertar expectativas populares incapazes de serem satisfeitas nem substituir estadistas por demagogos. Vigia uma política de salão.

O outro país era muito mais, digamos, "nasserista". Nele os quadros dirigentes e os ideólogos mais influentes partiam do pressuposto de que nenhuma instituição ou prática estabelecida alhures podia prestar. Se prestasse teria sido inventada ali mesmo, não no estrangeiro. Queriam começar tudo de novo. A associação de qualquer proposta econômica ou política com a Grã-Bretanha bastava para suscitar a suspeita de ser ela instrumento de subjugação. Adotavam protecionismo radical com o mesmo fervor com que o país protoneoliberal seguia a cartilha do livre comércio. Em suas décadas iniciais de vida independente esse país foi governado por grupos que insistiam em mobilizar, em marcha forçada, por meio de alianças entre o poder público e a iniciativa privada, os recursos nacionais para o desenvolvimento. A política – cheia de briga e balbúrdia –misturava elitismo com populismo. Apesar da concentração da riqueza, os populistas conseguiram democratizar a agricultura e as finanças; aboliram os grandes bancos.

O país protoneoliberal era o Brasil; o país "protonasserista", os Estados Unidos. Não há na história moderna duas nações enormes com origens tão parecidas como essas duas, fundadas no hemisfério ocidental sobre a base de povoamento europeu e de escravidão africana. De todas as divergências de rumo e de destino entre as duas, a mais importante é o contraste de atitude que minha fábula descreve.

A lição a depreender não é que devamos copiar a letra do que fizeram os americanos no século 19; cada tempo com suas tarefas e com seus meios para cumpri-las. A lição é que na história dos povos a obediência – sobretudo a obediência intelectual – não compensa. É ser tigre ou ser tapete. Para ser tigre, não basta rugir e mostrar garras; é preciso ter certa ideia de si. Há mais de vinte anos – vinte anos de estagnação e desencanto – prevalece no Brasil o discurso do "dever de casa", o catecismo do aluno passivo e submisso. Regredimos às abdicações do século 19.

Qual futuro pode ter tais propostas se não houver entre nós um levante de espírito? Perseveremos, até que a indignação, a esperança e a clareza se encontrem.

Lição americana
02/11/2004

Hoje votam os Estados Unidos. Para o Brasil, a lição mais importante do pleito americano – seja qual for o resultado – tem a ver com fé no potencial transformador da política. Muitos americanos não creem no Estado e muitos – desinformados e inconscientes – não votam. A metade do país que vota acredita, porém, até com intensidade, em vida pública. Acredita porque a experiência contemporânea confirma o quanto é decisivo para a trajetória da nação o desfecho das lutas políticas.

Dois grandes projetos marcaram os últimos três quartos de século de história americana: o de Roosevelt e o de Reagan. Ambos demonstraram o poder da política para mudar o país. Ultrapassaram a rotina das pequenas composições. Definiram rumo, inicialmente descartado como extremista: não uma planilha, mas a ideia de uma direção e dos primeiros passos. Apesar de ainda contar com a simpatia de metade da nação, o Partido Democrata não consegue reanimar o projeto de Roosevelt ou substituí-lo. Em vez de oferecer proposta que atenda os anseios da maioria trabalhadora, contenta-se em defender minorias e em suavizar a diretriz dos adversários. Já os Republicanos contrabalançam a antipatia criada por seus acertos plutocráticos recorrendo a estratégia de poder apoiada em três bases: a sensação de estar o país sitiado por mundo sobre o qual projeta seu poder, os ressentimentos contra o "liberalismo" dos Democratas em matéria de vida familiar e a desconfiança na eficácia do ativismo social e econômico dos governos.

Diferente é o que acontece em países europeus como a França e a Alemanha. Os governos social-democratas aderiram ao mesmo formulário neoliberal dos conservadores. No máximo, tentaram preservar, como última linha de defesa do modelo europeu, os direitos sociais. Nada – nem mesmo os mercados financeiros – os obrigou a essa rendição; simplesmente não vislumbraram alternativas. Falta de clareza ajudou a gerar excesso de medo. Não se entregou a esse ideário, porém, o eleitorado. Inconformado com a rendição dos governos, passou a repudiar todos eles. Desilusão com os governos favoreceu descrença na política. E deu vida à antipolítica dos nacionalistas de direita.

E o Brasil? Reproduz-se em facção influente da classe média a descrença europeia na política. O discurso que difunde esse derrotismo é uma fantasia pseudorrealista. Lê-se nas linhas e nas entrelinhas de nossos jornais: os políticos são todos iguais; a ideia de projeto nacional é resquício romântico e salvacionista; conformemo-nos em cobrar modestas decências e eficiências. Não é a natureza eterna da política que empresta plausibilidade a essa mentira venenosa e servil: é a constatação circunstancial de que os que representariam a alternativa se renderam ao ideário de seus oponentes. E tanto é assim que ninguém no Brasil em 1889, 1930, 1945 ou 1964 se teria deixado enganar por essa cantiga de adormecer.

A solução é uma só: demarcar caminhos e lutar por eles. Temos de fazer, a nosso modo, o que fizeram os Estados Unidos em seus dois séculos de ascensão à primazia mundial: levantar escudo econômico, político e militar que proteja nossa insubordinação e nosso experimentalismo; acreditar na democratização de oportunidades como o grande motor do avanço nacional e ousar sermos diferentes para poder sermos nós mesmos. Para isso, é preciso reconhecer que política é destino: o destino que nos damos.

Furtado e futuro
23/11/2004

A melhor homenagem que se pode prestar a Celso Furtado é descrever a obra que nós, os sobreviventes, temos pela frente na reconstrução do pensamento brasileiro. Cada um dos elementos dessa missão reconstrutora – seus imperativos e seus paradoxos, suas luzes e suas sombras – estão prefigurados nas ideias e na ação desse grande homem.

A preliminar é identificação com o Brasil. Na maioria dos países modernos a ideia da nação foi mais projeto dos quadros dirigentes do que iniciativa das massas. No Brasil – que, segundo me advertiu Celso Furtado, surgiu menos como nação do que como acampamento – inverteu-se essa tendência. As elites brasileiras pouco se identificaram com a nação; preferiram imitar seletivamente e obedecer sem rebuços os poderes da época. Foi a gente comum do Brasil que começou a se identificar com a ideia da nação e com o uso do poder do Estado para construi-la. A classe média – o pivô do sistema – costumou balancear entre dizer sim e dizer não a uma visão do Brasil. Quem quis dizer sim sempre teve de procurar como pensar o país dentro do mundo e o mundo a partir do país. E sempre se debateu com a insuficiência das ideias disponíveis.

A tentação dos que não se querem render aos rendidos tem sido apelar para um "caminho brasileiro", a ser demarcado por ideário nativista. A verdade, porém, é que não se resiste às ideias que irradiam das potências dominantes de uma época sem ter ideias pelos menos tão gerais e profundas quanto elas; só uma heresia universalizante se contrapõe com eficácia a uma ortodoxia universal. Haja ânimo em país como o nosso, sem os instrumentos de uma universidade consolidada, para estudar e repensar o mundo e para brigar com as concepções reinantes no pensamento político, econômico e social dos países que nos acostumamos a seguir. Não há, entretanto, alternativa. O trabalho é esse.

Há três descaminhos a evitar em sua execução. O primeiro descaminho é sentimentalizar nossas especificidades culturais, usando-as para encobrir as realidades cruas de nossa sociedade. O segundo é mobilizar planilhas salvacionistas, quase sempre importadas, a serem impostas ao país por suposta vanguarda. A terceira é refugiar-nos em determinismos que expliquem por que as coisas têm de ser como são: os velhos determinismos Marxistas ou os novos determinismos das ciências sociais tal qual cultivadas nos Estados Unidos. A história do pensamento brasileiro é a história desses três descaminhos e da tentativa frustrada de superá-los. Não se escapa deles sem guerra de ideias, conduzida sem esmorecimento em todas as frentes ao mesmo tempo. Não se escapa deles sem maneira de pensar que aprofunde o entendimento da realidade ampliando a imaginação do possível.

Antecipo a perplexidade dos poucos leitores dessas linhas. A eles parecerei eu como jogador de cartas que, ao perder cada rodada do jogo, supõe melhorar sua chance de ganhar a rodada seguinte aumentando sua aposta com cacife feito só de notas promissórias por ele mesmo assinada. Minha defesa é que as tarefas não se apresentam na medida de nossas conveniências e capacidades. Somos nós que temos de nos exceder, de nos sacudir, de nos reinventar, até conseguirmos estar à altura delas.

Pensamento brasileiro
06/01/2004

Todos têm o direito de formular desejo de ano novo. Meu desejo – distante dos temas a que costumo dedicar esse espaço – é que a inteligência brasileira responda com coragem e inspiração ao momento frustrante que ela vive. E que, repudiando as tendências intelectuais exauridas que predominam nos Estados Unidos e na Europa, prepare-se para dar contribuição própria ao pensamento universal. Só assim terá como contribuir também à demarcação do caminho do Brasil. Tentativas políticas de dar rumo original à nação continuarão frágeis enquanto o país não contar com tradições intelectuais mais independentes e fortes. Permaneceremos à mercê das modas importadas e da desesperança alheia.

Não significa nos refugiar em idiossincrasias nativistas que nos isolem das ideias em curso no mundo. Mas também não se reconcilia com o que nos tem pautado: a mera aplicação ao Brasil daquilo que se pensa alhures. Para ter o que dizer ao Brasil sobre o Brasil é preciso ter o que dizer ao mundo sobre o mundo. E a partir dessa visão universalizante, repensar o país. Propor tal obra quando a universidade brasileira está destroçada pode parecer extremo de ingenuidade. No reino do espírito, entretanto, as tarefas, abraçadas com fervor, geram as energias para forjar os instrumentos de sua execução.

Nas ciências sociais – inclusive as que maior influência exercem, direito e economia –, prevalece no Brasil de hoje a justaposição de duas tradições fatalistas. De um lado, um empirismo míope e conservador, trazido da academia americana, menospreza e trivializa a reconstrução dos pressupostos institucionais e ideológicos de uma sociedade. De outro lado, o resíduo fossilizado das teorias deterministas de outra época, como o marxismo, distorce a natureza dessas estruturas ao apresentá-las como produtos de forças irresistíveis. Ciência social entre nós virou mistura desse duas maneiras de explicar a necessidade do que existe. A imaginação, porém, é antidestino.

Para o Brasil, que só pode tornar-se o que quer ser inovando tanto nas instituições quanto nas ideias, o mais urgente é descobrir como desenvolver maneira de entender as sociedades que desmistifique as estruturas existentes, balizando o trabalho de reimaginá-las e de reconstrui-las. É mais fácil essa reorientação do pensamento social surgir na periferia do Ocidente do que em seus centros entediados.

Nas humanidades, não temos por que nos contentar com uma consciência que se resigna ao distanciamento entre o espaço público e o privado, abandonando aquele aos pequenos ajustes de interesses e entregando este às aventuras de uma subjetividade incapaz de reordenar o mundo no qual, no final de contas, todos temos de viver. Criticar velhas formas de consciência e de prática e inventar novas, reconhecendo que numa democracia a profecia há de falar mais alto de que a memória – essa é a vocação das humanidades num país cuja alta cultura está drenada de vida e cuja cultura popular, cheia de vida, está carente de visão.

Teremos nós a grandeza – mais moral do que intelectual – para buscar dentro de nós mesmos as forças e as inspirações necessárias ao cumprimento dessa tarefa vivificante? Daremos a volta por cima dos desencantos que nos cercam? Que o façamos, sim, contra a lógica das coisas feitas e mortas – esse é meu voto de ano novo.

Brasil universal
07/12/200

Mesmo em alguns brasileiros que sempre tiveram fé na vitalidade e na originalidade do Brasil, detecto cansaço e desânimo. Antes pensavam que o Brasil poderia trazer luz e alento à humanidade. Agora, de tanto ver promessas de mudança convertidas em atos de rendição, dão por excessiva aquela esperança. Um pouco mais de decência e de competência, de cumprimento das leis e de respeito pelos talentos, já lhes parece o mínimo e o máximo a que podemos aspirar.

Nesse ambiente de desencanto é preciso reafirmar as razões que inspiram a esperança perdida e desautorizam as desilusões do momento. Estavam certos antes: não há país cujo soerguimento tenha mais potencial para descortinar alternativas de interesse universal.

Em primeiro lugar, não conseguiremos consertar o Brasil sem contribuirmos para a solução de problemas compartilhados por muitas outras nações. Nossa tarefa é multiplicar depressa oportunidades e capacitações. Há energia de sobra no Brasil; o que faltam são meios para aproveitá-la. Não podemos mais avançar só na base do trabalho barato e dos recursos naturais. Ainda não podemos progredir na base da alta tecnologia e do conhecimento aprofundado. A solução é descartar preconceitos ideológicos. E usar os poderes do Estado para potencializar a autoajuda individual e a iniciativa privada. Onde o mercado não faz ou não funciona, não convém aguardá-lo, nem suprimi-lo em favor de planilhas impostas de cima para baixo. Cabe criar, por iniciativa pública, fontes supletivas de crédito, de tecnologia e de conhecimento, observando princípios de autonomia decisória, concorrência e responsabilidade – princípios que valem tanto para a organização do ensino quanto para a organização do crédito. Mostrar na prática como se faz isso é mostrar algo que se procura agora em todo o mundo.

Em segundo lugar, não democratizaremos oportunidades dentro do Brasil sem luta, ao lado dos aliados que cultivarmos, por reforma da ordem econômica mundial. Impedir que a promoção do livre comércio sirva de pretexto para impor uma única versão do seja economia de mercado. Eleger, como base de abertura econômica mundial sustentável e fecunda, o compromisso de organizar a convivência entre trajetórias diferentes de desenvolvimento. Fazer com que capital e trabalho ganhem juntos, em pequenos passos, o direito de correr mundo, em vez de negar ao trabalho qualquer parcela da liberdade que se dá ao capital. E ancorar essas iniciativas econômicas em entendimentos políticos entre as potências médias que ajudem a conter e a transformar a hegemonia dos Estados Unidos. O destino de nosso desenvolvimento nacional é indissociável de reforma desse tipo. E só com ela se completa.

Em terceiro lugar, a problemática central de nossa cultura é a mesma que hoje agita obscuramente o coração humano em toda a parte. Temos o fascínio da pujança – de fartura, fertilidade, grandeza, audácia, arrebatamento. E o culto da ternura – da misteriosa doçura que, irradiando da vida familiar, define, no meio de nossas crueldades, injustiças e violências, o outro lado de nosso espírito. A reconciliação da pujança com a ternura passa pela reorganização do Brasil. E faz dessa reorganização um experimento nacional que importa a toda a humanidade.

O malogro do antiexperimentalismo
28/12/2004

"Os experimentalismos fracassaram no Brasil." Essa proposição do Ministro da Fazenda exprime o ponto de vista dos que estão dirigindo o Brasil. Seria injusto atribuir a visão que ela sintetiza apenas ao governo Lula. É, pelo contrário, entendimento que contagia as elites do poder, do dinheiro e até mesmo do pensamento no Brasil. Não engradeceremos o Brasil nem libertaremos os brasileiros sem combatê-la, derrotá-la e substituí-la.

Seria difícil formular ideia mais desmentida pelos fatos do que essa que nossos governantes abraçam. Distinguíamos entre grandes e pequenos experimentalismos. O que possuímos de produção industrial e de independência econômica se deve ao último grande experimentalismo praticado entre nós: a resposta arrojada que a nação deu à crise mundial que foi do colapso de 1930 até as sequelas da Segunda Guerra. Produto de impulso experimentalista, o modelo construído naqueles anos acabou padecendo dos constrangimentos custosos que ele impôs a novas experiências.

Desde então só praticamos experimentalismos miúdos, destinados a manejar desarranjos da moeda e das finanças públicas. Alguns, como o confisco da poupança sob Collor, deram errado. Outros, como o Plano Real – engenhoso na maneira de desmantelar a inflação – não só deram certo como também construíram as bases do poder político antiexperimentalista que se consolidou no período subsequente de governo PSDB-PT.

Se o experimentalismo não tivesse sido em nossa vida nacional a condição de qualquer avanço, grande ou pequeno, o Brasil representaria misteriosa exceção à regra universal. Por exemplo, a potência hoje predominante, os Estados Unidos, distinguiu-se, durante todo o período de sua ascensão, pela insistência em adotar práticas e instituições originais, antagônicas às doutrinas que emanavam da Grã-Bretanha. E a China – o país em desenvolvimento que mais tem crescido em décadas recentes – é também o mais fértil em inovações institucionais no campo econômico. Falta de imaginação não dá futuro.

Como explicar a influência do antiexperimentalismo sobre nossos quadros dirigentes, mesmo sobre os que se pretendem socialmente progressistas? Entre as causas, duas parecem desempenhar papel preponderante. A primeira causa é a fragilidade de nossa vida universitária. No Brasil uma mistura de fatalismos oriundos do pós-marxismo e das ciências sociais americanas deixou a intelectualidade desorientada e abriu vazio que os apóstolos da obediência e da imitação preencheram. A segunda causa é a falta de força política que saiba construir projeto nacional rebelde sobre base social emergente: a massa de trabalhadores que, fiados em autoajuda e em iniciativa, quer emprego qualificado ou pequeno empreendimento em vez de esmola. Aliança fundada nos interesses do trabalho e da produção tem de tomar o lugar da aliança de rentistas e de desesperados que forma a base do poder hoje.

O Brasil continua a ser caldeirão de energia desperdiçada. Não merece ser dirigido por gente que propõe levar o país diretamente da infância à senilidade. Não merece e não precisa.

O método da reviravolta
12/04/2005

Como se podem mobilizar os brasileiros para mudar o Brasil? Para qualquer cidadão inconformado com a situação nacional essa indagação tem primazia sobre qualquer outra.

A pergunta ganha sentido especial por causa de combinação de fatos peculiar e enigmática. Há no país insatisfação que beira revolta. Esse descontentamento encontra, porém, anteparo na convicção de que a vida pública se tornou deserto de virtudes, de ideias e de capacidades. O resultado dessa descrença na política é paradoxalmente conferir aos políticos o escudo das baixas expectativas do povo: um pouco de competência, sem boa-fé, ou de boa-fé, sem competência, basta para tornar um governante aceitável.

A convivência da insatisfação com a resignação é instável. O que pode desestabilizá-la é novidade, de mensagens e de mensageiros, sobretudo na sucessão presidencial. Não se pode inovar em mensagens e mensageiros, contudo, sem inovar também na maneira de lutar pelo poder e, portanto, nos métodos com que se mobilizam as pessoas para participar nessa luta.

Há dois modelos básicos de mobilização na política das sociedades contemporâneas. Nenhum dos dois nos serve. Um modelo é o dramático: escalada de protestos de massa e de rua, como nas repúblicas pós-soviéticas, para derrubar governantes predatórios. O outro modelo é o rotineiro, como nas democracias ricas: a política como espetáculo encenado na televisão, assistido passivamente por uma população que espera pouco e teme muito.

Nosso caso é diferente desses dois. O Brasil precisa mudar de rumo. Antigamente precisava mudar de rumo para transformar o crescimento que vivia na justiça que lhe faltava. Agora precisa de mudar de rumo para transformar a justiça que ainda lhe falta no crescimento que deixou de viver. Há anos o eleitorado busca saída. Aceita o risco e o novo. As mensagens e os mensageiros desafiantes, porém, mal conseguem penetrar o bloqueio do sistema partidário e midiático.

A solução é usar os instrumentos da política rotineira – espaços de televisão e de internet, entrevistas, palestras, negociações partidárias e recrutamento de militantes. Usá-los, porém, de maneira surpreendente para produzir resultado ainda mais surpreendente: a alternativa nacional que os desiludidos dizem ser impossível surgir. Cada intervenção dessas precisa dizer tanto na forma quanto no conteúdo, na prática tanto quanto na proposta: isso aqui é diferente. Aqui não se trata de açucarar; aqui há veneno para alguns e remédio para outros.

E de todas as surpresas a produzir por esse método de usar o convencional de maneira não convencional, a mais importante é a junção de duas atitudes supostamente irreconciliáveis. De um lado, ser sóbrio. realista e moderado nas propostas, defendendo pequeno elenco de medidas singelas e viáveis, capazes de reorientar o rumo do país na direção daquilo que se lhe nega: desenvolvimento com justiça. De outro lado, ser revolucionário em sinalizar algo que parece impensável no Brasil de hoje: a possibilidade de uma oposição que o dinheiro não possa comprar e que a intimidação não possa abater.

Reunidos esses atributos nas mesmas lideranças e nas mesmas iniciativas, tudo começará a mudar no Brasil. A nação se levantará.

Brasil verde
21/06/2005

Nos países ricos a causa ecológica costuma vir junta com desinteresse pelo crescimento econômico e sinalizar a chegada de uma política pós-ideológica, do gosto de populações entediadas com a agenda ideológica tradicional e amedrontadas com o que o futuro possa trazer. Esse ambientalismo com medo de futuro não tem futuro.

Conosco tem de ser tudo diferente. Até recentemente não entendi a importância da causa verde para a construção de novo modelo de desenvolvimento no Brasil, bom para nós e alentador para a humanidade. Tomara que minha conversão seja repetida por milhões de meus concidadãos.

Nosso maior recurso natural é a biomassa brasileira e o que ela pode gerar de energia para nossa economia, de empregos para nossa população e de segurança física e avanço médico para toda a humanidade. A maior reclamação que o mundo tem contra o Brasil é que não resguardamos nosso ambiente e sobretudo nossa Amazônia. Bom pretexto para o avanço de ambições casadas com preconceitos.

A oportunidade e a ameaça encontram-se no mesmo ponto: o imperativo de fazer da causa verde tema central, não periférico, de nossa estratégia de desenvolvimento. Para isso, um futuro governo brasileiro deve comprometer-se com a promoção de todo o espectro de biotecnologias, desde as energéticas até as medicinais. Na fidelidade a esse compromisso, deve recorrer, sem dogma, tanto à iniciativa privada quanto ao empreendimento público, assegurando nesses critérios de concorrência econômica, gestão profissional, autonomia decisória (com participação das populações diretamente atingidas) e experimentalismo institucional e técnico. Deve, nesse âmbito, promover o que convém em todas as áreas da economia: a multiplicação de elos diretos entre os setores mais avançados e os mais atrasados de nossa produção e de nossa força de trabalho, cada um desses elos uma fonte ao mesmo tempo de empregos novos e de ganhos de produtividade nos empregos existentes. Deve começar a comercializar os produtos dessas iniciativas em todo o mundo, sob nosso controle, não sob o controle de multinacionais, como resultados e recursos de um modelo de industrialização e de desenvolvimento que interessará a muitos. Deve desenvolver a Amazônia não como parque ou como cenário de uma atividade agropastoril ou extrativa predatória e autodestrutiva, mas como grande laboratório coletivo desse experimento nacional. Deve organizar a proteção do meio ambiente em todo o país fora dos parques nacionais para não ficar no regime binário: parque ou vale-tudo. E deve transformar esse encontro do brasileiro com a natureza brasileira em palco privilegiado do aprofundamento de nossa democracia, mostrando como se podem conjugar perícia técnica, realismo econômico e participação social.

Nada será mais útil para induzir no brasileiro a confiança em sua capacidade de reagir e de resolver. E para ganhar do estrangeiro respeito pelo Brasil. Respeito pela nossa capacidade de preservar nosso singular patrimônio natural. Respeito pelo nosso direito e dever de rechaçar a estranha aliança de grande capital, de ativismo bem-pensante e de narcotráfico que nos gostaria de pôr sob tutela. Melhor ainda do que a confiança em nós mesmos e o respeito dado pelos outros é a promessa de viver para sempre num Brasil que, sendo sempre verde, será sempre brasileiro.

Justiça racial já
13/01/2004

Das injustiças que proliferam no Brasil, comprometendo nossa vitalidade e adiando nosso engrandecimento, nenhuma é mais constante do que a injustiça racial. Forjado sob a sombra da escravidão africana, o país ainda não conseguiu romper com os desdobramentos desse mal em nossa sociedade e em nossos corações.

Propõem-se, em resposta, quotas raciais. Nossa atração fatal às aparências conciliadoras e às imitações mal informadas está empenhada nessa pseudossolução.

Quotas raciais não convêm ao Brasil. Em primeiro lugar, reproduzem a tendência dos Estados Unidos para tratar justiça racial como espécie de preliminar, separada de justiça social. O contexto brasileiro é ainda menos próprio para essa separação do que o americano. O resultado previsível de reservas raciais será promover e ao mesmo tempo estigmatizar elite afro-brasileira. Embora essa elite alegará representar a massa da gente oprimida de cor, acabará – a julgar pela experiência de outras nações – por representar a si mesma. A massa negra ficará onde sempre esteve – no nada. E o resíduo do exercício será a confirmação íntima do preconceito, ofuscada pelas hipocrisias açucaradas em que se especializam nossos quadros dirigentes. O critério da "autoidentificação" como negro para fazer jus ao benefício – quase inevitável dada a miscigenação racial da população trabalhadora – aumenta a probabilidade de fiasco.

Em segundo lugar, o regime de quotas não serve porque é e deve ser inconstitucional: fere qualquer entendimento contemporâneo plausível da igualdade perante a lei. Por isso mesmo só poderia ser instituído por iniciativa constitucional como foram as quotas adotadas na Índia para libertar os "intocáveis". Nos Estados Unidos apenas os adversários das políticas de "ação afirmativa" as descrevem como quotas. E o Judiciário vem impondo restrições para assegurar que não funcionem como tal.

Alternativa mais eficaz e mais justa nos obrigaria a trocar os chavões da pacificação pelos embates da transformação. O instrumento principal é a identificação ativa dos alunos mais talentosos e aplicados em todos os níveis do ensino público, com preferência dada não aos negros, mas aos pobres. Trata-se de cercar esses estudantes de apoios financeiros e de estímulos intelectuais extraordinários, levando-os às culminâncias da formação, dentro e fora do Brasil. A maioria dos beneficiados seria automaticamente, de cor. Uma contraelite morena, negra e pobre seria preparada para disputar os lugares de nossa elite branca de herdeiros. O impacto transformador sobre a sociedade brasileira seria imediato, insuflando ambições e mudando expectativas. O instrumento subsidiário é o revigoramento das normas antidiscriminatórias. A ausência de negros em qualquer organização pública ou privada deve ensejar suspeita de discriminação. Quadros especiais de procuradores e de juízes devem poder exigir a ampliação dos esforços de recrutamento e investigar a imparcialidade dos procedimentos de avaliação.

Tal alternativa bate de frente com o método de Pôncio Pilatos: delegar às autonomeadas lideranças negras a escolha do rumo a seguir. Não se fazem repúblicas por meio de tais delegações cala-bocas. Fazem-se por mãos de homens e mulheres que tenham tanto amor ao país que se disponham a ser inconvenientes.

Autotransformação
08/11/2005

Uma parada no incessante discurso de proposta com que costumo ocupar esse espaço. Um intervalo para refletir a respeito de sentimentos que bloqueiam o caminho de nosso engrandecimento nacional.

Dentro da minoria que dispõe de meios para se ocupar da vida pública no Brasil, predominam três estados de espírito. A consciência característica dos políticos profissionais é medir cada iniciativa da carreira eleitoral por um cálculo de risco e retorno, de custo e benefício. Se todos se pautassem por tais critérios, nunca haveria, na vida das nações, grandes revelações e transformações, a não ser aquelas que lhes fossem impostas pelos traumas do colapso econômico ou da derrota militar. Nada de verdadeiramente inovador pode acontecer na experiência política de um povo se todos seus líderes forem meros calculistas, incapazes de trabalharem, com convicção, contra as tendências instaladas e as necessidades aparentes.

Ao calculismo dos políticos se contrapõe, entre nós, a indignação dos idealistas. No fundo, desesperam da mudança. O que querem é que alguns se disponham a praticar um ritual de purificação: clamando no deserto contra os calculistas, honestos ou corruptos, sem se misturar com os personagens reais da política e com as forças reais da sociedade. Postura estéril, tanto moral quanto politicamente. Esses indignados recebem estímulo discreto de um grupo, muito maior, que não lhes compartilha a seriedade: o das elites bem pensantes que, zelosas em administrar suas imagens, nunca quadram o círculo da ação; não conseguem reconciliar o que rende prestígio, de acordo com preconceitos arraigados, com o que com é capaz de mudar corações e realidades. Preferem ficar com o prestígio.

Assiste ao embate entre os pequenos realistas da poder e os clamantes no deserto um coro tristonho: o dos observadores da política, sobretudo na imprensa. Atrelados ao fatalismo, que é a atitude característica dos que não atuam, e próximos demais dos políticos para desconhecer-lhes as mazelas, narram os acontecimentos à luz de um roteiro implícito: os que estão no palco do poder não prestam porque se renderam e os que estão fora do palco, reclamando, não prestam porque se dividem entre fingidos e irresponsáveis. Falta aos integrantes desse coro um ingrediente indispensável da imaginação, a esperança.

Todos esses grupos – os calculistas, os puristas e o coro dos desenganados – bebem do mesmo veneno, que é a falta de ideias sobre alternativas, de organização e de consciência. A falta de ideias abre espaço para a falta de caráter; a coragem, primeira das virtudes cívicas, desorienta-se, e afinal definha, por cegueira.

O que é preciso? Recusar os padrões dos três grupos. Meter-se no meio da confusão e bater a cabeça contra a parede, com o bom humor possível. Ver cada força e cada indivíduo pelo que é, sabendo ser mais fácil mudar um país do que mudar uma pessoa. Participar da luta pela persuasão e pelo poder, procurando aliados e apoios reais, não talhados de acordo com os preconceitos da mesma gente que sufoca, em mediocridade compulsória, a vitalidade do país. Atuar, contudo, sem perder a noção do rumo e dos limites. Casar a coragem com a clareza. Credenciar o ardor com o sacrifício. Sob a disciplina penosa dos fatos, deixar-se levar por um arrebatamento despojado e esperançoso, sem o qual nada de grande se faz nesse mundo.

Renasce o confronto ideológico
11/04/2006

Vivemos os momentos iniciais de uma virada no eixo do conflito ideológico na humanidade. Pouco entendida em qualquer lugar, essa virada é distante dos termos em que ainda se trava o debate brasileiro. Compreendê-la, porém, é apossar-se de instrumento indispensável para a definição de nosso futuro nacional.

Cito as três ideologias que dominaram os debates políticos dos últimos dois séculos. Todas as três encontram-se em apuros, desorientadas na identificação de seu norte.

O liberalismo se destinaria a engrandecer o indivíduo, capacitando-o para resistir às opressões. Em todos os países contemporâneos, entretanto, mesmo naqueles que são muito mais ricos e igualitários do que o nosso, a sociedade continua dividida em classes. E a maioria, mesmo quando salva da pobreza, não tem como viver vida ambiciosa e realizadora – vida que se torne maior, não menor, com a passagem dos anos. É assim mesmo, pela própria natureza das coisas, ou devem os liberais reconstruir as instituições e transformar a cultura para serem fiéis a seu ideal libertador?

O socialismo teria por objetivo emancipar o potencial da cooperação entre as pessoas dos constrangimentos que lhe são impostos pelas desigualdades e valorizar o encaminhamento de soluções coletivas para os problemas coletivos. Mas qual o instrumento? O manejo estatal dos meios de produção mostrou-se inconfiável. E a suavização das desigualdades graças a políticas sociais compensatórias revelou-se insuficiente.

O nacionalismo abriria caminho para a invenção de expressões coletivas novas de vida e de consciência. Mas cadê os as formas de organização política e social que dariam realidade a esse sonho, dotando os povos de meios para desbravar rumos antes desconhecidos, mesmo sem contarem com a provocação de guerras e colapsos econômicos? Sem tais meios, o nacionalismo ameaça virar engodo, facilitando a mobilização das frustrações para cruzadas opressoras.

A trajetória de cada uma desses ideários revela o ponto secreto da divisão ideológica que surge. De um lado, estão aqueles – liberais, socialistas ou nacionalistas – que dão de barato que a vida é assim mesma, que a grandeza será sempre bem reservada a elite de talentosos e de sortudos e que o horizonte da reconstrução institucional se fechou. De outro lado, colocam-se aqueles – liberais, socialistas ou nacionalistas – que insistem em querer engrandecimento para porção mais ampla da humanidade, por meio de transformação das instituições e das consciências, sem ter guerra ou ruína como pré-condição da mudança.

Tudo isso pode parecer irrelevante para uma nação em que a imensa maioria se esforça para conseguir o essencial, a média de escolaridade pouco passa de cinco anos e os decentes sentem nojo pela política. Engano. Se há país que não deva deixar de enfrentar e de superar a exaustão das ideologias, é o Brasil. Participar da vanguarda dessa renovação ideológica no mundo é, para nós, imperativo de salvamento nacional; a forma herdada do debate ideológico deu-nos algo pior do que a estagnação econômica: o sentimento de que não há o que fazer. Lutemos para traduzir a imaginação das alternativas em palavras e em iniciativas capazes de esclarecer e de inspirar cada brasileiro.

Nosso futuro
26/09/2006

Dizem versos em sânscrito, escritos há mais de dois mil anos: "A esperança é uma corrente que nos amarra uns aos outros. Maravilha de corrente. Os acorrentados correm longe. Os desatados ficam mancos".

Nada no desalento e nas desilusões do momento nos deve fazer esquecer que o Brasil reúne condições para ser grande país. Vasto território, ainda pouco povoado, com recursos hídricos e biológicos inigualados. Facilidade para semear e para colher o ano todo. Distanciamento, inveterado e convicto, de guerras e de hegemonias. Ausência de ódios arraigados e de divisões insanáveis. Povo mais capaz de assimilar e de misturar etnias e culturas do que o americano, que dessa capacidade sempre se vangloriou. Flexibilidade de espírito e pendor para o improviso. Fé, combalida, porém ainda viva, na possibilidade de reconciliar a pujança com a ternura.

Contra tudo isso de promissor levantam-se três ameaças a nosso futuro. A primeira é ensino público incapaz de equipar a energia frustrada do país. A segunda é vida pública – sobretudo no sistema partidário – que desmoralizam ou suprimem as alternativas, de projeto e de poder, de que precisa a nação. A terceira é falta de identificação de nossos quadros dirigentes com o futuro do Brasil. Por conta dessa falta, ainda não se consolidou entre nós o desejo de lutar para afirmar, dentro da humanidade, nossa originalidade coletiva e para transmitir mensagem que seja universal justamente por ser singular.

Não começaremos a aproveitar aquele potencial e a superar essas ameaças se continuarmos, depois da eleição, as rivalidades e as confusões de antes da eleição. Também não o faremos pelo caminho de governo de união nacional que sacrifique a consenso gelatinoso e conservador a dialética de ideias e a inovação de rumo vitais ao país.

Todos nós que queremos construir o desenvolvimento com inclusão e tirar a política da sombra corruptora do dinheiro nos precisamos unir. Lutar para que o novo governo, que, por veredicto da maioria pobre, será o do presidente reeleito, atue como agente desse projeto. E providenciar, junto com a mudança nas regras da política, o instrumento partidário adequado. Para que o Brasil mude de rumo, o presidente terá de ousar.

Alguns de seus adversários de ontem terão de ser seus aliados de amanhã. O debate nacional terá de contar com mais, não menos, contraste de posições. E a nação toda terá de encontrar dentro de si os recursos, de magnanimidade e de clarividência, necessários a seu engrandecimento.

Mania de pequenez
19/12/2006

Dedico esse espaço à discussão e à defesa de alternativa nacional. Não se esgota essa alternativa em mudança de instituições. Exige também mudança de mentalidade. O maior problema de nosso país hoje não é estagnação econômica, desigualdade opressora, despreparo educativo ou desmoralização partidária. É que os brasileiros se sentem pequenos e se conformam com o apequenamento do Brasil. Nenhum país ascendeu sem deixar-se comover e inspirar por concepção alta e exigente de suas possibilidades.

Como entender a calamitosa modéstia de nossa visão de nós mesmos? Cito quatro fatores que ajudam a explicá-la.

O primeiro fator é a fragilização econômica e espiritual da classe média. Os grandes momentos de inflexão na história brasileira ocorreram quando parte da classe média se desgarrou da plutocracia cosmopolita e colonialista e protagonizou nova ideia do futuro nacional. Hoje, a classe média tradicional se sente bloqueada e perdida. A classe média dos emergentes ainda não encontrou voz política.

O segundo fator é a falta de tradições fortes e independentes de pensamento. Não se faz futuro sem ideias. Onde estão as nossas? Confundimos abertura para o que se pensa fora do Brasil com licença para não pensar, de maneira rebelde e original, dentro dele. Se o Brasil se engrandecer sem antes haver construído grandes universidades, será caso sem precedente na história moderna.

O terceiro fator é não se haver forjado nossa nação, como foram forjadas quase todas as grandes nações, em meio à guerra. Ainda bem: a paz é boa aventurança. Ela nos nega, porém, o que outros países tiveram: o desafio das crises de vida e morte, que arrancam as pessoas de suas rotinas amesquinhadoras. Teríamos de aprender a ver nossa combinação de estagnação, desigualdade e despreparo como a que crise provocadora que nos falta.

O quarto fator é nos encontrarmos numa época em que as populações cultas dos países que nos acostumamos a tomar como referências se desiludiram da política. Elas talvez se possam dar esse luxo. Nós não. Nós ainda não nos libertamos. Temos de passar pela desilusão da desilusão.

Explicar não é esmorecer. Nenhuma dessas causas de nosso apequenamento tem de ficar sem remédio. Todos os remédios, entretanto, exigem um pouco daquilo que mais nos falta: grandeza. Por isso, o círculo vicioso precisa ser rompido primeiro dentro de algumas consciências. Cada um que propuser e encarnar outra ideia do país valerá um governo e uma revolução.

Contra o desencanto
13/02/2007

Qualquer brasileiro sabe que os brasileiros estão desencantados com a política. Não é sentimento exclusivo nosso. É hoje regra no mundo.

Esse desencanto deita raiz em descompasso entre o que nossas ideias nos ensinam a exigir da política e a maneira como as mudanças de fato ocorrem. Nossas ideias mais prestigiosas a respeito da democracia levam-nos a ver na política democrática o instrumento privilegiado da transformação social.

Só que na história moderna acontece diferente. As transformações costumam nascer por meio do fórceps das crises: guerras e colapsos econômicos. No Brasil, escassearam as guerras, mas não os colapsos, que ofereceram oportunidades para as reorientações do país.

Espera-se da política o que ela só costuma providenciar quando tem por aliado o trauma. A solução, porém, não é ficar parado e frustrado, aguardando a próxima calamidade. É começar a reconstruir nossas instituições, práticas e ideias para que a mudança dependa menos da ruína.

Tudo isso pode parecer muito teórico. Tem, porém, sentido direto para o Brasil. A Dinamarca, onde também há desencanto com a política, está com a vida arrumada. Pode se dar o luxo de esperar a próxima crise. Nós estamos com a vida desarrumada. Não nos podemos dar esse luxo.

Reduzido a seus termos mais simples, a solução é aproveitar o que temos. E o que temos de sobra é o recurso mais importante: vitalidade. O grande projeto nacional é criar condições para surgirem milhões de projetos, não do Estado brasileiro, mas dos brasileiros, na vida econômica, social e cultural do país.

A ideologia conservadora ou neoliberal usa esse vocabulário de libertar as forças de baixo. Propõe, porém, formulário institucional que, em sociedade tão desigual e dividida como a nossa, deixa a maioria a ver navios.

O caminho é usar os poderes do Estado para produzir democratização radical e irreversível das oportunidades para trabalhar e produzir, o que pressupõe assegurar aos interesses de trabalhadores e de produtores primazia sobres os interesses de rentistas. É criar as instituições de democracia mais mudancista e participativa do que as democracias refesteladas do Atlântico Norte. E é construir ensino experimentalista e analítico que transforme o improviso inculto dos brasileiros em flexibilidade preparada. Ao tornar para sempre a mudança menos dependente da crise, usaremos a imaginação para matar o desencanto.

Inteligência brasileira
20/03/2007

Qual é hoje a vocação maior do pensamento brasileiro? O caminho a evitar é o percorrido pelas ciências sociais e pelas humanidades nos países do Atlântico Norte. Nas ciências sociais, a começar por economia, prevalece lá a racionalização do estabelecido: explicar o que existe de maneira a confirmar a necessidade, a naturalidade ou a superioridade das instituições estabelecidas e das soluções triunfantes. Nas disciplinas normativas – a filosofia política e a teoria jurídica – a humanização do inevitável: a justificativa da redistribuição compensatória e da idealização do direito como meio para suavizar estruturas que não se sabe como re-imaginar ou reconstruir. Nas humanidades, a fuga da vida prática: divagações e aventuras no campo da subjetividade, desligadas do enfrentamento da sociedade como ela é.

As três tendências fingem brigar entre si. Aliam-se, contudo, na submissão à realidade atual. A mensagem é sempre a mesma: aceitar o existente, cantar acorrentado. Cortam o vínculo, indispensável à razão, entre o entendimento do existente e a imaginação do possível.

No Brasil estamos, em matéria de alta cultura, a reboque disso. A tendência racionalizadora predomina, feita, por sua vez, de três vertentes que confluíram para o mesmo fatalismo supersticioso. Um neomarxismo que perdeu confiança tanto em seus dogmas quanto em suas esperanças acabou como discurso para explicar porque nada muda no Brasil, a não ser para assegurar a impossibilidade da mudança. As ciências sociais americanas foram apropriadas para explicar que o Brasil precisa fazer o que o mandam fazer. E o velho determinismo culturalista de nossos ideólogos conservadores foi reanimado para enfeitar com folclore o receituário do conformismo e da falta de imaginação.

Já passou da hora de jogar tudo isso fora. Para compreender nossa experiência nacional, temos de executar obra de pensamento de valor universal. Identificar as estruturas, de organização e de consciência, que moldam nossa vida. Reconhecer-lhes ao mesmo tempo o peso e a contingência. Expor as contradições, as anomalias, as brechas que fornecem oportunidades transformadoras. Mostrar como nós podemos nos organizar para diminuir o poder do passado sobre o futuro e a necessidade da crise para a mudança.

Dirão que nada disso pode acontecer no pensamento brasileiro antes de termos universidade séria e condições para o trabalho intelectual. Os renascimentos da inteligência, porém, nem sempre esperam os meios; às vezes os antecedem. É o espírito, escreveu Goethe, que faz o corpo.

Qual futuro?
27/03/2007

Para os países, tal qual como para as pessoas, há um caminho de menor resistência. É o rumo demarcado por tendências predominantes e por hábitos arraigados: a trajetória que menos exige autotransformação. Nunca é a via do engrandecimento, pavimentada com as dores da reconstrução de nós mesmos.

O que, por esse caminho de menor resistência, será o Brasil em meados desse século já se define com clareza que nos deve perturbar. Potência média no Atlântico Sul, vista com simpatia por todas as outras nações, porém não considerada por qualquer delas fonte de inspiração.

Sociedade cheia de vida, tolerante, violentamente desigual, com visão modesta de si mesma, ainda habituada a imitar os países de maior poder e prestígio, com algumas dezenas de famílias riquíssimas, com muitos pobres e com classe média insegura, descrente do Brasil e voltada para seus afazeres privados.

Economia montada sobre esplêndida base de recursos naturais, e um dos grandes produtores de grãos do mundo, com muitas ilhas de excelência em matéria de indústria e de serviços, mas basicamente ocupando o papel de seguidor em quase tudo (menos no setor de energia), com multidão de iniciativas empresariais, pequenas e grandes, prontas para compensar, graças a força de trabalho ainda relativamente barata e quase sempre flexível e engenhosa, sua relativa falta de conhecimento avançado e de tecnologia de ponta.

Cultura sedutora, sobretudo em sua expressão popular, porque sem rival na capacidade de encarnar o esforço para reconciliar a grandeza pagã com o amor cristão, por nós vistos como pujança e ternura, porém sempre arriscada de virar folclore inconsequente, desfalcada de movimentos de pensamento original, ainda que contando com alguns artistas e cientistas de primeira ordem, sem universidades capazes de rivalizar com as grandes universidades do mundo, com sistema educacional que mal consegue chegar à média mundial e com predisposições hostis às rebeldias visionárias e vazias de esperança transformadora.

Basta isso? Não basta. Quem abraça como suficiente essa mediocridade trai o Brasil porque dele desespera. Seja esse o momento em nossa história nacional em que decidimos partir para outra, em que abandonamos algo de nosso mundanismo e de nossa falta de imaginação, em que começamos a nos quixotizar um pouco e em que, determinados a dar instrumentos à energia que fervilha, frustrada, no país, dissemos um grande não, para poder dizer um grande sim.

A questão nacional
17/04/2007

Uma questão ultrapassa em importância todas as outras no Brasil de nossos dias: a questão nacional. Para que o país se construa e alcance o tipo de desenvolvimento que quer, afirmando dentro da humanidade personalidade própria e desbravando rumo certo, precisamos superar o que tem sido nossa maior fraqueza. É a mentalidade de Vichy, que predomina – e que quase sempre predominou – entre nossas classes abastadas e imperantes.

No Brasil, quem inveteradamente se identificou com a nação foi o povo pobre, trabalhador e mestiço. A classe média oscilou entre a rebeldia nacional e o espírito de rendição. E os ricaços e ilustrados, em maioria e em todas as épocas da história brasileira, inclusive a atual, nunca creram na originalidade do Brasil. Viram o país muitos, e o veem hoje, como lugar onde a doçura e o atraso vivem casados. Segundo eles, com os indispensáveis préstimos e heranças pode levar-se no Brasil vida agradável, porém atribulada por atraso em consolidar os hábitos e as instituições de países mais exitosos e menos suaves.

Essa falta de identificação com o Brasil por parte dos que podem e sabem não é apenas desastre, é também anomalia. Na história dos grandes países modernos, a afirmação nacional tem sido comumente projeto das elites, sobretudo das elites do poder e do pensamento. A tal projeto só depois se costumam converter as maiorias. Entre nós, as maiorias não precisaram ser convertidas. E não conseguiram converter os endinheirados, os letrados e os mandões.

A forma característica do descomprometimento com o Brasil hoje é cosmopolitismo frívolo, comodista, acovardado, orgulhoso de sua desilusão e, sobretudo, ignorante. Ignorante do papel decisivo que a confiança na originalidade coletiva e a busca de caminho novo desempenharam na formação dos países a que esses mesmos desiludidos se curvam. O colonialismo mental encontra pretextos no discurso da globalização e instrumentos nos fatalismos que proliferam nas ciências sociais.

É hora de fazer guerra contra a doutrina da rendição perpétua. Nunca se reuniram tantas condições favoráveis à vitória da tese nacional acalentada pela maioria. O Brasil está a um passo de construir as bases de desenvolvimento socialmente includente. A ascensão da China e da Índia nos cria mais oportunidades do que dificuldades. O governo central não está mais em mãos de gente que desacredita no país. Os fatalismos estão intelectualmente desmoralizados. A nação fervilha, espera e exige.

A obra
22/06/2004

Pensar pequeno parece hoje no Brasil marca de realismo. Pensar pequeno, porém, é incompatível com as iniciativas necessárias para soerguer o país. Proponho dois raciocínios que convergem para o mesmo desfecho.

As renovações mais bem-sucedidas do século passado ocorreram na Europa sob o nome de social-democracia e nos Estados Unidos sob a égide do *New Deal* de Roosevelt. A experiência do *New Deal* é exemplar tanto pelo que se fez quanto pelo que se deixou de fazer. Garantiu os americanos contra os extremos da insegurança social produzida pela instabilidade econômica. De nada teria adiantado o compromisso social, porém, sem a recuperação econômica. E o que recuperou a economia americana, dobrando o PIB em quatro anos, não foi qualquer política econômica. Foi a guerra. A mobilização guerreira dos recursos nacionais juntou-se à socialização seletiva da economia para democratizar e desenvolver o país. Não temos guerras à vista. Bastaria essa diferença para demonstrar a impropriedade de uma estratégia nacional que se contente em imitar a social-democracia dos países ricos. Daí por que me venho batendo por um projeto que ao mesmo tempo mobilize os recursos nacionais – economia de guerra sem guerra – e ancore o compromisso social na democratização das oportunidades para estudar, trabalhar e produzir.

O segundo raciocínio vai na mesma direção. Em quais dos países latino-americanos teria o neoliberalismo – a imitação das instituições da economia de mercado dos países ricos e, sobretudo, dos Estados Unidos – os maiores benefícios e as menores desvantagens? A resposta paradoxal é: Costa Rica e Cuba, dois pequenos países tornados mais igualitários, num caso por um capitalismo pequeno-burguês e no outro por um estatismo despótico. E em quais seria a orientação neoliberal mais prejudicial e ineficaz? Nas nações latino-americanas maiores e mais desiguais – o Brasil e o México. Nesses países, a orientação neoliberal predominante continuará a ser o que é agora: o rótulo de nova divisão social, excluindo a maioria da população de capacitações e de acessos. A economia de mercado não cria seus próprios pressupostos. Floresce em ambiente marcado por descentralização de oportunidades de estudo e trabalho e pela atuação de um

Estado relativamente independente de influências plutocráticas. O mercado é impotente para preencher seus próprios requisitos; num quadro de grandes desigualdades, precisa ser reinventado, em sua forma institucional, para poder, de fato, existir para a maioria. É por isso que luto por um projeto que democratize a economia de mercado entre nós e construa as bases desse mercado democratizado: instituições econômicas que associem o Estado e a iniciativa privada para vencer as inibições do atraso e multiplicar acessos a crédito, tecnologia e conhecimento; instituições políticas que inaugurem democracia de alta energia, capaz de romper os vínculos entre o poder e o dinheiro, estimular o engajamento cívico e facilitar as mudanças estruturais; ensino analítico e capacitador, que dê braços e asas a nosso engenho.

O maior obstáculo ao avanço dessa campanha transformadora não é econômico nem político. É a ideia apequenada que fazemos de nós mesmos. Destruir essa ideia e substituí-la por outra, de grandeza, é nossa tarefa e minha obsessão.

Fazer a Abolição de novo
13/05/2008

Façamos a Abolição outra vez. Essa segunda Abolição é uma das condições para que possa o Brasil ser útil à humanidade e a si mesmo. Tenhamos claros o problema, o perigo, a tarefa e a oportunidade.

O problema é que a injustiça racial continua a campear entre nós. Ao campear, envenena tudo em nossa vida nacional. Negros ganham muito menos do que brancos. Ocupam, com grande desproporção, os lugares mais subalternos e humilhantes na sociedade brasileira. A única coisa que sempre foi, e continua a ser, barata no Brasil é o trabalho de negro ou de negra. Pouco adianta discutir se são menos remunerados apenas porque ocupam as funções mais baixas ou também porque são tratados desigualmente mesmo quando desempenham as mesmas funções que seus pares brancos. A desigualdade dos acessos aos meios da qualificação é tão radical que permite à discriminação – quase sempre evasiva e ambivalente entre nós – esconder-se atrás do disfarce da isonomia.

Claro que essa injustiça se manifesta de maneira diferente de como se manifestaria em países que evitaram a miscigenação racial e o sincretismo cultural. Como a fórmula tradicional dos relacionamentos entre as pessoas no Brasil foi a sentimentalização das trocas desiguais – a mistura insistente da troca, da prepotência e da afeição –, as relações entre as raças foram também banhadas nesse elixir. Para o bem e para o mal.

O perigo é que nos deixemos seduzir por duas respostas erradas à problemática da Abolição inacabada. O primeiro erro seria interpretar o peso da miscigenação e a autoridade da tolerância no Brasil como êxito em alcançar a democracia racial. Democracia racial é projeto, não realidade, do povo brasileiro.

O segundo erro seria seguir o caminho dos Estados Unidos ao desvincular a reação contra a injustiça de raça da luta contra a injustiça de classe. O resultado dessa separação lá foi uma política que ajudou a construir uma burguesia negra, mas que deixou a massa de negros pobres e desqualificados sem meios, sem lideranças e sem rumo. Imitar no Brasil esse exemplo dos Estados Unidos significaria contentar-nos com a coexistência de movimentos negros que se deixam marginalizar, em troca de concessões que mantêm intocada a estrutura econômica do país (como são as migalhas distribuídas aos quilombos), e uma sociedade branca que prefere homenagear o politicamente correto a mudar o Brasil.

Melhor exemplo é o que, no Sul derrotado, os Estados Unidos tentaram fazer logo após a Guerra Civil, só que por pouco tempo e sem suficiente respaldo político: vincular a superação da discriminação racial a esforço de reconstrução econômica.

Nossa tarefa é dar conteúdo prático a tal vinculação agora no Brasil. E fazê-lo graças à combinação de duas linhas de ação: uma, superficial e contestadora; a outra, profunda e reconstrutora. A contestação é para atacar o mecanismo que faz da distribuição desigual de oportunidades econômicas e educativas o meio para a reprodução da injustiça racial: usar o direito e os tribunais para exigir primeiro das maiores escolas e das maiores empresas, e depois de empresas e escolas menores, que recrutem brasileiros negros e mestiços. E que ajudem, quando necessário, a qualificá-los. A falta de candidatos qualificados, longe de servir como justificativa define uma tarefa que as maiores organizações privadas do país devem compartilhar com o Estado brasileiro.

A reconstrução é para mudar na raiz as instituições e as práticas que impedem o aprofundamento da igualdade de oportunidades. Limito-me a exemplos que dizem respeito à reforma do ensino. O mesmo princípio aplica-se, porém, à reforma da economia. Organizar procedimentos para consertar, por meio de iniciativa conjunta do governo federal, dos estados e dos municípios, redes de escolas locais que tenham caído, repetidamente, abaixo do mínimo aceitável de qualidade. Identificar entre as crianças pobres, desproporcionalmente negras, as mais talentosas e esforçadas. E dar a elas apoios econômicos abrangentes e chances acadêmicas extraordinárias. Fazer delas vanguarda, baseada do mérito, de uma maioria que se agitará para seguir-lhes o caminho. E ir ao encontro dos milhões que se mostrarem incapazes de responder a esses incentivos – muitos aprisionados dentro de famílias desestruturadas e desesperadas. Para isso, acrescentar aos programas sociais de transferência de recursos (como a Bolsa Família) ações destinadas a capacitar os indivíduos e a organizar as comunidades.

A oportunidade que a Segunda Abolição abre para o país resulta de duas circunstâncias. Uma vem de longa data. A outra representa marca do Brasil de nossos dias. O fato duradouro é nosso pendor para o sincretismo: a mistura de gente guarda continuidade com a junção de culturas. Nosso equívoco tem sido confundir o sincretismo com solução, quando é apenas instrumento. O fato contemporâneo é a transformação do país por obra de uma classe média que emerge de baixo, como beneficiária da mobilidade social e portadora da disposição para arriscar e para empreender. Um país que combina sincretismo cultural e mobilidade social tem tudo para fazer a Abolição de novo. E, ao fazê-la, para exemplificar o que o mundo todo busca.

Nosso país está predestinado a engrandecer-se sem imperar. Para que esse destino se consume, porém, terá a nação de unir-se. E, para unir-se, aprender a enfrentar, sem medo nem rancor, e por sucessivos atos de despojamento e de desassombro, o legado da escravatura africana. Se fizer isso, o povo brasileiro fará justiça a si mesmo. Passará a aceitar-se pelo que é e pelo que pode vir a ser. Deixará de temer sua própria grandeza.

Leonel Brizola e o futuro do Brasil
23/06/2004

Perdoem-me os leitores dar a esse artigo cunho pessoal. Quando eu era criança, ouvi muitas de vezes de meu avô, Otávio Mangabeira, uma história a respeito de Rui Barbosa. Otávio e seu irmão mais velho, João, que viria a fundar o Partido Socialista Brasileiro, eram discípulos diletos de Rui, que tratavam como encarnação da República. Contou-me meu avô que certo dia, pouco antes da morte de Rui, entrando na biblioteca dele no Rio de Janeiro, encontrou-o desolado com o Brasil e com os frutos, aparentemente escassos, de sua vida de luta. "Minha tristeza é mortal~" disse ele a meu avô. Quando, ainda em minha infância e adolescência, comecei, por mãos de meu avô, a conviver com os velhos chefes liberais – sou talvez o único brasileiro de minha geração a haver privado com eles – encontrei um grupo de homens que parecia haver resolvido um dos maiores enigmas da existência humana: como participar intensamente dos combates de seu tempo sem perder a nobreza: arrebatamento despojado, magnanimidade incapaz de ser corrompida pela vitória ou abatida pela derrota, força interior inquebrantável diante das pressões e das desilusões do mundo.

Já adulto, conheci aquele que viria a considerar o maior dos brasileiros vivos. Era em quase tudo diferente de Rui e dos apóstolos republicanos que em Rui se inspiraram: diferente, na origem social, nascido de pobres lavradores, não da alta burguesia profissional; diferente na cultura, feita de intuições e manifesta em histórias exemplares, não em doutrinas eruditas; diferente, na orientação programática e social, voltada para a afirmação da independência e da originalidade do Brasil e para o destino dos trabalhadores brasileiros, não para o esforço de compatibilizar o Brasil com o formulário liberal. Igual a Rui, porém, no culto ao regime republicano e no ardor da identificação com o Brasil. E, no final da vida, como Rui, enojado e indignado com o que via a sua volta e querendo mais – mais força, mais vida, mais tempo – para lutar. Para um homem público, talvez para qualquer pessoa, ter isso é ter tudo.

Formada nas teorias sociais dos últimos dois séculos, nossa intelectualidade sempre teve dificuldade em compreender haver algo ainda mais importante do que classes e ideologias; a natureza moral do indivíduo: o indivíduo que, ao tornar-se adulto, recebe da sociedade um roteiro ditando-lhe como pensar, atuar e sentir, mas que, surpreendentemente, para viver e fazer viver, joga esse roteiro fora e escreve outro. Esse é o momento da grandeza; essa é a hora da imaginação.

A diretriz da atuação política da Brizola foi a ideia de refundar o Brasil, formado no cadinho da escravatura, da exclusão, do desrespeito e da ilegalidade, na valorização dos interesses do trabalhador e no fortalecimento das capacitações do trabalhador. Para isso, era necessário afirmar a independência nacional, rejeitando tutelas, sobretudo mentais. Aumentar radicalmente a participação do salário na renda nacional. Associar o Estado com a iniciativa privada para democratizar oportunidades e para instrumentalizar energias. Desenvolver um ensino público que, livre de mistificações, redimisse a criança, sobretudo pobre, das indignidades e das inibições de seu meio. Impedir o esvaziamento do regime republicano e preservar o espaço constitucional para a reviravolta econômica e social. Convencer o brasileiro, principalmente o pobre e o negro, de que ele é grande e que o Brasil pertence a ele. Se faltou algo ao desdobramento desses compromissos, foi a imaginação institucional e a prática organizadora, que faltam a quase tudo e a quase todos em nosso país.

Para qualquer homem, por maior que seja os compromissos que o guiam passam pelo prisma de uma trajetória moldada pelas forças de sua época e pelos acidentes de sua vida. Para Brizola, foi a época Vargas e o sistema Vargas e, sobretudo, o antigo PTB como sua vertente partidária mais progressista e fecunda. Brizola identificou-se com essa tradição e com suas raízes jacobinas e republicanas no Rio Grande do Sul. Criticou-a, porém, e ajudou a reconstruir como só podem fazer os que se identificam com uma obra histórica. Pouco a pouco, o PTB que surgiu da era Vargas purgava-se se suas mazelas quando caiu no abismo da ditadura militar. Resgatar e reinventar esse trabalhismo nacional é a obra que ocupou Brizola na última fase de sua vida e que ele deixou inacabada.

Tragicamente para o Brasil, os intelectuais mais influentes entre nós interpretaram essa ação pública sob o rótulo de categorias obtusas, vagas e enganosas como "populismo": como se, num país com maiorias desorganizadas e organizações frágeis, pudéssemos contentar-nos em representar apenas os interesses já organizados e por isso mesmo relativamente privilegiados. O resíduo prático desse embuste ideológico foi a promoção, a partir das últimas fases da ditadura militar, de uma esquerda que parecia "moderna" porque era também "corporativista": fundada sobre as organizações sindicais e religiosas e, portanto, parecida com a esquerda supostamente respeitável e responsável que marcara a história europeia.

O resultado desse equívoco – monstruoso e previsível – está hoje diante de nossos olhos no governo Lula. A representação da minoria organizada dentro da massa popular e de classe média foi apenas a escada para chegar ao poder, jogada para o lado depois de usada. Os que subiram perderam-se, sem a luz que pudesse vir do passado, da tradição dos conflitos sociais e políticos do último século de nossa vida nacional, ou do futuro, da visão de outro rumo, definido pela aliança do regime republicano com os interesses do trabalho e os valores da independência nacional. Agora é preciso começar de novo, retomando o fio partido da história brasileira.

Nos últimos meses, minhas conversas incessantes com Brizola eram dominadas por um único tema: como livrar o país de ter de escolher em 2006 entre duas coalizões políticas – uma organizada em torno do PT e do presidente atual; a outra, em volta do PSDB e do presidente anterior – que representam o mesmo projeto ruinoso – o projeto que o povo brasileiro tentou, e não conseguiu, substituir na eleição presidencial de 2002. As discussões com Brizola tiveram desfecho num plano audacioso – inteiramente fora dos cálculos – de intervenção na sucessão presidencial, a ser debatido e revisto e sujeito aos contratempos de qualquer ação empreendida contra a corrente. Brizola pediu-me que memorializasse por escrito essa proposta. Assim fiz em longa carta, entregue, quando ele já não a podia ler, em 21 de junho, dia de sua morte.

Agora estamos todos nós, os inconformados, muito mais a sós. Falo por muitos quando digo – dizendo o que sinto, não o que devo dizer – que nunca me senti tão obrigado a atuar e tão faltoso de meios de ação. E juro perante meus concidadãos: *Inveniemos viam aut faciemos* (encontraremos um caminho ou faremos um caminho).

Epílogo

O agente diante do mundo

O que falta
10/11/1998

A água que brotava do fundo, nas nascentes do rio Sucuri, espuma incessante, presságio de fecundidade, retrato da criação de todos os mundos, era força que vinha de dentro, lutando sem descanso contra a gravidade. O vento que soprava de fora, sobre as dunas de Genipabu, queimava o rosto com o estigma da intransigência, transformando o encontro do deserto com o oceano no lugar de um arrebatamento. O cerrado e a selva, rios desumanos e pedras primordiais passavam diante dos olhos, e coisas que vinham do centro da Terra e do começo do mundo e que, embora mortas, prometiam vida. Asseguravam, a preço da entrega da vontade ao inesperado, aquilo que desde criança me parecera necessário e impossível: o casamento da intransigência com a fecundidade. Era um incitamento e um libelo. Perturbado, acordei.

O que mais se discute no Brasil é dinheiro. Os brasileiros estão vergados sob seus fardos materiais. Deles escapam em suas famílias e diversões. O Brasil, assim como cada brasileiro, parece ter margem estreita de manobra.

Os brasileiros estão enganados. Nosso problema não é só dinheiro: é, também, a falta, tanto entre ricos e doutores quanto entre pobres e iletrados, da ideia da grandeza e da experiência da esperança. Sem essa experiência e essa ideia, não há como lutar contra as forças e as ilusões da época, nem como impedir a redução da política à barganha impotente entre os interesses organizados. Não há, sequer, como evitar a morte em vida. Os brasileiros estão acorrentados tanto pelo desespero econômico quanto por uma concepção diminuída de si mesmos.

Nenhum dos países que admiramos hoje como exemplo engrandeceu-se trilhando, obediente, o caminho indicado pelas potências hegemônicas no período em que emergiu. Uma crise como a que vivemos hoje pode ser resolvida de uma maneira que nos mantenha na rota de integração subalterna à economia mundial ou que nos permita dar os primeiros passos à busca de soluções que, interessando a nós, também interessem a uma humanidade sedenta de alternativas. De onde vem a energia para isso?

Há cinco requisitos. O primeiro requisito, preliminar, é que se desarmem dilemas empobrecedores como o que opõe agora a estabilidade da moeda ao desenvolvimento do país, pela mobilização dos recursos nacionais e pelo refinanciamento do Estado. O segundo é que se dê a cada criança brasileira educação libertadora, centrada no domínio de capacidades conceituais e práticas. O terceiro é que se quebre um sistema de mídia que virou máquina de mentira. O quarto é que se formem instituições econômicas que descentralizem radicalmente o acesso às oportunidades e aos recursos produtivos. O quinto é que se estabeleçam instituições políticas que mobilizem a cidadania para dobrar as corporações e controlar o Estado enquanto resolvam rápida e democraticamente os impasses produzidos por tentativas de mudança.

A dificuldade é que para começar a andar nessa direção já precisamos sentirmo-nos grandes. Como romper esse círculo de dependência recíproca entre o espírito e as instituições? Em parte, aproveitando o acaso de crises como a atual que abrem as cabeças para a rebeldia nacional porque aumentam o custo do conformismo brasileiro. E em parte pelo contágio de exemplos individuais de resistência e afirmação. Um só homem que pensa por si e fala por muitos, dizendo o que sente e não o que se espera que diga, é um governo e uma revolução.

Quixote
01/12/1998

Um homem de 50 anos, relativamente pobre e com tempo de sobra, começa a ler livros sobre cavaleiros andantes. Animado pelas leituras, resolve sair de seus cômodos. Recusando a inevitabilidade da pequenez, quer ser grande. Vê no sacrifício e no enfrentamento o caminho que leva à grandeza. Os vizinhos o têm na conta de estranho ou louco. Consegue, porém, recrutar escudeiro, que não acredita em suas fantasias, mas se deixa seduzir por ele. Das lutas que trava, o homem ganha algumas, perde outras e empata em muitas. Trazido de volta para casa, adoece, delira, conclui que se iludira e morre.

Essa é a história de Quixote e Sancho, no curso da qual Quixote começa a sanchificar-se e Sancho a quixotizar-se. É uma história sobre o trabalho do amor e da imaginação diante da morte. Trata de como viver após haver reconhecido o descompasso entre as circunstâncias amesquinhadoras em que todos vivemos e o desejo infinito do infinito. Carrega significado especial para sociedade e cultura como as nossas, que dificultam e desautorizam toda tentativa de virar as costas para o que se pode ver e tocar.

Ideologias e religiões, projetos de renovação política, estética e moral trazem, no mundo moderno, a mensagem dos cavaleiros andantes. Armam a confusão de interesses com fantasias e inspiram a luta contra as rotinas e as soluções de hoje. A imaginação atua duas vezes: abraçando tais mensagens e lutando contra elas, para decantá-las da ilusão. Quando a imaginação, movida por ilusões, começa sua guerra contra a ilusão, ninguém sabe se o desfecho será entendimento aprofundado do ideal ou se será nada, o niilismo.

A imaginação abre caminho para o amor. No início, nenhum de nós é ninguém. Mesmo quando nascidos em situação privilegiada ou bem-sucedidos nas empreitadas mundanas, recebemos da sociedade um roteiro de conduta que nos diz como fazer, pensar e sentir. Ao seguir o roteiro, morremos pouco a pouco. Para sermos gente, aumentando nossa capacidade de amar e ser amados, temos de jogar o roteiro fora.

A essência da sabedoria consiste em aprender a desproteger-nos. É o que nos ensina a imaginação. O erro fatal é apelar ao distanciamento irônico para nos resguardar contra a desilusão e o risco. Mumifica-nos.

Das muitas razões para democratizar a sociedade e assegurar direitos ao indivíduo, a mais importante é permitir a cada pessoa engrandecer-se, quebrando a múmia que a vai encobrindo e matando. As ilusões políticas que mais temos a temer são aquelas que tomam certas instituições como a forma definitiva da liberdade e param no meio a luta contra a mumificação.

Há um problema tanto na aventura moral quanto na transformação política: a incerteza sobre o caminho. Sempre há caminhos diferentes e nunca a escolha é clara e segura. Precisamos descobrir o que é mais e o que é menos ilusório. Para isso, não bastam livros sobre cavaleiros andantes. É preciso sair a campo, arriscando derrotas, desvarios e desilusões. Da ação resultam esclarecimento e esperança. Da imitação da grandeza resulta grandeza.

Se os brasileiros, ricos e pobres, doutos e iletrados, compreendessem tudo isso, teriam mais compaixão uns para com os outros e visão engrandecida da vida e de suas possibilidades. Que nossos Quixotes se sanchifiquem. Que o Brasil se quixotize, só um pouco. É o que quero para meu país, com mais fervor do que sei justificar ou entender.

Fonte Adobe Garamond Pro & Playfair Display
Papel Avena 70 g/m²
Impressão Graphium